本书由

中央党史和文献研究宣传专项引导资金项目资助

（项目批准号：YDZJ20202028）

严爱云 郭继 著

上海
对外开放的
历程与经验

上海人民出版社

导　言

开放是上海最鲜明的品格之一。上海是吃改革饭、走开放路、打创新牌发展起来的，习近平总书记赞为"上海是中国改革开放和现代化建设的缩影"。

20 世纪 80 年代，上海作为我国国有经济的重镇，在按照国家发展需要有力做好全国改革开放后卫的同时，积极学习借鉴国内外大城市的发展经验，认真研究思考上海在全国大格局中的战略定位，对如何调整城市功能布局、如何重振上海雄风进行了战略性思考和前瞻性谋划，逐步确立了发展外向型经济、开发浦东新区的战略。

进入九十年代后，国内外经济政治形势所提供的历史性挑战与机遇要求我国的对外开放跃上新台阶，构筑面向 21 世纪的全方位、高层次开放新格局。在邓小平高度重视、积极支持下，党中央作出了浦东开发开放的战略决策，向全世界表明中国继续推进改革开放的信心和决心。党的十四大作出"以浦东开发开放为龙头，进一步开放长江沿岸城市，尽快把上海建设成国际经济、金融、贸易中心城市之一，带动长江三角洲和整个长江流域地区经济的新飞跃"的重大战略决策。上海在党中央、国务院的指引下，紧紧抓住浦东开发开放的历史机遇，走"以东带西，以西促东，东西联动"之路，以浦西的经济实力和综合优势来支持浦东的开发开放，以中央政策的实施来促进整个上海的振兴和发展，在对外开放和现代化建设中实现了一系列零的突破，赢得了改革发展的领先优势。

进入 21 世纪头十年，随着我国加入世界贸易组织及经济全球化的深入发展，上海作为我国对外开放的前沿，不断拓展对外开放的广度和深度，着力形成全方位对外开放的格局。特别是 2001 年国务院在新一轮《上海市城市总体规划》的批复中，进一步明确了上海建设"四个中心"和现代化国际大都市的战略定位，2002 年上海又获得 2010 年世界博览会的承办权，上海抓住新的机遇，加快与国际接轨的步伐，开放的重点从生产加工行业拓展到服务业等各个行业，开放的对象从部分国家和地区拓展到世界各地，开放的领域从经济领域拓展到社会生活各个方面，形成了全方位对外开放的格局。

党的十八大以来，上海发展处于全面深化改革承前启后的关键阶段，城市创新发展迈入继往开来的重要时期。以习近平同志为核心的党中央对上海发展一直高度重视、寄予厚望。习近平总书记连续 5 年参加全国两会上海代表团审议、先后 6 次到上海考察，特别是党的十九大后连续 4 年亲临上海，为上海发展指明方向、找准定位。为更好发挥上海在对外开放中的重要作用，以习近平同志为核心的党中央准确把握和平、发展、合作、共赢的时代潮流和国际大势，把一系列事关新时代我国改革开放的国家重大战略任务交给上海。

建设自由贸易试验区是党中央、国务院为推进我国新一轮改革开放作出的重大决策。自 2013 年 9 月上海自贸试验区挂牌以来，上海以建设开放度最高的自由贸易园区为目标，把制度创新作为核心任务，把防范风险作为底线，把企业作为重要主体，在建立与国际通行规则相衔接的投资贸易制度体系、深化金融开放创新、加快政府职能转变和构建开放型经济新体制方面，形成了一大批在全国可复制、可推广的制度成果。

举办中国国际进口博览会是党中央、国务院交给上海的重大政治任务，也是上海新一轮发展的重要机遇。六年来，上海按照习近平总书记关于"努力办成国际一流博览会"和"越办越好"的要求，以最高标准、最好水平、最严要求、最优服务，全力做好六届进博会服务保障工作，并以举办进博会为契机不断促进更高水平的对外开放。搭建起"6天+365天"一站式交易服务平台，联动长三角地区为参展商"参展一周、服务一年"，促进展品变商品，助力打造永不落幕的博览会。

2018年，习近平主席在首届中国国际进口博览会开幕式上，宣布交给上海增设上海自贸试验区新片区、在上交所设立科创板并试点注册制、实施长三角区域一体化发展国家战略三项新的重大任务。上海开始了推进更高起点的深化改革和更高层次的对外开放的新实践。从建设上海自贸试验区、探索改革系统集成、服务"一带一路"，到办好进博会、推动长三角一体化发展、设立科创板并试点注册制等，上海以落实国家重大战略任务为牵引，坚持大胆试、大胆闯、自主改，努力发挥开路先锋、示范引领、突破攻坚的作用，以开放促改革促发展促创新，开放型经济优势更加彰显，高水平开放格局基本形成。

2023年12月，习近平总书记在上海考察，对上海如何进一步改革开放作出新的指示，指出上海作为我国改革开放的前沿阵地和深度链接全球的国际大都市，要在更高起点上全面深化改革开放，增强发展动力和竞争力。要全方位大力度推进首创性改革、引领性开放，加强改革系统集成，扎实推进浦东新区综合改革试点，在临港新片区率先开展压力测试，稳步扩大规则、规制、管理、标准等制度型开放，深入推进跨境服务贸易和投资高水平开放，提升制造业开放水平，进一步提升虹桥国际开放枢纽能级，继续办好进博会等双向开放大平台，加快形成具有国际竞争力的政策和制度体系。要坚持"两个毫不动摇"，深化国资国企改革，落实保障民营企业公平参与市场竞争的政策措施，打造国际一流营商环境，激发各类经营主体活力，增强对国内外高端资源的吸引力。

上海对外开放40多年的实践从一个角度证明，改革开放是决定当代中国命运的关键一招，也是决定实现"两个一百年"奋斗目标、实现中华民族伟大复兴的关键一招。当前，国际政治经济格局深刻调整，新一轮科技革命和产业变革深入发展。上海要继续完成好党中央、国务院交予的建设"五个中心"的战略使命，必须更好统筹高质量"引进来"和高水平"走出去"，更好统筹"在中国、为世界"，更好统筹在岸与离岸。强化开放枢纽门户功能，提升高质量发展的辐射能力。深化规则、规制、管理、标准等制度型开放，深化贸易投资自由化便利化，提升"走出去"发展竞争力，打造世界级航运枢纽。以改革开放新作为新探索，开辟发展新领域新赛道，塑造发展新动能新优势，把习近平总书记擘画的宏伟蓝图持之以恒细化为施工图，高质量转化为实景画。

本书分为五章，按照时间顺序力图全面反映 1978 年以来上海对外开放是如何从做好服务全国改革开放的后卫，到勇当改革开放的前锋，再到当好改革开放排头兵、先行者的发展历程。第一章结合 20 世纪 80 年代的时代背景叙述上海努力探索振兴之路、加快经济外向型转变的实践。第二、三、四章主要记述上海如何抓住浦东开发开放历史机遇，利用好国际国内两个市场发展高水平开放型经济，发挥好两个扇面作用，加强国内区域合作，最终形成全方位开放格局的历程。第五章记载进入中国特色社会主义新时代以来，上海以新发展理念为指导，以国家战略为牵引，打造全面开放新高地的历程。

目　录

绪　论　抓住对外开放的历史机遇 ……………………………………… 1

第一章　对外开放的起步

第一节　突破传统体制束缚 ………………………………… 17

第二节　探索振兴发展上海之路 …………………………… 24

第三节　加快上海经济向外向型转变 ……………………… 43

第二章　开发开放浦东

第一节　面向新世纪的重大国家发展战略 ………………… 57

第二节　浦东改革开放的先行先试 ………………………… 74

第三节　浦东新区综合配套改革试点 ……………………… 85

第四节　创造浦东开放的龙头效应 ………………………… 97

第三章　推进和基本形成全方位开放格局

第一节　大力发展对外贸易 …………………………………113

第二节　积极有效利用外资 …………………………………121

第三节　稳步开展对外经济合作 ……………………………129

第四节　做好"服务全国"大文章 …………………………133

第四章 入世后高水平开放型经济的发展

第一节 积极应对入世的机遇与挑战 ·················143

第二节 推动外贸可持续发展 ·················151

第三节 优化利用外资结构 ·················165

第四节 加强国内区域合作 ·················175

第五节 举办成功精彩难忘的世博会 ·················188

第五章 打造新发展格局下的全面开放新高地

第一节 新发展理念指导下的新谋划 ·················199

第二节 推进中国（上海）自由贸易试验区建设 ·················207

第三节 办好进博会进一步扩大对外开放 ·················222

第四节 建设国际一流营商环境 ·················231

第五节 努力构建国内大循环中心节点 ·················242

第六节 参与国际经济合作与竞争 ·················255

结　语·················269

后　记·················284

绪论　抓住对外开放的历史机遇

　　对外开放是一个国家或地区与外部世界联系的状态，从经济角度来讲是国内资源与国外资源的双向流动、配置，是国内经济参与国际分工、融入国际经济体系的具体体现。40 多年前，在我国历史发展的转折时期，邓小平同志精辟地判断和平与发展已成为时代主题，我们能够争取长时间和平环境进行国内建设。1978 年底召开的中国共产党十一届三中全会，开启了改革开放和社会主义现代化建设新时期。我国全方位、多层次、宽领域的开放格局，先试验后推广，采取分步骤、多层次、逐步推进的战略，经历了一个不断扩大和深化的过程。上海作为我国最重要的经济中心城市，在中国对外开放的格局中向来具有举足轻重的地位。上海的地理环境、交通条件、腹地因素（原料与市场）、劳动力、技术、信息、资金等各种因素互相影响，共同造就了上海对外开放的优势。同时，上海所承担的角色和使命，以及历经百年沧桑后经济结构的不合理、城市建设的落后、发展空间的局限，也使其对外开放的起步显得步履维艰。

一、20 世纪 80 年代中国的对外开放格局

　　我国在中共十一届三中全会以前的对外开放，是在十分复杂的国际环境下开展起来的，开放的对象是某一部分国家，开放的重点是开展对外贸易、引进建设项目和技术项目。早在新中国成立之前，毛泽东同志在中共七届二中全会上就指出："人民共和国的国民经济的恢复和发展，没有对外贸易的统制政策是不可能的。""对内的节制资本和对外的统制贸易，是这个国家在经济斗争中的两个基本政策。谁要是忽视或轻视了

这一点，谁就将要犯绝大的错误。"① 所以，新中国成立后，中国政府即成立了对外贸易的行政管理机构——中央人民政府贸易部对外贸易司，贸易的主要对象一开始仍然是资本主义国家。根据有关资料，在1950年中国进出口贸易总额的12亿美元中，对资本主义国家的进出口额为9亿美元，占2/3。随后，由于西方资本主义国家对我国采取敌视、封锁政策，我国积极开展了对苏联、东欧国家和一些友好国家的贸易和经济合作。由于外汇短缺，我国与朝鲜、越南等社会主义国家主要以记账方式进行贸易。与此同时，我国还利用中国香港、澳门的特殊地理位置和与西方的密切经济联系，与其发展贸易。从1957年起，每年举办两届广州中国出口商品交易会，使我国对外贸易的范围进一步扩大。20世纪60年代以后，由于中苏关系发生变化，我国外贸的主要对象开始转向西方发达国家和地区，并加强了与第三世界的往来。进入20世纪70年代，随着美国总统尼克松访华、中日建交、我国在联合国合法席位的恢复等重大事件的发生，我国对外贸易的国际环境明显改善，对外贸易额迅速增长，1973年首次突破100亿美元，到1978年又突破200亿美元。但同时，从1953年至1978年，我国出口额占世界出口总额的比重，由1.23%下降到0.75%，在世界上所占位次由第17位后移到第32位。

总的说，新中国成立前30年，我国对外开放主要是在低层次上进行。对外贸易虽然对国民经济的恢复和发展作出了贡献，但发展速度比较缓慢。独立自主、自力更生是当年客观环境激发出的精神气概，也是指导中国经济建设的一个根本原则。出于大国发展的需要和历史上依赖外国产品及受国外制裁的痛苦教训，新中国建立后相当长的时期，对外贸易在国民经济发展中的地位较低，只是依照"以多补少，以丰补歉"

---

① 《在中国共产党第七届中央委员会第二次全体会议上的报告》(一九四九年三月五日)，《毛泽东选集》第4卷，人民出版社1991年版，第1433页。

的原则起到"调剂余缺"的作用。由于外汇短缺，出口被置于优先的地位，进口最终是为出口服务的，遵循"量入为出，略有结余"的原则。在利用外资方面进行了一些尝试，对国民经济的发展起到了一定的辅助作用，但由于借用资金主要是利率高、还款期短的国外商业贷款，成本过高，加之我国科技落后、国内配套资金严重不足，特别是"文化大革命"的破坏和影响，利用外资的整体效益不高，引进的资金设备未能充分发挥应有的作用。对外援助方面，由于受"左"倾思想的影响，我国对外承包工程和劳务合作的发展非常有限，失去了一些机遇。以"既无外债，又无内债"为目标，导致中国在对外政策上由开放逐渐转向封闭，其结果是拉大了中国与世界经济发展的差距。

　　1978年12月召开的中共十一届三中全会果断结束"以阶级斗争为纲"，实现党和国家工作中心战略转移，开启了改革开放和社会主义现代化建设新时期，实现了新中国成立以来党的历史上具有深远意义的伟大转折。会议做出了在自力更生的基础上，积极发展同世界各国平等互利的经济合作，努力采用世界先进技术和先进装备的重大决策。随后，我国又提出社会主义现代化建设要利用两种资源——国内资源和国外资源；要打开两个市场——国内市场和国际市场；要学会两套本领——组织国内建设的本领和发展对外经济关系的本领，向世人展示我国决心发展外贸、利用外资、开展外经合作的对外开放态势。这是我国经济发展战略的重大转变。

　　独具地理、人文、经济等优势的东部沿海地区成为我国改革开放的首选。1979年4月，邓小平提出利用有些省市邻近港、澳的有利条件，划出一块地方搞特区加快经济发展的意见。不久中央正式确定在广东、福建两省的深圳、珠海、汕头、厦门试办特区。对其对外经济活动实行特殊的政策和优惠措施。采取来料加工装配、补偿贸易、合资经营、合作经营，以及外商独资经营等多种形式，吸引外资。这是邓小平根据当时国内外的条件运筹决定的。因为这个地区容易受海外发达地区经济辐射的影响和产业的梯度转移，起步快，阵痛小，较宜迅速成长为亚太地区新兴的华南经济带。同时它们可以为全国的开放提供经验和模式。

在开办经济特区的同时，中国的对外贸易体制进行了一系列改革，如扩大地方外贸出口审批权限、扩大外贸企业出口经营自主权等，基本改变了对外贸易由国家垄断经营、高度集中、政企不分、统负盈亏的旧体制，国家对外贸易及外贸企业逐步减少了指令性计划管理，而以关税、汇率、信贷、退税等经济手段间接调控外贸的管理体制逐步建立起来。为了使对外贸易更加符合国际惯例，中国在1986年正式提出恢复在关贸总协定中的缔约国地位的申请。至1995年WTO成立，中国继续申请加入WTO的谈判。

1982年9月，中共十二大召开。会议制定了全面开创社会主义现代化建设新局面的纲领。会议指出："实行对外开放，按照平等互利的原则，扩大对外经济技术交流，是我国坚定不移的战略方针。我们要促进国内产品进入国际市场，大力扩展对外贸易。要尽可能地多利用一些可以利用的外国资金进行建设……要积极引进一些适合我国情况的先进技术，特别是有助于企业技术改造的先进技术，努力加以消化和发展，以促进我国的生产建设事业。"

在邓小平的倡议下，1984年5月4日，中共中央批转沿海部分城市会议纪要，决定进一步开放沿海城市。大连、天津、秦皇岛、青岛、烟台、上海、南通、连云港、宁波、温州、福州、广州、湛江、北海等14个沿海港口城市获得了经济特区的部分优惠政策。这是扩大对外开放的一个重大步骤。对进一步开放的沿海港口城市，国家执行仅次于经济特区的优惠政策和措施，主要包括：

第一，放宽利用外资建设项目的审批权限。第二，增加外汇使用额度和外汇贷款。外汇使用额度，在今后几年内每年天津为2亿美元，上海为 3 亿美元，大连增至 1 亿美元，其他几个市也有增加。第三，积极支持利用外资及引进先进技术改造老企业。第四，对中外合资、合作经营企业及外商独资企业，给以若干优惠待遇。第五，逐步兴办经济技术开发。经济技术开发区内，利用外资项目的审批权限，大体上比照经济特区的规定执行。经济技术开发区内，中外合资、合作办的及外商独资办的生产性企业，其企业所得税按 15%的税率征收。[①]

　　1984 年 10 月召开的中共十二届三中全会，通过《关于经济体制改革的决定》，提出要积极发展多种经济形式，进一步扩大对外的和国内的经济技术交流，要充分利用国内和国外两种资源，开拓国内和国外两个市场，学会组织国内建设和发展对外经济关系两套本领。邓小平 10 月 22 日在中顾委全体会议上语重心长地指出："现在任何国家要发达起来，闭关自守都不可能。"[②]他回顾历史指出，我们的老祖宗吃过这个苦头。明朝明成祖的时候，郑和下西洋还算是开放的。明成祖死后，明朝逐渐衰落。以后清朝康乾时代，不能说是开放。如果从明朝中叶算起，到鸦片战争，有三百年的闭关自守，如果从康熙算起，也有近二百年。长期闭关自守，把中国搞得贫穷落后，愚昧无知。中华人民共和国建立以后，第一个五年计划时期是对外开放的，不过那时只能是对苏联和东欧开放。以后关起门来，成就也有一些，总的说来没有多大发展。当然这有内外许多因素，包括我们的错误。针对人们对资本主义的恐惧，怕对外开放会使中国变成资本主义。邓小平直言不讳："肯定会带来一些消极因素，要意识到这一点，但不难克服，有办法克服。你不开放，再来个闭关自守，五十年要接近经济发达国家水平，肯定不可能。"[③]因此希望所有的外国企业家、专家进一步认识到，帮助中国的发展，对世界有利。

---

①②③　《邓小平文选》第 3 卷，人民出版社 1993 年版，第 90 页。

从 1984 年 9 月国务院批准大连建立第一个国家级经济技术开发区起到 1988 年 6 月，共批准沿海开放城市建立国家级经济技术开发区 14 个。1985 年 2 月 18 日，中共中央、国务院决定在长江三角洲、珠江三角洲和闽东南三角地区开辟沿海经济开放区，以后又开辟了环渤海（辽东半岛和胶东半岛）经济开放区。在此基础上，中共十三大在深刻分析基本国情、总结实践经验的基础上，系统阐述了社会主义初级阶段的理论，确定了党在社会主义初级阶段的基本路线和"三步走"发展战略，继续推进改革开放，形成了加快沿海地区对外开放和经济发展的沿海地区发展战略。主要措施是以更加勇敢的姿态进入世界经济舞台，正确选择进出口战略和利用外资战略，进一步扩展同世界各国包括发达国家和发展中国家的经济技术合作与贸易交流，坚决有步骤地改革外贸体制；大力发展外向型经济，在沿海地区注重发展劳动密集型产业，要求沿海加工工业坚持"两头在外"（指生产经营过程的两头：原材料和销售市场）、大进大出。中国对外开放的步伐显著加快。1988 年 3 月 18 日，国务院印发《关于进一步扩大沿海经济开放区范围的通知》，决定将 40 个市、县，其中包括杭州、南京、沈阳 3 个省会城市，划入开放区。1988 年 4 月，中共中央和国务院决定对海南岛实行经济特区的政策，以加速海南岛的开发。到 1989 年，5 个经济特区的工业总产值达到 240 亿元，外贸出口值达 38.5 亿元，占全国出口总额的 8.9%。特区自产工业品出口率接近 40%，深圳已达 58.4%。实际吸收外商投资累计达 42 亿美元，占全国的 1/4 以上。经济特区的巨大成就引起全国瞩目，增强了人们建设中国特色社会主义的信心。其后，在经济特区和开放城市的部分地区还建立一批对进、出口货物免征关税的保税区，以吸引外商前来投资，发展当地经济。这样，中国就形成了一个"经济特区—沿海开放城市—沿海经济开放区—内地"的多层次、有重点、点面结合的对外开放格局，在沿海形成了包括 2 个直辖市、25 个省辖市、

67 个县，约 1.5 亿人口的对外开放前沿地带。

二、上海对外开放依托的基石

上海在中国对外开放的格局中向来具有举足轻重的地位。原因是多方面的，上海的地理环境、交通条件、腹地因素（原料与市场）、劳动力、技术、信息、资金，还有历史上的租界因素。这些因素互相影响，共同造就了上海对外开放的优势。

（一）得天独厚的地理交通通信优势

现代经济的崛起与传统的农业经济发展有一个很大的区别，那就是经济贸易中心有向沿海地区集聚的趋势。主要原因是现代经济的全球扩张性要求必须占据便利的、通往世界各地的出海口。上海地处长江三角洲前沿，倚东海之滨，南临杭州湾，西与富庶的江苏、浙江两省毗邻，北界黄金水道长江入海口，正处于中国南北 18000 公里海岸线的中部，交通便利，腹地广袤。这种得天独厚的地理条件就转化为港口优势。早在清代乾嘉年间，上海就逐步由"地甚荒僻、绝少行人"的海滨渔村发展成为"舳舻相接、帆樯比栉（乾隆《上海县志》）、麟萃羽集（嘉庆《上海县志》）、百工麇集"的东南名邑，获得了"江海之通津、东南之都会"的美誉。通过海运和江运，她将沿海与沿江联系起来。通过黄浦江、大运河及密如蛛网的江南水道，她成为长江三角洲对外贸易的枢纽。因此，明清以来，上海便是中国重要外贸口岸之一。

历史进入近代以后，航运技术的发展日新月异，外洋贸易发展迅速，地处太平洋西环航线要冲的上海，成为发展与世界的航运贸易的理想港口。她北与日本的东京、大阪地区，东与美国的旧金山、洛杉矶地区，南与中国香港、中国台湾地区和新加坡，距离都比较适中，在苏伊士运河开通以后，与欧洲的交通更为方便。20 世纪初对黄浦江河道进行的整治，增加了港口的深水泊位和岸线，兴建了一批能满足大型航运需要的码头、仓库和堆栈，上海港作为国际性大港口的条件更加完善。上海已形成内河、长江、沿海和外洋四大航运系统，出入上海的轮船和吨位都占全国总数的五分之一以上。1931年，上海港进出口船舶吨位已名列世界第七。新中国成立以来，黄金水道长江和沪杭、京沪铁路干线，使上海成为贯通中国东西南北的交通枢纽，而且在国际上已形成海、陆、空多式联运网络。虹桥机场经国务院批准辟为国际机场。上海作为中国重要的海陆空交通枢纽的功能得到很大的提升。上海还拥有当时国内较为先进的国际和国内长途通信设施，是全国邮电业务量最集中的地区之一。

（二）起步较早的对外贸易

上海在具有得天独厚的区位优势的同时，又具有资金、人才、信息、管理等现实优势和潜在优势。上海一直是中国生产力发展、内外贸易、进出口双向辐射的经济生长点。在上海开埠以前就有不少洋货从上海进口转销江南一带，临近地区的产品也大多运抵上海再销往国外。自1843年被迫开放门户后，英、美、法等国相继在上海设立租界。至1876年，在沪洋行已达200多家。开埠后的上海，成为外国殖民主义者在中国倾销商品、搜刮原料的主要口岸。外国资本控制了上海海关的关税行政大权，垄断了绝大部分金融外汇和进出口业务，攫取了中国沿海南北洋和长江航运权。先后在航运、银行、洋行、加工、印刷、制药、建筑、公用事业等领域开办了一批近代企业。一批批外国冒险家先后来到上海，投机倒把，牟取暴利。上海成为冒险家的乐园。同一时期，随着洋务运动的兴起，清政府陆续在上海创办了一批近代企业，如江南制造局、招商局、电报分局、机器织布局等。民族工商业也得到相当发展，其中棉纺织、面粉、缫丝、卷烟等行业发展尤为迅速。

到 19 世纪中叶，上海已成为全国最大的贸易口岸，其贸易额占到全国的一半以上。到 19 世纪末，上海确立了全国贸易中心的地位。上海的金融活动也随着经济贸易活动的活跃而发展。拥有经营近代银行所必需的适合潮流的人才、信息和设备。

外资银行方面，自 1847 年英国丽如银行在上海设立以后，19 世纪 50 年代又有汇隆等四家英资银行在上海设立分支机构。1860 年法兰西银行在上海设立分行，随后英国的汇川、利华、利生、利升、汇丰等银行相继在上海设立分行。此外，德国的德华银行、日本的横滨正金银行、俄国的华俄道胜银行、法国的东方汇理银行也相继于 19 世纪八九十年代在上海开办。上海因此成为外资银行在中国最为集中的地方。民族资本银行方面，1897 年第一家中国通商银行在上海开办，从事包括发行钞票在内的各种业务。20 世纪 20 年代以后，中国银行、中央银行、交通银行和农业银行等一批重要的银行相继把总行从北京移到上海。至 1935 年，中国共有银行 164 家，总行设在上海的有 58 家，加上在上海设有分支机构的银行，上海共有银行机构 182 个。经过几十年的发展，上海的外国银行已达 68 家，其分支机构达 200 多家，国内著名的保险公司、投资信托公司落户上海，多家商品交易所、黄金交易所等也相继设立，各类金融市场均非常活跃，交易量巨大，黄金交易量有些年份居世界第三位，仅次于伦敦和纽约；总部设在上海的大银行的分支机构网络遍布全国，资金调度流畅；拥有经营近代银行所必需的适合潮流的人才、信息和设备。上海与国内外的金融联系相当广泛，金融的辐射作用和枢纽作用十分显著。至 1937 年，上海进出口商行增加到 800 多家，其中洋商占 80%、华商占 20%。作为联结国际国内的枢纽，上海每年进出口占全国外贸总值的一半以上，其中进口值占全国进口总额的 60% 以上。国际、国内的货流正是通过上海这个口岸源源不断地进出。因此，到 20 世纪 30 年代，上海已集航运、外贸、金融、工业、信息、文化中心为一体，综合经济实力居于全国首位，是仅次于伦敦、纽约、东京、柏林的世界第五大城市。

新中国成立后，在华外资企业或被撤走，或被接收，或被合并，外侨基本撤走。在美国操纵下，联合国对中国实行禁运，先前依靠进口原料才能运行的许多上海工业，或者转而依靠国内市场，或者改行。上海对外贸易进入独立自主发展的新阶段。上海的城市功能也逐步由多功能综合型城市转变为以工业、科技基地为主的生产型城市。对外经济贸易实行的是国家全面统制的对外贸易制度。一切对外经贸活动，都在中央统一政策下，按国家指令性计划，由国营外贸专业公司进行。国家对地方口岸与进出口企业的出口货源组织、进出口计划分配、经营分工、价格制定、外汇管理和使用，以及商品检验、海关征税、仓储运输、对外交往、经济合作等方面，均有具体的政策和法规，进行严格的统一管理，以确保国家统制对外贸易。这种外贸统制体制对于在上海解放初期，反对帝国主义经济封锁禁运，发展上海口岸的对外贸易，建立对外贸易秩序，有计划地组织进出口，支援国家工业化建设，安定人民生活，积极开展社会主义国家间的贸易，参与国际竞争，发挥了积极作用。

首先，中央在接收旧政府外贸机构的基础上，在上海口岸成立华东军政委员会贸易部，领导和管理华东区内外贸工作，重点是上海口岸的对外经贸工作。同时建立上海海关、上海商检局，并组建华东区国外贸易总公司等国营外贸企业。此后又陆续建立银行、保险、外运等与外贸业务相关的国营企事业单位。针对以美国为首的西方国家对我国采取的经济制裁措施，上海积极开展同苏联和东欧国家的贸易。据统计，1957年上海对苏联和东欧社会主义国家的出口额达3.15亿美元，是1950年的32倍，占当年上海出口总额的69.7%。20世纪60年代，上海出口市场逐步向西方发达国家转移。70年代以后，随着中美关系缓和、中日关系正常化，上海与美国、日本、欧共体的贸易发展较快，形成了日本、美国、欧共体以及中国香港、澳门地区四个主要出口市场。

其次，在 1953 年到 1957 年的第一个五年计划时期里，上海的对外贸易开始走上稳定发展的轨道。1955 年 1 月，上海市对外贸易局成立，专事管辖上海地区对外贸易方针、政策的贯彻执行和保证本地区计划任务的完成。这一时期，上海对外贸易经过接受、改造、管理，建立了以统制贸易为特征的新的对外贸易体系。上海口岸出口贸易直线上升。到 1957 年，上海出口达 4.52 亿美元，比 1952 年增长 2.79 倍，占全国的比重也由 1952 年的 14.46% 上升到 28.3%。1957 年进口值达 3800 万美元，比 1953 年的 600 万美元增长 5 倍多。同时，发挥上海的工业优势，有计划组织工业出口。1953 年上海收购工业品出口货源 28905 万元，到 1957 年达 103748 万元，增长约 2.6 倍。为争取出口创汇，支援国家工业化建设作出了贡献。

1958 年以后，上海对外贸易经历了一个"马鞍形"的发展过程。20 世纪 60 年代初连续 4 年出口直线下降，经过调整后得以恢复。1965 年上海出口贸易达 7.65 亿美元，占全国的比重达 34.34%，货源收购达到 45.6 亿元，均超历史最高水平。1968 年，上海口岸出口 8.48 亿美元，一度占到全国出口总额的 40% 以上。但受"文化大革命"的干扰，上海外贸出口长期处于徘徊局面。"文化大革命"结束后，上海外贸迅速回升，1978 年出口额达到 28.93 亿美元。至 20 世纪 70 年代末，上海出口商品基本实现了由以初级产品为主向以工业制成品为主的转变。1978 年，上海农副产品出口占比下降至 31.18%，轻纺产品及机电仪化产品则分别上升到 56.56% 和 12.26%。

（三）独占鳌头的经济优势

上海在我国经济建设中占有举足轻重的地位。它是我国最重要的工业基地、科技基地之一，还是全国最大的港口、贸易中心。新中国成立以来，上海在许多方面为促进全国经济的发展作出了很大的贡献。如：在一个相当长的时期内，上海日用工业品的调拨量约占全国埠际调拨量的 1/3 以上。从 1949 年到 1989 年，上海为国家累计完成财政收入 5066 亿元，为国家创汇 711 亿美元，经商业渠道调往全国各地的工业品总产值达 3000 多亿元。上海承担了大量的对亚非拉地区发展中国家的援助项目。从 1955 年到 1978 年，上海共承担对外援助项目 270 个，受援国家 25 个。上海年均出口额达 9.61 亿美元，年均进口额达 0.50 亿美元，进出口总额长期保持全国领先地位。自 1950 年至 1980 年的 31 年中，上海累计出口 358.08 亿美元，为全国出口累计总额的 31.1%。上海由此拥有高层次的人才资源，较高技术素质的劳动力，比较强的科技开发能力。上海具备了中国门类最齐全、协作条件最便利、综合生产能力和加工能力最强的制造业体系。

长期积累起来的较好的工业技术基础、经营能力和信息集中等有利条件，支撑着上海约四分之一的工厂不同程度地参与出口产品的生产，许多轻纺产品、手工艺品等驰名海外，不少机械、电子产品以及钢铁、万吨级船舶等进入了国际市场。上海商业与全国各地市场有着广泛的联系，有面向全国的批发网络。上海在全国的经济比重中举足轻重：对外贸易占到四分之一、财政占到六分之一。从 1949—1990 年，上海地方财政收入总计 3911.79 亿元，其中上解中央支出 3283.66 亿元，占 83.94%。从 1959 年到 1978 年，上海地方财政收入平均占全国的 15.41%，最高时达 17.49%（1960 年），而上海地方财政支出仅占全国的 1.65%。[①] 这些优势对于上海在改革开放后利用国内和国际

---

① 《上海财政税务志》编纂委员会编：《上海财政税务志》，上海社会科学院出版社 1995 年版，第 87—88 页。

的两种资源、两个市场，从国内外吸引更多的资金、物资和技术奠定了基础。

（四）百年老城的发展瓶颈

上海对外开放起步之初还有一个特殊的背景情况。上海固然拥有地理位置、经济基础、科技人才、内外贸易等多方面优势，但同时又面临着经济中心功能减退、城市建设欠账沉重、旧体制和旧观念束缚过多等严峻困难。因为，在20世纪五六十年代，为了把落后的农业国变为先进的工业国，需要上海把有限的工业尽快建成国家可以依托的工业基地，生产消费品供应国内市场；积累资金发展内地生产；提供各种人才开发和建设边远地区和厂矿。曾几何时，上海工业总产值、出口总产值、财政收入、人均国民生产总值、能源有效利用率、商品调拨量、内迁工厂与技术人员输出等10项数据独占全国第一。但20世纪80年代之初，上海人均道路面积、人均居住面积、三废污染、车辆事故、人口密度等方面却是全国倒数第一，加之上海面临世界新技术革命的挑战，本身的发展又受到资金不足、资源短缺、城市臃肿、交通拥挤、住房紧张、环境污染等矛盾的制约，使上海在改革开放初期陷入发展滞后的窘境，过去许多优势逐渐丧失。

由于粗放式经营，1949年至1979年，上海的工业增长25倍，同期能源消耗增长24倍，钢材消耗增长74倍，即产值每增长1%，能源消耗需增长0.96%，钢材消耗则需增长296%。[1] 产品结构水平低，尤其在出口商品结构上，轻纺产品占80%以上，重、化工产品不到20%，而且基本上都是中、低档和附加值低的产品，机电产品出口

---

[1] 《发展外向型经济》第11页，《宣传通讯》增刊，中共上海市委宣传部《宣传通讯》编辑部，1988年3月。

比重不到 3%，直接影响着对外经济发展。城市功能单一，对外服务功能不足。1952 年上海第三产业产值占国民生产总值的比重为 42.3%，其中商业尤为发达，其产值约占全市国民生产总值的三分之一；之后逐步下降，到十一届三中全会前已低于 20%。城市缺乏活力和辐射、带动力，中心城市功能转换困难重重。

另一方面，新中国成立 30 年来，由于复杂的环境因素，我国的对外经济活动基本上处于封闭和半封闭的状态。在有限的对外贸易活动中，计划经济年代实行的统制贸易体制越来越暴露出其不利于进一步发展的弊端：第一，出口商品统购包销的收购制，使生产企业只关心产品在国内实现的价值，不关心产品在国际市场实现的价值，也无须了解国际市场的需求和国外先进的科学技术，因此生产企业没有发展新产品、提高产品质量、改进管理的压力和动力，出口商品品种和质量的更新改进不快。第二，国家统负盈亏的做法，使企业只重视规模，不重视效益，企业管理水平低下，资产负债率高，库存商品积压多，出口效益较低。第三，高度集中的经营体制使外贸企业缺少经营自主权，难以灵活地调整产品结构去适应国际市场需求的变化，形成了僵硬的外贸经营运行机制。因此，突破传统旧体制束缚，成为上海对外开放的时代要求。

第一章

对外开放的起步

为了适应党的工作中心的重大转变，在党中央、国务院指引下，上海市委、市政府逐步确立发展外向型经济的战略，大力发展对外经济贸易，充分利用对内对外开放的有利条件，引进和采用先进技术，改造传统工业，开拓新兴工业，逐步改善基础设施和投资环境，力争尽快使上海这一百年老城走上良性循环的振兴之道。回望20世纪70年代末到90年代初上海对外开放走过的历程，大体可以分为三个历史阶段：第一阶段为1984年前，是突破僵化体制的改革阶段。第二阶段为从1984年上海被列入十四个开放城市到1987年，是机遇与挑战并存的探索阶段。第三阶段为从1988年到1992年邓小平南方谈话前，是找准定位、奠定基础的开放阶段。这一时期上海既取得了经济上对外开放的初步成效，也因种种因素制约面临经济中心功能减退等困难。

第一节 突破传统体制束缚

上海的对外开放从突破传统体制、传统观念的束缚起步。

一、改革外贸经营体制

新中国成立后，上海的外贸体制是在外贸统制政策指导下形成的，进出口贸易活动集中于国营专业外贸公司。在旧体制下，外贸是个孤立的封闭的独立王国。这种割裂外贸与生产、科研、内贸之间有机联系的旧体制，是造成中国出口商品档次低、科技含量少等问题的重要体制原因。为了解决外贸行政管理过于集中、产销脱节、经营统得过死的问题，我国从1979年起，对外贸体制开始了以下放外贸经营权为核心的改革，即在保留国家对外贸统一领导的基础上，打破外贸独家经营体制，将外贸经营权下放到地方政府。这一时期，上海在外贸经营管理体制上主要以"简政放权"为中心进行了一系列改革，利用中央下放的权力，大力发展地方外贸。

根据中央关于"实行进出口分级管理，扩大地方经营产品范围，赋予地方和部门成立专业外贸公司或出口经营公司的权限"的决定，1979年12月，上海口岸率先在全国建立第一个地方外贸公司——上海市对外贸易总公司。刚开始它与上海市对外贸易局是一套班子两块牌子，是一个政企合一的单位，集中经营全市进出口业务，同时与国家各外贸专业总公司共同领导和管理对外经济贸易部所属各外贸专业总公司设在上海的15家进出口分公司（粮食、食品、土产、畜产、茶叶、丝绸、纺织品、服装、工艺品、轻工业品、文教体育用品、化工、五金矿产、机械、包装）及相关的外贸企事业单位。1981年，实行管理职能与经营活动分开，市外贸总公司从市外贸局分离出来，政企分开，成为独立自主、自负盈亏的经济实体。

自1979年起，上海充分利用中央政策，扶植、创办新的公司，还在原外贸公司基础上划小分细。为了打破外贸由少数专业外贸公司垄断经营、一统天下的局面，在经贸部支持下，上海1980年成立了第一批玩具、手帕、仪表电子、机械设备等工贸公司，由专业外贸公司的商品科与生产企业共同组建，给一部分生产企业以外贸经营权，如对上海机床厂、上海玩具和手帕进出口公司，以及稍后成立的上海机械设备和新联纺、自行车、手表等进出口公司，进行工业企业参与外贸经营的初步尝试。工贸结合使产销得到更好的衔接，有利于调动生产企业的出口积极性。以后，为了广开贸易渠道，上海陆续组建了一批以工业部门、科技部门、工贸联营、大型骨干企业或企业联合体以及出口大类商品为主体的外贸公司，如宝钢进出口公司、三益纺织印染联合公司、上海钟表进出口公司等。

外贸体制的初步改革，统一在全国范围内下放外贸经营权，客观上使得上海周围的浙江、江苏、安徽、江西等不再大量调拨商品到上海口岸出口，上海因体制政策形成的中心地位逐渐削弱。上海的外贸体制基本上延续了计划体制下的行政指令外贸模式，上海的口岸作用仅仅限于发挥货源集散地。1981年，上海从外省市调入的出口货源受到很大影响，比1980年减少50%。1980年，上海外贸出口总值曾达42亿美元，而以后几年却是每况愈下，到1984年出口值仅35亿美元。这一时期达成的补偿贸易和国际租赁项目较多，达169个，但金额仅6892万美元。外贸体制的初步改革对调动各方面的积极性，推动外贸发展，取得了一定成效，但外贸体制中的统负盈亏、政企不分等主要问题仍未解决，总体而言成效有限。

二、加强对内对外开放的行政管理

为适应扩大对外经济贸易事业的需要，1978年9月上海进出口办公室成立，以加强对上海市进出口工作的协调领导。为了加强对外开放的行政管理力度，1983年3月，上海成立技术引进小组，由副市长任组长，计划委员会、经济委员会、科技委员会、对外经济贸易委员会和生产技术局有关人士组成。按照党政分开原则，市委于1983年5月决定建立中共上海市对外经济贸易工作委员会。当年11月，市委决定将市进出口办公室、上海市对外贸易局（成立于1955年1月）和上海市对外经济联络局（成立于1964年12月）合并，成立上海市对外经济贸易委员会，统一管理全市外经贸工作，行使对全市各类外经贸企业的行政管理职能，制定和组织实施本市外经贸方面的具体方针、政策及涉外经济法规等。合并工作于1984年5月完成。这样既便于集中管理，又减少了管理层次。此后随着全市"两级政府、两级管理"体制的逐步建立，各区、县政府先后设立外经贸委，形成市和区、县两级外贸管理体制。

从 1979 年起，市政府逐步批准恢复在"文化大革命"中关闭的国务院各部、委和各兄弟省、市驻沪办事机构，为各地与上海的经济交往创造便利条件。改革开放以后，我国进入经济体制转型时期，从"六五"计划时期开始，上海计划低价供应的燃料、原材料比重大幅度缩减，一方面导致上海原有工业行业的"价格转移"效益消失，投资效益大大下降；另一方面，上海工业面临统购统销制度取消后的产品输出缺口问题。面对新的经济环境，根据 1980 年 7 月国务院《关于推动经济联合的暂行规定》精神，上海开始探索同兄弟省、市发展横向经济联合。为了加强领导、推进工作，1982 年 5 月，市政府决定撤销市计委协作办公室，成立市政府协作办公室。

1983 年 4 月，市长汪道涵在市八届人大一次会议上所作的《政府工作报告》中提出："发展对外经济贸易，加强对内经济联合，改造老企业和老城市，开发经济、科学、技术和建设的新领域，这四个方面的内容，简括起来就是'外挤、内联、改造、开发'。它们互为条件，互相促进，构成今后上海经济和社会发展战略的重要组成部分。"报告指出，上海对内经济联合的原则是：坚持全国一盘棋，从有利于经济调整出发，按照各自的基础和条件组织协作；坚持互惠互利，调动双方积极性；立足于现有企业的改造，充分发挥双方各自的优势；强调可行性分析，注意投入产出效益；强调相互学习，有层次地传递和交流技术管理经验。此后，上海开始探索同兄弟省、市发展横向经济联合，为各地与上海的经济交往创造便利条件，促进内外贸易。在实践中，上海坚持全国一盘棋，从有利于经济调整出发，按照各自的基础和条件组织协作；坚持互惠互利，调动双方积极性；立足于现有企业的改造，充分发挥双方各自的优势；强调可行性分析，注意投入产出效益；强调相互学习，有层次地传递和交流技术管理经验。

三、开展吸收利用外资的探索

上海的开放，首先是通过利用国外资金、技术和市场，加快老企业的技术改造。全市各主要行业和骨干企业，都瞄准国外一个或几个同类型的、拥有最新技术的企业，采取多种方式加强合作，汲取先进技术，尽快改变产品和企业面貌，并发挥向内地传递先进技术的桥梁作用。在积极引进的同时，充分运用现有的工业基础和科技力量，以引进作借鉴，锐意创新，走出自己发展技术的道路，迎接世界新的技术革命。利用外资的范围，也不仅限于国营工业、交通运输和城市建设，商业、农业、服务业和集体事业都要利用外资。

从粉碎"四人帮"后，上海已开始在"平等互利、互通有无"的原则下，扩大了同国际市场的交流，先后同联邦德国、日本等20多个国家建立了新的贸易关系。1978年，已同150多个国家和地区的20000多家客商建立了贸易关系。上海还实行产销见面，以扩大出口商品货源。1978年生产出口商品的专业厂增加到1774家。同时，在郊区试办农副土特产出口的生产基地。在对外贸易的方式上，采取主动灵活的经营方式，根据不同商品、不同地区、不同客户，恢复了定牌、数量折扣等国际市场上通用的贸易做法。

1978年前，上海外商投资仅一家，协议投资额1000万美元。自从1979年《中华人民共和国中外合资经营企业法》颁布以后，上海利用外资探索试验开始兴起。1979年至1983年，处于改革开放初期的上海对外经济合作，较多的还是通过利用中国银行的外汇贷款进口设备，吸收外商直接投资的方式以补偿贸易居多，利用外资重点在于引进技术和关键设备。1982—1983年间，上海利用外资开始转向合资经营、合作经营、租赁贸易和开发投资，并且开始争取到一些自主权。这段时期，国家绝大部分的涉外法规正在制定中，中外双方还处在一个相互了解、相互探索的时期。上海在政策允许的范围内努力发展，开始兴办中外合资企业。1980年7月，上海第一家中外合资企业——中国迅达电梯有限公司成立，是全国机械行业中第一家。以后，上海联合毛纺织有限公司、上海福克斯波罗公司、上海贝尔电话设备制造公司、上海耀华皮尔金顿玻璃公司等一批中外合资企业相继成立。从1980年到1983年的几年间，上海共批准外商投资企业17家，吸收协议外资1.15亿美元。

1983年3月，国务院批复国家经委、上海市政府《关于引进技术改造中小企业在上海进行扩权试点的报告》，原则上同意上海在"六五"计划后三年安排吸引外资和技术引进项目500多个，并在用汇、项目审批以及有关涉外活动如技术考察、谈判成交等方面拥有更多的自主权。1983年4月，国务院批转上海市政府《关于上海发展对外经济贸易工作几个问题的请示》，批准扩大上海在利用外资、引进技术、对外贸易、劳务输出等方面的自主权，同意上海在1983年到1985年的3年中使用10亿美元外汇引进技术，加快中小企业技术改造，同时授权上海100万元以下的引进项目自行审批，[①]为上海实施"外挤、内联、改造、开发"方针拓宽了空间。

这一时期，上海利用外资的规模很小，进展慢，体现出"二少一多"的特点：项目数量少，外商直接投资项目仅为17个，其中10个为合资项目，7个为合作项目；外商投资金额少，协议总金额为1.14亿美元；上海吸收的境外投资主要来自中国港澳地区，以劳动密集型的加工项目和宾馆、服务设施等第三产业项目居多。从出口商品构成来看，1980年出口商品总额中，轻纺产品、重化产品和农副产品三者之比是55∶19∶26，而1984年出口商品总额中三者之比是

---

① 中共上海市委党史研究室编纂：《中共上海历史实录》，上海教育出版社2004年版，第775页。

58：16：26，仍以轻纺产品为主导，属低附加值劳动密集型。尽管如此，也建立了一批颇具规模的合资企业，迅达电梯、联合毛纺、福克斯波罗等都先后被国家评为全国最佳企业，起到了很好的示范作用。在技术引进项目上也迈出了步伐，1983 年上海签订引进项目 278 个，协议吸收外资 2.16 亿美元。

此外，上海积极鼓励开拓外经业务新领域，增加对外直接投资、对外承包工程、对外设计咨询和对外劳务合作等业务，改变了单一完成援外任务的局面。1980 年 9 月，上海首次承建外商投资的深圳华美钢铁有限公司。1981 年，上海首次向伊拉克派遣劳务人员。同年，在香港兴办起第一家非贸易性的海外企业"香港培罗蒙西服有限公司"。

上海被列为沿海开放城市前，改革开放虽然对长期僵化封闭的经济产生了较大触动，使得外贸总体上的规模有所扩大，引进技术设备、利用外资等领域都有所突破，但对外经济合作还刚刚起步，利用外资进展还不快。总体而言在吸收引进外资方面成效有限。出口商品结构有一定的变化，但幅度不大，也不够稳定，出口市场的分布基本没有变化。对外开放对上海整体经济社会的发展还没有产生很大的推动力。上海面临的发展困境依旧。除客观因素之外，全市干部群众不同程度存在的一些思想误区，如：重视工业生产而忽视其他产业部门；单纯追求产值增长速度而忽视技术改造、技术进步；有着长期计划经济重镇的思想僵化问题；振兴上海只着眼于市区，忽视郊区等，也束缚了探索的手脚。

1983 年，邓小平同志等中央领导先后视察上海，指出上海利用外资不够，思想解放不够。激励上海的同志要解放思想，锐意进取。指出上海必须充分发挥海港和中心城市的作用，发挥其经济、科技、文化基地功能，作为全国"四化"建设的开路先锋。这些指示，既指出了上海面临的各种问题的要害，也为上海的进一步改革开放指明了方向。

第二节　探索振兴发展上海之路

1984 年，在深圳等南方四个经济特区探索取得成功经验的基础上，党中央决定进一步开放上海等部分沿海城市。这为深受城市经济中心功能减退、城市建设欠账沉重、旧体制和旧观念束缚的上海提供了机遇。党中央、国务院十分关心上海经济和社会的发展。在党中央、国务院的坚强领导下，上海制定了进一步改革开放的经济发展战略，逐步改善对外开放的环境，加强横向经济联合，扩大了对外开放的多种探索。

一、制定进一步开放的发展战略

1984 年 5 月，中共中央、国务院决定进一步开放大连、天津、上海、广州等 14 个沿海城市。国家对进一步开放的沿海港口城市，执行仅次于经济特区的优惠政策和措施，主要包括：放宽利用外资建设项目的审批权限、增加外汇使用额度和外汇贷款、积极支持利用外资及引进先进技术改造老企业、对中外合资和合作经营企业及外商独资企业，给以若干优惠待遇、逐步兴办经济技术开发区。经济技术开发区内，利用外资项目的审批权限，大体上比照经济特区的规定执行。这是我国扩大对外开放的一个重大步骤。

同年 7 月，中央指出，上海、辽宁两个老工业基地必须振兴和改造。同年 8 月，国务院和中央财经领导小组在北戴河召开会议，专门听取上海的经济形势、面临的问题以及 1990 年以前经济发展初步设想的汇报。会议提出：改造和振兴上海，应当在运用新技术改造传统产业和积极发展新兴工业的同时，加强基础设施建设，大力发展"第三产业"即各种非物质生产部门。要改变不利条件，充分发挥优势，使上海增添活力。

　　同年9月，国务院改造振兴上海调研组抵沪，与市政府联合研究、制定上海经济发展战略。12月，由上海市政府、国务院改造振兴上海调研组联合署名，向国务院上报了《关于上海经济发展战略的汇报提纲》(简称《汇报提纲》)。《汇报提纲》提出了上海的发展方向、战略目标及方针政策和措施。其中提出的六项方针任务中，首要的一条是对内对外开放，提出上海对国内外都要开放，起沟通内外的桥梁作用。上海的第三产业以发展内外贸易、金融、咨询服务、旅游为重点，1990年第三产业在国民生产总值中的比重应提高到30%以上。《汇报提纲》还提出：要扩大对外贸的经营权，鼓励出口；要对利用外资改造老企业实行更多的优惠政策；要求提高外汇留成比例达25%，恢复地方性的以进养出业务，把外汇用好用活；要求允许上海充分发挥口岸的优势，利用国际、国内市场商品的差价，在国际市场上进行有利于我的地方性以进养出和物资串换业务，增值的外汇上交30%，留给上海70%。

　　1985年2月，国务院批转了《上海经济发展战略汇报提纲》，指出，"在新的历史条件下上海的发展要走改造、振兴路子，力争在本世纪末把上海建设成为开放型、多功能、产业结构合理、科学技术先进、具有高度文明的社会主义现代化城市"。"上海走活第三产业这着棋，更能重新焕发青春和活力，更好地发挥经济中心的作用，运用综合功能为全国经济建设服务。"上海"还应成为利用外资、引进外技的主要门户，以及消化吸收后向内地转移先进技术和管理方法的桥梁；成为全国的商品集散地和最重要的外贸口岸；成为全国最重要的金融市场和经济技术信息中心；成为面向全国培训技术人员、经营管理人员、高级技工的培训中心"。[①] 从而为上海的改革、开放和经济发展奠定了基调，指明了

---

① 中共上海市委党史研究室编纂：《中共上海党史大典》，上海教育出版社2001年版，第512页。

方向。

为了促进经济循环由内向型转向开放型，以进一步打开国际市场，把利用外资、引进技术与对外贸易结合起来，并使上海成为向内地转移先进技术和管理方法的桥梁，在制定上海经济发展战略的同时，上海还就进一步开放作了战略设想：

第一，利用外资加快老企业的技术改造。除中央有关部门为主安排的项目外，安排广播电视、家用电器、电影照相器材、食品、纺织、服装、医药和医疗器械、汽车及拖拉机、飞机、电站设备、机床和锻压设备、仪器仪表、建筑材料、精细化工、冶金等十五个重点行业进行系统改造，力争达到八十年代初的世界先进水平。

第二，利用外资开发新兴技术。重点开发微电子、光纤通信、激光技术、生物工程、海洋工程、新材料、仿人机七个方面的新技术。特别要以微电子技术为突破，大力发展电脑和大规模集成电路。

第三，利用外资建设旅游宾馆、公寓、办公楼和贸易中心。这是上海非常欠缺的环节，已经严重影响旅游事业和对外经济贸易的发展。

第四，利用外资开店办商业。

第五，利用外资发展郊县农副业生产。重点开发崇明和海丰，利用其滩涂资源围垦而未配套的农田，建设必要的港口码头和农副产品加工工业，使之成为全市牛奶、淡水鱼等副食品的供应基地和出口加工基地。

国务院于1985年3月批复同意上海报请审批的《关于上海进一步开放初步方案的请示》，同意进一步扩大上海对中外合资经营、中外合作经营和外商独资经营企业减征、免征企业所得税和统一税的审批权限。为便于上海市调整工业布局，按照贸工农顺序安排经济活动，发展出口商品生产，批复还大大拓宽了上海享受国家开放优惠待遇的地区和领域，中央给予政策，全市进一步对外开放的范围除老市区外还包括上海市所辖的十个县的城关区；市政府批准的集中安排工业、科研项目和重点卫星城镇；市政府批准的所辖农村中利用外资建设的以发展出口为目标的农、林、牧；养殖业生产项目及其产品加工项目。凡在此范围内的技术引进项目和利用外资建设的项目，均可按照国家对沿海十四个开放城市和沿海经济开放区规定的有关政策，享受有关的优惠待遇。这使上海吸引外资工作进一步加快。

上海市第五次党代表大会于 1986 年 3 月举行，贯彻党的全国代表会议精神，实施国务院批准的《汇报提纲》。按照《汇报提纲》精神，上海扩大对外贸的经营权，鼓励出口；对利用外资改造老企业实行更多的优惠政策。在中央支持下，提高外汇留成比例达到 25%，恢复地方性的以进养出业务，用好用活外汇。

虽然国家先后批准给予上海一些特殊政策，但是上海在经济发展实现战略转变过程中，加强城市基础设施建设，改造老工业企业，发展科教文卫事业，都需要投入大量的资金。资源缺乏、资金缺口大，成为经济发展面临的严峻困难。过去国有企业运用的资金都是从上而下由政府财政拨入，各类金融机构只承担着执行中央层层调拨资金的出纳职能，而改革后企业不仅需要还本付息，而且取得资金的难度越来越大。物资紧缺也是一大难关。上海是一个具有资本和劳动力比较优势的城市，但在自然资源方面则处于绝对劣势。此前上海外贸的主要内容是以自然资源为主的初级产品的出口，自然资源的调拨主要得益于中央的指令性计划。但随着计划和物资体制改革的深入、指令性计划的逐步缩小，国家统一分配给上海的物资不断减少。计划分配的物资占需要量的比重已从原来的 70% 下降到 40% 左右。作为上海出口拳头产品的纺织品的原料棉花，国家计划调拨量逐年减少，到 1989 年只剩原计划的 1/3，丝的调拨等于零。而此时原材料价格因 20 世纪 80 年代中期全国的经济过热而不断上升，相应增加了市场议价供应和地方进口原材料的比重，

1981 年地方进口原材料用汇仅 0.45 亿美元，1986 年达到 3.2 亿美元，1987 年连同中央各部门转由地方进口的物资，地方外汇支出高达 6.5 亿美元，[①] 不仅影响了地方财政收入，也使地方用于进口原材料的外汇支出大幅度上升。

上海自 1985 年起地方财政收入连年下滑。1985 年上海地方财政预算内收入 181.59 亿元，1986 年下降至 176.1 亿元，下降了 3%；1987 年下降至 165.13 亿元，又下降了 6.2%。[②] 这不仅进一步减少了国家的财政收入，也严重影响了地方的财政支出。同时，城市基础设施严重落后，超负荷运转。表现为：交通堵塞，人多路少，市中心人均道路面积只有 2 平方米；通信不畅，交换设备的普及率只有 3.6%，仅为世界平均水平的三分之一。长途及国际电讯也不很畅通，很不适应对内对外开放的需要；电源紧缺，供电不足；以及城市环境污染，自来水水质差，煤气普及率低，绿地空地极少等等问题。各种不安全因素不断暴露，对整个城市的生产建设和人民生活造成很大隐患。如不逐步消除，将制约上海对外开放的进程。

为帮助上海克服困难，1987 年 12 月，国务院副总理姚依林率中央各部委组成的工作组来上海调查研究。在工作组指导下，上海向中央提出《深化改革、扩大开放，加快上海经济向外向型转变》的报告。报告提出，上海经济的发展正处在重要的转折时期。深化改革，扩大开放，加快上海经济外向型转变，不断增强国际竞争能力，搞大进大出，是实现上海经济发展战略，改造、振兴上海的根本途径。报告提出了调整产品结构、发展外向型经济的战略目标。1988 年 2 月，国务院原则批准上海市《关于深化改革扩大开放加快上海经济向外向型转变的报

---

① 《发展外向型经济》第 19 页，《宣传通讯》增刊，中共上海市委宣传部《宣传通讯》编辑部，1988 年 3 月。

② 中共上海市委党史研究室编纂：《中共上海党史大典》，上海教育出版社 2001 年版，第 159 页。

告》。报告中提出的一项重要的措施就是扩大上海的财政自主权。中央同意上海地方财政实行包干政策，从 1988 年起实行基数包干上交，一定五年不变，即以 1987 年实际完成收入 165 亿元为基数，每年定额上交中央 105 亿元，从 1988 年到 1992 年，前三年超收部分全部留给上海，后两年收入超过 165 亿元的部分与中央对半分成。中央同意经人民银行总行批准逐步在上海增设几家外资分行，并可由香港中资银行在上海设立分支机构，同时充分发挥各专业银行、区域性银行的作用，并开拓其他非银行金融机构的融资活动，为上海经济发展服务。进一步发展金融市场，广泛开展短期资金拆借、证券买卖等业务，同时照顾上海扩大发行地方企业债券的额度，搞活金融，金融市场的拆借利率由市人民银行审批可以浮动，以发挥利率的调节作用等。中央原则上同意上海利用地理优势，积极推行土地使用权有偿转让，大规模吸引国内外资金。

上海充分利用国家给予的优惠政策，抓住国际市场上的有利时机，发展外向型经济，加快上海的对外开放步伐。1988 年 1 月，时任市委书记江泽民率领市部分部、委、办、局主要负责干部 20 多人组成学习考察团，先后到广州、佛山、东莞等市县及珠海、深圳经济特区考察。23 日，江泽民在全市干部大会上作加快上海经济向外向型转变、学习广东经验的报告，号召全市干部进一步解放思想、开拓创新。

1988 年 3 月上旬召开的沿海地区对外开放工作会议指出："上海是我国的重要工业基地和对外的主要港口，要发展成为太平洋西岸的万商云集的现代化经济、金融、贸易和信息中心，成为发展外向型经济的先行者。"[①]1989 年 11 月，时任市委书记朱镕基在中共上海市五届九次全体（扩大）会议闭幕会上指出：要进一步扩大对外开放，加速上海

---

① 《上海工作》1988 年第 4 期。

经济向外向型转变。改进和完善外贸承包办法，扩大对外贸易，走通"两头在外"①的路子；进一步改善投资环境，吸引更多的外商来沪投资；加快浦东开发：适应对外开放需要，争取引进几家外资银行。

自此，上海围绕发展外向型经济，进一步解放思想、开拓创新，抓住国际市场上的有利时机，加快了对外开放的步伐，国民经济治理整顿取得明显成效，为浦东开发开放作了前期准备。

二、改善对外开放的环境

为加快利用外资进程，上海不断探索改善投资环境、进一步对外开放的新路子。市委、市政府高度重视，提高政府工作效率，作出一系列有关吸收外资发展上海经济的重要决策和部署，制定、发布了一系列鼓励外商投资的政策、规定，加强基础设施建设，完善涉外法规，力图为引进外资创造良好的环境。为发展工业支柱产业、高新技术产业和改造传统工业，市委、市政府领导带头开展对外招商工作，利用各种机会积极争取国际上的跨国公司来上海投资，促成了一批外商投资大项目落户上海。

1984 年 7 月，市政府建立利用外资联合办公会议制度，由常务副市长主持，充分发挥职能部门的作用，采取联合办公的形式，加强对全市吸引外资工作的监督、检查、协调、仲裁。处理日常工作的办公室，设在市对外经济贸易委员会内。吸收外资的步伐明显加快。1986 年10 月国务院颁布《关于鼓励外商投资的规定》，对外商投资创办产品出口企业和先进技术企业给予更为优惠的待遇，从而改善了外商投资企业的生产经营条件。市政府在切实贯彻执行国务院颁布的鼓励外商投资的规定（即 22 条）的同时，结合上海具体情况制定了《上海市关于鼓励

---

① "两头在外"，就是把生产经营过程的两头（原材料和销售市场）放到国际市场上去。

外商投资的若干规定》（即 16 条），在减免税收、降低费用、保障外商投资企业经营自主权方面提供了优惠条件，并进一步完善了利用外资的管理和服务体制，先后成立了上海外商投资企业外汇调剂中心、物资服务公司和上海市外国投资工作领导小组，对上海外商投资项目、产业结构进行合理的宏观调整。

1988 年 3 月，市政府把 500 万美元以下的非限制性外商投资项目下放给区、县、局审批。为了简化投资审批手续，市委、市政府决定提高外商投资管理机构的规格，于 1988 年 6 月建立具有综合性和权威性的外商投资管理机构——上海市外国投资工作委员会，成为上海主管吸收外商投资工作的"一个窗口、一个图章、一个机构"的主管部门。时任市长朱镕基任市外资委主任，副市长黄菊任第一副主任，下设常务副主任一名，由综合性、权威性的四个委办，即市计委、市外经贸委、市建委和市经委各派一名副主任兼任。市外资委负责审批 500 万美元以下的限制性外商投资项目和 500 万—3000 万美元的外商投资项目，为外商投资者提供介绍投资环境、推荐中方合作伙伴、政策和法律咨询等行政服务，协调解决外商投资企业在筹建和生产经营中遇到的重大问题。这种一个窗口对外、简化审批手续、提高办事效率的方式，受到外商的欢迎。原市外经贸委外资处的职能全部转到市外资委。市外经贸委成立后，对专业外贸公司在计划经济条件下形成的组织架构和运作机制进行了如下的改革：一是合理划小经营单位，实行两级核算，具备条件的商品科改建为分公司或子公司。二是实行多元化经营，打破商品分工，扩大经营范围，除了从事进出口主业，还拓展生产、运输、广告、旅游、内贸、房地产、投资和外经等业务。三是实行全员劳动合同制和上岗聘用制，建立员工能进能出、能上能下的机制。四是改进分配方法，实行职工收入与经营实绩挂钩。

经过一段时间的实践探索，上海工贸结合、技贸结合基本形成以下几种形式：一是由工业部门办进出口公司，除 1980 年办的 4 家工贸公司外，又办了一批如市纺织局所属 53 家工厂联合办起的新联纺织品进出口公司和上海港进出口公司等。二是由科技系统办进出口公司，如国际技术贸易公司、航空技术进出口公司等。三是大型骨干企业及企业联合体直接对外经营出口业务，如宝钢出口公司、石化高桥国际贸易公司、长江磨床出口公司等。四是工贸联营的进口实体共同组建的公司，如纺织品进出口公司与市纺织印染工业公司及其所属工厂共同组建三益纺织印染联合公司。五是工贸之间较松散的出口联合，如家用纺织品进出口公司与有关生产企业以联合产销协议的方式互相保证出口任务。六是按大类商品组成专业性的工贸联合进出口企业，如上海钟表进出口公司、上海自行车联合进出口公司等。

根据 1984 年 9 月国务院批转外经贸部《关于外贸体制改革意见的报告》精神，上海在进一步抓好政企分开，工贸结合的同时，首先在嘉丰棉纺厂、第四棉纺厂、微型轴承厂、跃进电机厂、第三毛纺厂等生产企业推行出口代理制试点。实行"五代理、五分开"，即外贸公司和生产企业协议，由外贸公司代筹流动资金、代办出口退税、代办留成外汇调剂、代核产品价格、代付一定数额的货款；在对外贸易活动中，工贸双方成交合同公开、单据凭证公开、配额使用公开、费用开支公开、用汇收汇公开，以提高生产企业的积极性，工贸双方共同完成扩大出口任务。

在取得经验的基础上，1989 年 2 月，市政府决定在全市全面推行出口代理制，主要采取三种形式：一是在少数经营条件比较好的企业，实行"一步到位"的完全代理制；二是在大多数企业实行全过程代理；三是在部分企业实行最初级的代理方式，基本维持收购制的做法。专业外贸公司经营机制从单一货源收购变为货源收购与出口代理并存，生产企业可择优委托外贸公司全过程代理出口。

　　1986 年，我国进行了全面实行对外贸易承包责任制的改革。市外经贸委给外贸公司放权，推行经理负责制。按照十三大提出的"促进外贸企业自负盈亏、放开经营、工贸结合、推行代理制"的要求，1988年 2 月，国务院发布《关于加快和深化对外贸易体制改革若干问题的决定》，决定全面推行承包经营责任制，打破"大锅饭"，实行自负盈亏。同时决定，各省、市的部分专业外贸公司与北京总公司脱钩，归属地方管辖，实行外贸地方承包。这是十一届三中全会以来中国外贸体制的第一次重大改革。

　　据此，上海市政府决定先在服装、针织、轻工、文体、工艺等 5 个外贸公司和畜产、丝绸 2 个外贸公司中经营轻纺产品的部门进行外贸承包经营责任制的试点，核定各企业的出口收汇、上缴外汇和出口盈亏 3 项指标，承包指标从 1988 年起，一定三年不变。以后，承包经营责任制在试点的基础上逐步推行。政企分开，把外贸专业公司逐步从原来所属行政部门中独立出来，成为专业化、社会化的经济实体。这样，实行工贸结合、技贸结合、进出结合，根据不同商品的具体情况，与生产企业、科研单位发展各种形式的横向联合，使上海的外贸企业积极性进一步发挥，活力大大增强。这一年，上海外贸出现"三个转变"：由国家统负盈亏向自负盈亏转变，集中经营向多家经营转变，外贸经营方式由单一的收购向收购、自营、联营、代理等多种形式并存的格局转变。

　　1989 年，上海又推出工贸"双线承包"和外贸代理制，并在纺织行业率先实行。"双线承包"是指改收购制为代理制，把市向中央承包的出口收汇、上缴外汇和亏损补贴等 3 项指标，由原来各外贸公司承包改为生产企业直接承包，同时作为各有关外贸公司的代理承包和外贸代理制，工贸双方特别是生产企业扩大出口和参与国际竞争的积极性提高，加强了工贸双方在新的基础上的结合。1990 年上海外贸出口53.21 亿美元，比 1987 年增长 27.9%。到 1991 年又全部取消出口补贴，建立自负盈亏机制。由国家统负盈亏到企业自负盈亏，有效地增强了企业经营者的经济核算观念。根据外贸企业的特点，在实行承包制以后，国家、企业和地方的关系是：国家包给地方，地方包给企业。中央一级的总公司也向国家承包。到 1990 年底，全市有进出口权的企业共达 115 家。

在加强行政管理，推进外贸体制改造的同时，上海在不同阶段，及时制定和公布了一系列外商投资企业的优惠政策，正确引导外商投资企业的发展。市人大、市政府还颁布了一系列实施细则。先后颁布的地方性涉外经济法大致类型有：一是根据上海地区的发展规划，利用地方性税费的减免优惠，正确引导外商投资方向和投资区域，如《上海市关于鼓励外商投资的若干规定》(1986 年 10 月)、《上海市外商投资企业享受技术密集型、知识密集型项目的优惠待遇的办法》(1988 年 4 月)、《上海市漕河泾新兴技术开发区暂行条例》等。二是为外商投资提出新的方式，如《上海市土地使用权有偿转让办法》。三是帮助改善外商投资企业内外关系，如《上海市外商投资企业投诉及处理办法》等。

在对外商投资企业审批、优惠政策方面，1986 年 6 月市人大常委会通过《上海市中外合资经营企业、中外合作经营企业、外资企业的申请和审批规定》，同年 10 月为贯彻执行该规定，市政府发布《实施办法》。在房地产管理方面，1986 年 10 月至 1988 年 10 月，市政府发布《上海市中外合资经营企业土地使用管理办法》《关于租赁房屋开办中外合资经营企业的土地使用费征收办法》《上海市外商投资房地产企业商品住宅出售管理办法》。1988 年 11 月，市人大常委会发布《上海市经济技术开发区条例》。

在提供有关服务和保障外商合法权益方面，1987 年 12 月、1989 年 8 月，市人大常委会先后颁布《上海市中外合资经营企业工会条例》《上海市外商投资企业清算条例》。1989 年 6 月市政府发布《上海市外商投资企业物资采购和产品销售办法》《上海市外商投资项目咨询、代理工作的若干规定》《上海市外商投资企业投诉及处理办法》等。浦东开发开放以后，市政府发布《上海市鼓励外商投资浦东新区的若干规定》《上海市外高桥保税区管理办法》等。这些法规的颁布，使上海的引进外资工作逐步做到有法可依、有章可循。

上海从 1984 年起开始了引进国外智力的工作。1986 年成立以副市长为组长的"上海市引进国外智力工作领导小组"，统筹考虑实施全市引进国外智力工作，涉及的行业从原先单一的轻工部门逐步发展到机械、轻工、化工、建材、医药、农业、畜牧、教育等广泛领域，取得了比较明显的社会效益和经济效益。到 1989 年，共完成引进项目 199 项，引进国外专家 330 人，涉及的行业从原先单一的轻工部门发展到目前的机械、轻工、化工、建材、医药、农业、畜牧、教育等广泛领域，取得了比较明显的社会效益和经济效益。作为智力引进工作的另一组成部分，本市还分期分批从企事业选派出研修人员 786 人次，到对口单位实习培训。1988 年，在原市引进办的基础上，上海国际人才交流协会成立，由江泽民担任名誉理事长，刘振元副市长任理事长，使本市的智力引进工作以协会为依托，同外国民间团体、私人企业或个人身份的技术管理专家进行联系，将国内和本市的对外交流的各方面关系都联络到了一起。通过聘请外国专家进行合作，提高了消化吸收国外先进技术的能力，培养了一支懂技术、善管理的专业技术和管理人员队伍；通过聘请外国专家进行技术咨询，促进了企业的技术改造，解决了企业中的一些重大技术难题；通过一方引进，使多家受益，带动了一批企业。

相对于对外开放的客观需要而言，上海的金融环境是欠缺的。为了更好地发挥经济中心的作用，上海 1984 年提出要"走活发展第三产业这着棋"，重点是发展金融、咨询、旅游业。按照经中央批准的《汇报提纲》，以 1983 年底上海各家银行存放款差额总数为基数，今后增加吸收的存款可全部留给上海，由中国人民银行上海市分行综合平衡，统一调度，调剂使用。对国家给予上海引进技术每年 3 亿美元的外汇贷款时间，延长到 1990 年，允许上海周转使用，并请中国人民银行按国家牌价贷给相应的人民币资金。在国家统一利率总水平不下降的基础上，允许上海银行实行差别利率。上海银行可同全国各地银行发生横向联系，融通资金，对跨地区、跨省市的联行进行拆放。对某些产品和大型成套设备，可发放买方信贷和卖方信贷。允许以中国银行上海分行的名义，经总行批准后，向国际金融市场直接借款、发行债券、组织银团贷款，自借自还，自担风险；也可以向海外投资，与外国金融机构直接签订信贷协议，对外商发放出口信贷。中国银行上海分行吸收的外汇存款（包括外汇额度），在保证客户支付的前提下，由分行自主运用；对于外汇存款，实行在国内存取自由的政策。允许上海投资信托公司、上海爱国建设公司在国际金融市场上筹款。要求上海贸易外汇按总额给上海留成 25%。

上海的金融条件已开始具备多元化和外向性的发展特征。截至 1989 年，已有 33 家国外银行和 4 家证券公司在上海设立办事处；上海主要的金融机构基本上都开办了全部或部分外汇业务；成立中国第一个公开的外汇调剂市场；资金拆放、外汇买卖、债券发行等资本市场业务得到发展。至此，上海金融业已形成以中央银行为领导、国家专业银行为主体、多种金融机构并存的新体系。

除了政策制度环境，硬件基础环境的改变也迫在眉睫。改变上海城市基础设施严重落后的面貌，必须从财力、物力、人力上给予更多的投入。在硬件设施上，"七五"至"八五"计划期间，全市投资 1003.42 亿元，先后开工兴建石洞口电厂、外高桥电厂、浦东煤气厂、黄浦江上游引水工程、铁路新客站、延安东路越江隧道、南浦大桥、杨浦大桥、轨道交通一号线、内环和南北高架路、沪嘉和莘松高速公路等一大批重大工程。自 20 世纪 80 年代中期开始，市政府投资或引进外资建成联谊大厦、瑞金大厦、新锦江大酒店、静安希尔顿酒店、花园饭店、国际贸易中心、国际贵都大酒店、波特曼大酒店、汤臣大酒店、世贸商城等一批高级宾馆、外商办公楼和常年展示场所。市政府还投资新建和扩建了一批与国际接轨的现代化学校、医院、体育娱乐设施，为来沪投资的外商创造了良好的投资和生活环境。在建设大型骨干城市基础设施的同时，对原有的住房、道路、地下管网等设施，有计划地进行改造。

截至 1988 年，上海作为中国重要的海陆空交通枢纽的功能得到很大提升。上海港与世界 160 多个国家和地区的 400 多个港口相衔接，其货物吞吐量达 1 亿吨以上，占中国沿海主要港口吞吐量的 1/3 以上；国际通用集装箱吞吐量达 31.28 万个，占沿海开办国际通用集装箱运输业务的港口吞吐量的 1/3 左右。在航空运输方面，上海虹桥国际机场可直接与 10 多个国际城市及国内 37 个主要城市相通。通信业1989 年完成电话 7 位拨号升位。港口建设方面，1984 年起，将港口建设重心逐步向长江口转移，加快对新港区建设和老港区改造。在外高桥先后建成 4 个万吨级泊位新港区。

三、扩大对外开放的各种探索

国务院开放上海等 14 城市后，进一步对外商投资项目实行优惠政策。上海吸引外资的形式，已从补偿贸易为主转变为以合资、合作经营为主，并首次批准了 2 个外商独资经营企业。1985 年 2 月，经国务院批准的《关于上海经济发展战略的汇报提纲》中提出：今后五年，上海利用外资的使用方向和重点：一是城市基础设施的骨干项目和文化设施等第三产业的急需项目，二是扩大出口和替代进口的生产项目，三是大技术改造项目。1985 年是上海引进外资的起步，并在短短几年内取得了较大的进步，逐渐形成了一套鼓励外商投资的方法。两年间，上海利用外资取得了较大进展，批准建立了 139 家外商投资企业，吸收外商投资 10.6 亿美元，分别比前 5 年增长近 6 倍和 9.6 倍，上海外商投资企业初步形成规模，外贸初步实现自负盈亏，工贸脱节现象开始缓减，赢得了日趋灵活的外贸方式。

1986 年 8 月 5 日，国务院以"国发［86］94 号文"批准了上海扩大利用外资规模的请示报告，允许采取计划单列、自借自还的方式直接向国外集资，综合开发经营和还款。具体说，国务院同意上海市提出的建设地下铁道、市区污水合流治理、黄浦江大桥、虹桥机场、市内电话扩容等五个城市基础设施项目、工业技术改造、第三产业和旅游业等利用外资的初步设想。为利于还款，同意将城市基础设施、工业技术改造、第三产业和旅游业项目，无论是创汇和不创汇的、盈利和不盈利的、短期见效和长期见效的，都由上海市"捆"在一起，统一核算，综合开发经营，并负责综合还款。借用的外资，除世界银行、日本协力基金及双边政府贷款外，允许有一部分参加国内的外汇调剂，以支付必要的人民币开支，但不得用于进口消费品和紧俏产品倒换人民币。

上海市扩大利用外资规模后，所借外债均由上海市负责偿还。第一批 32 亿美元的贷款被称为"94 专项"，从而开创了上海间接利用外资进行城市基础设施建设的新局面。1986 年 11 月，市政府发布《关于对本市"94 专项"实行优惠的暂行规定》。在税费减免、设备和料件进口、还款包干、出口创汇奖励、外汇调剂以及对承担项目的企业职工、外资职工、银行职工的奖励等方面作出具体规定。

在前几年利用外资工作的基础上，上海注意了引进外资结构的合理性，对上海外商投资项目、产业结构进行合理的宏观调整。对外技术交流、外经工作、旅游事业和侨务工作也有了新的进展。

一是适当控制宾馆、大楼项目；二是扩大工业生产性项目比重，使这类项目外商投资金额占总金额的比重从 1985 年的 5% 提高到 1986 年的 16%,1987 年继续升至 25.7%,这批生产性项目大部分属于出口创汇型和技术先进型;三是重点发展产品出口型和先进技术型项目,两年共建立了这两类企业 36 家,占历年来这两类企业累计总数的 42.4%。四是外商投资的区域和行业有所扩大,台湾厂商的投资开始进入,并迅速增加。

自 1984 年上海列为沿海开放城市,到 1988 年,在引进外资的规模、形式、投资方向、投资环境方面都发生了较大变化。引入的欧美大企业增多。五年共签订各种形式的利用外资项目 496 个,合同金额 21.9 亿美元。到 1987 年底,上海批准建立 139 家外资企业,吸收外资 10.6 亿美元,分别比前 5 年增长近 6 倍和 9.6 倍,上海外资企业初步形成规模。

上海对外经济技术合作从承接中央下达的对外经济技术援助任务起步,20 世纪 80 年代对外经济技术合作方式作了重要改革。原上海市对外经济联络局撤销后,分别成立了中国上海对外经济技术合作公司、中国成套设备进出口公司上海分公司和中国出国人员服务公司上海分公司,实行政企分开的管理体制。为扶持该项业务,市政府加强对全市外经工作的规划、协调和管理,先后制定出台一系列鼓励企业发展海外经济的政策和措施。主要有给予上海对外经济技术合作公司 5 年免税,外汇全留成,贷款优惠等。

1984 年上海还成立了地方性的对外承包和劳务合作公司即中国上海对外经济技术合作公司,首先获得对外劳务合作经营权。在各方面的推动下,上海的对外工程承包和劳务输出规模不断扩大。而亚太市场的成熟为上海进一步走出去、发展海外经济提供了先决条件,因而成为 20 世纪 80 年代上海对外工程承包与劳务输出的主要市场。上海在亚太地区承担的对外工程承包项目,主要有泰国的兰目杏大学教学楼、国防部军人宿舍、2168公路、1180公路，香港的元朗小学、屯门连体中学、黄大仙高层住宅楼、假山工程；朝鲜的稀土工程，日本的上海—横滨友谊园、大阪同乐园，菲律宾的BF公司住宅等，累计合同金额8486.37万美元。上海发挥自身优势，积极开拓新的市场和新的领域，在开拓土建和劳动密集型项目的同时，努力探索和争取以电站、机电、冶金为重点的技术密集型项目；在对外承包工程中，拉动设计咨询业务的发展，初步实现多渠道开拓外经业务的局面。

上海还采取全球销售战略，发展国际化跨国经营：一是请进来开交易会。1982年举办的"上海首届出口商品交易会"，成为全国首创的地方性小交会，一直到1990年每年举行一次，有效扩大了与世界各地的经济交往。二是走出去办展销会，上海于1986年首次到日本大阪举办服装展销会以后，每年2月都在那里举行为期一周的服装展销会，这已成为一种固定的模式。与此同时，上海还到美国、新加坡、印尼、英国、德国、北欧、南美、非洲、加拿大、俄罗斯、科威特、迪拜、越南等国家和地区举办各种类型的展销会。还多次组织外贸、工贸公司参加一些国家举办的国际性博览会。三是非贸易性海外投资开始启动，如在泰国建立金龙紧固件有限公司等。

该时期技术引进的内容主要是冶金、仪表、化工、轻工、机电、纺织、医药等，技术水平多以20世纪70年代末或80年代初的世界技术水平为主。

四、发展横向经济联合

1984年10月，中共十二届三中全会通过《关于经济体制改革的决定》，强调各地区之间要互相开放，大力促进横向经济联系。当年，市政府先后批转《关于兄弟地区来本市开店办厂的暂行办法》《关于本市企业同兄弟地区企业经济技术合作若干问题的规定》，明确："各兄弟地区的企业事业单位和个人可以来本市开设商店、货栈或贸易公司，批发、零售各地农副土特产品、原材料、工业品；可以新建、改建、扩建大楼，举办各种旅馆、旅游、饮食、娱乐等服务业；也可以按照本市工业发展方向和城市规划布局开办工厂。""经济技术合作要择优发展，注重市场预测和可行性分析，着眼于发展市场适销对路产品，名牌和优质产品，大工业的协作配套，以及资源开发等。"①

在国务院批准的《汇报提纲》中也提出：对内联合，上海要按三个空间层次有计划、有重点地展开。第一层次是上海经济区的江苏、浙江、安徽、江西四省一市的紧密联合，第二层次是长江流域包括武汉、重庆等城市的经济联合，第三层次是与全国各地开展的各种形式的经济技术联合与协作。开展内联，应当本着"扬长避短，互通有无，平等互利，共同发展"的原则，采用经济办法，有计划地帮助各地发展生产，联合开发资源，组织交通运输，进行商品交换。上海应建造一批贸易中心、办公楼等设施，或由各地区在上海投资建造，到上海来设立机构，举办各种洽谈会、商品展览会、技术交流会，在统一对外、联合对外的原则下，开展对外经济贸易。

随着经济体制改革的深入，物资统配统包的局面开始打破，国家指令性计划调拨物资的品种、数量逐年减少。1986 年 3 月，中共上海市第五次代表大会决议提出：要积极主动地同上海经济区各省、市和其他兄弟地区一起，共同建立一批重要资源的综合开发基地。据此，上海通过补偿贸易、合资经营形式，先后在山东、贵州、安徽、新疆、青海等地区建立煤炭、烟草、铝锭、水泥、纸浆、生铁等原材料基地。如1986 年起，上海与煤炭部集资办煤矿企业，开采燃煤，商定上海分 5年共出资 3.6 亿元，煤炭部在山东兖州矿区建年产 180 万吨煤的矿井，

---

① 《上海人民政府志》编纂委员会编：《上海人民政府志》，上海社会科学院出版社 2004 年版，第 446 页。

从 1990 年至 2021 年按国家统配价向上海提供 5490 万吨煤。此外还与江苏连云港碱厂商定，由上海出资 8000 万元，对方每年向上海耀华皮尔金顿公司提供 8.5 万吨纯碱。

为加强横向经济联系，1986 年 6 月，市政府颁发《上海市关于进一步推动横向经济联合的试行办法》，规定："横向经济联合，要以企业为主体，提倡以大中型企业为骨干，以优质名牌产品为龙头进行组织。通过企业之间的横向联合，与兄弟地区共同建立一批优质名牌产品的生产联合体，科研产品的系列开发联合体，重要资源的综合开发联合体和出口货源的配套加工联合体，形成一批跨地区、跨部门的新型企业群体和企业集团。"先后设立了上海驻哈尔滨、西安、重庆、武汉、广州等办事处，加强与这些地区的联系。

1988 年 2 月，国务院原则批准同意的《关于深化改革扩大开放加快上海经济向外向型转变的报告》提出：要充分发挥上海综合优势，发展横向经济联合，建立长江三角洲经济圈。充分发挥上海多功能经济中心的作用，按照经济的内在联系，在平等互惠的基础上，建立新的经济网络，形成综合优势，这是推动长江三角洲经济走向外向型的重要条件。上海除了通过横向经济联合，建立以名牌产品为"龙头"的企业集团、扩大对外出口以外，还要进一步敞开对内开放的大门，在金融、贸易、航运、技术、管理、信息、人才等各个方面，广泛开展双向合作和交流，促进经济的共同繁荣，等等。

此后，上海运用经济办法，努力发展地区间横向经济联系，按照"扬长避短、形式多样、互惠互利、共同发展"的原则，先后同黑龙江、吉林、四川等省市订立了《关于横向经济联合中企事业合法权益的保护协定》。经过治理整顿，横向经济联合规模有所收缩，但联合基础更加扎实，联合成果得到巩固和提高。按不同商品的特点分别采取调拨、卖断、代理出口、联合经营、联合办厂、合作生产、产品补偿、以物换购等形式，扩大外省货源的调入，重组口岸与内地的关系。逐步在兄弟省市建立起比较稳定的联合生产基地、科研产品系列开发基地、资源综合开发利用基地和出口货源配套加工基地。各地来沪投资数量和规模都不大，到20世纪90年代初各地来沪投资企业共1000多家，注册资金10多亿元。上海有不少工业大企业（集团）在外地建立了生产工厂。上海农业系统利用自身优势，在各地建立蔬菜瓜果基地和养殖畜牧基地。如上海牛奶公司与黑龙江齐齐哈尔市富裕县乳品厂、内蒙古呼伦贝尔盟巴彦托海乳品厂等合资建立乳制品和奶源基地。

第三节　加快上海经济向外向型转变

党中央制定的一系列改革开放、搞活经济的方针政策，为上海外经贸事业的发展注入了新的活力。面临着垄断经营格局被打破带来的挑战，上海进行了积极的探索和改革，稳步发展对外贸易，加大对外经济合作，探索多渠道利用外资，创建经济技术开发区，积极引进外资，加快了外向型经济的建设，取得改革开放的初步成效，上海经济的运行模式由过去的半封闭型逐步向开放型转变。

一、稳步发展对外贸易

针对改革开放后各地外贸企业往往涌向港、澳等近洋市场的情况，上海外贸及时作出战略性转移，拓展新的出口市场。充分发挥上海地理位置、城市功能和对外贸易优势，重点开拓欧美远洋市场，销售市场不断扩大。

20世纪五六十年代，上海对外贸易的主要国家和地区是苏联、东欧及东南亚；20世纪七八十年代，上海形成面向日本、美国、欧共体和中国香港地区四大出口市场，国别地区扩大到 1990 年的 171 个。到 1990 年，上海设立海外经贸机构达 150 个，遍布五大洲。扩大了出口贸易，增加了外汇收入，为国家经济建设提供可观的外汇资金。出口超 1 亿美元的国家和地区有 9 个，占首位的仍是中国香港，出口额达 10.29 亿美元；其次是日本，出口额为 7.59 亿美元；第三位是美国，出口额为 7.45 亿美元；之后依次为德国、新加坡、苏联、意大利、英国和澳大利亚。出口贸易 1949 年为 6045 万美元，1990 年达 53.17 亿美元，年出口增长 87 倍。

1979 年到 1989 年的 11 年里，上海进口总值为 127.51 亿美元，比 1978 年之前 29 年进口总值的 14.77 亿美元增 7.6 倍。[1] 这一时期，上海不仅重视运用广告、展览等促销手段扩大知名度，而且接受定牌生产、以进带出等国际贸易习惯做法，以扩大上海出口贸易。同时，抓紧产品升级换代，鼓励工业、外贸开发适销、新型、高档商品，支持深加工、精加工以及机电仪表产品发展。外贸商品结构有所改善。农副产品等初级产品出口比重下降，1980 年农轻重三类商品出口比重依次为 26.45%、54.5%、19.05%，1989 年为 14.9%、64.7%、20.5%。旅游服务、劳务输出、运输仓储等服务贸易有发展，如国际旅游的外汇收入从 1988 年 1 亿外汇人民币到 1991 年达到 15 亿外汇人民币。

基本形成大外贸格局。1978 年前，上海只有 15 家专业外贸公司在从事外贸经营活动，年进出口总额只有 30.26 亿美元，其中出口 28.93 亿美元。改革开放以来，打破了专业外贸公司垄断外贸的局面，使一大批企业获得外贸经营权，形成了专业外贸公司、工贸公司、工业自营出口企业、外商投资企业、中央在沪企业和属上海地方领导

---

① 《上海对外经济贸易志》编纂委员会编：《上海对外经济贸易志》，上海社会科学院出版社 1996 年版，第 36—37 页。

的外贸综合企业等"六路出口大军"的大外贸出口格局。由于进口管制的放松，上海不断拓宽进口外汇资金的来源。上海扩大外经贸自主权后第一次技术引进了中小企业技术改造的 250 个项目。继金山石油化工厂、宝山钢铁厂引进后，上海出现各行各业引进先进技术的高潮。1983 年至 1989 年，上海引进大量先进技术设备共 1336 项，进口额达 17.69 亿美元。引进项目从单纯进口生产资料，到进口轻工、科学仪器设备产品，再到引进成套机电仪器设备，对改造上海老工业企业，提高生产技术水平起到促进作用。1979—1989 年的 11 年里，上海进口总值共 127.51 亿美元，比 1949 年 6 月至 1978 年的 29 年半时间里的进口总值 14.77 亿美元增加了 7.6 倍。[1]1988 年技术出口额1.34 亿元，为前 5 年累计数的 7.8 倍。[2]改变坐商作风。到 1990 年，上海在海外设经贸机构达 150 个，遍布五大洲。

海外非贸易性企业发展初见成效。经过 10 多年的探索，一些海外企业在国外基本上站稳了脚跟。如上海针织集团公司和上海外经集团公司在毛里求斯以国产设备与港商合资开办的一家"香港—上海针织厂"，自 1986 年开业以来，固定资产翻了 5 倍，产品全部销往欧共体国家。又如上海水产（集团）总公司为解决近海渔业资源持续衰退问题，从20 世纪 80 年代中期开始就发展远洋渔业。10 多年来，该集团先后在美国、西班牙、摩洛哥、毛里塔尼亚、科特迪瓦、阿根廷等国设立了海外企业，从事捕捞作业的渔船已达 75 艘，派出船员 1200 人，年生产各类海洋水产品 6 万余吨，年创产值 6000 余万美元。

运用经济手段，用好国内外资源，促进本市出口生产。据 1990

---

[1] 《上海对外经济贸易志》编纂委员会编：《上海对外经济贸易志》，上海社会科学院出版社1996 年版，第 37 页。

[2] 《上海对外经济贸易志》编纂委员会编：《上海对外经济贸易志》，上海社会科学院出版社1996 年版，第 36 页。

年统计，本市收购的出口货源已达 193 亿元，占上海口岸进货总值的 70%，比 1978 年市内收购值增长 3 倍多。按照立足本市为主，争取外援为辅的原则，大力开展"以进养出"，企业用外汇从境外进口资源，经深加工后出口。发展"三来一补"（来料加工、来件装配、来样制作和补偿贸易的简称），其中"来料加工"指由外商提供原辅材料、包装物料或有关机器设备等，委托我有关工厂按其要求，加工成制成品，一般都交对方包销，我方收取加工费。"来件装配"指由外商提供零部件、元器件，以及装配所需的设备和技术，交我方工厂按其要求进行组装，成品交给对方销售，我方只收取组装费用。"来样制作"指由外商提供实样以及图纸、技术资料等，由我方按要求制成成品交对方出口。"补偿贸易"一般指从国外进口机器、设备、技术、物资等，在约定的期限内，用产品和劳务去偿还进口资源的贷款。扩大进料加工，1989 年上海用于进料加工的外汇已达 11 亿美元，当年进料加工贸易达 20 亿美元，约占上海口岸出口额的 40%。重新调整同内地省市的关系，注重发展横向经济联系，在各地建立外贸出口生产基地，到 1990 年，上海在外省市举办联营企业 373 家。1990 年，上海从外省市收购出口货源总值达 59.81 亿元。

二、扩大对外经济合作

上海不断扩大进口服务项目，从单纯进口生产资料，到进口轻工、科学仪器设备产品，再到引进成套机电仪器设备。上海 20 世纪 80 年代的技术引进不仅支持了全国的经济建设，而且对改造上海老工业企业、提高生产技术水平、提高经济效益、提高产品质量、扩大出口，起到了很好的促进作用。技术引进规模的逐步扩展，使上海工业走上了一条逆向发展新技术、短期内迅速接近国际先进水平的道路。1979 年后，上海有偿技术出口开始起步。1984 年成立上海国际技术进出口公司。

1987 年上海专门召开会议进行了研究，颁发《上海市技术出口暂行办法》。1988 年技术出口额 1.34 亿元，为前 5 年累计数的 7.8 倍。此后上海还进一步加大外贸方面的参与度，拿出一笔资金，以合资者的身份，进入生产企业内部，到 1987 年底就先后在市内、外兴办联营企业 349 家，当年为外贸提供适销货源 16.9 亿元[①]。20 世纪 80 年代上海与亚太地区的经贸互动，从市场范围看还是比较狭小的，从互动内容看在对外工程承包和劳务输出等方面还是有限的。

逐步发展对外承包工程、劳务合作。20 世纪 80 年代上海对外贸易的主导是货物贸易，服务贸易和技术贸易仅是为增加出口、获取外汇的次优贸易内容。成立了上海国际招标公司（上海外经公司的子公司）。1988 年，上海的劳务输出营业额为 3296 万美元，占全市外贸出口额的 0.7%，不仅大大低于当时国际上劳务输出占世界贸易总额 25% 的水平，而且也低于全国劳务输出占全国贸易总额 3% 的水平。上海对外劳务合作公司于 1989 年开始试营业。按照"守约、保质、薄利、重义"的对外经营方针，发挥自身优势，采取灵活多样的方式选择项目，积极开拓对外承包工程和劳务合作业务。项目涉及基础土建、厂房设计、设备制造和安装、远洋捕鱼、制衣、纺织、制革、医疗、烹饪、农田水利、远洋运输等，逐步形成以上海外经公司为主体、地方企业和中央在沪企业为两翼的多层次、多渠道、多特色的经营格局。上海对外承包工程以承接境外工程为主，如墨西哥和哥伦比亚港口疏浚工程、泰国公路工程、美国朝太广场工程、澳门国际机场工程、朝鲜稀土工程等。同时，也承接深圳蛇口工业区华美钢铁厂工程、上海商城工程、海口电站（2×12.5 万千瓦火力机组）工程等境内外资工程。其中海口电站

---

① 《上海对外经济贸易志》编纂委员会编：《上海对外经济贸易志》，上海社会科学院出版社 1996 年版，第 36 页。

工程是上海首次对外承包的电力工程，为按期保质完成这一项目，市政府于 1988 年 3 月专门成立上海对外承包电力工程领导小组，由副市长任组长。1989 年上海在亚太地区的劳务输出人数就达到 213 人，占当年劳务输出总人数的 27.77%，位居上海劳务输出市场第二位。劳务输出的国家与地区也扩大到除我国香港澳门地区、日本之外的菲律宾、泰国、新加坡等地。到 1991 年，对外劳务输出全年在外人数达到 2350 人，合同金额达到 11351 万美元，在全市外贸出口总额中的比重达到了 1.4%。国际招标业务有了新突破。上海的国际招标工作是在从事世界银行和其他国家金融机构贷款项目的国际招标工作中发展起来的。

1979 年后，对外经济技术合作工作贯彻自力更生为主、争取外援为辅的方针，改变只援外不接受外援的做法。上海自 1980 年起，先后接受联合国开发计划署、人口基金、儿童基金、粮食计划署和欧盟等机构提供的援助，涉及科技开发、文教卫生、工业交通、计划生育、人口普查、资源回收、城市改造及儿童福利等领域。1989 年 4 月，市政府批转《上海市接受联合国和外国政府援助项目的管理办法》，要求各受援单位坚持维护国家主权、促进自力更生和加强国际合作的原则，积极有效地利用国际援助。

上海不断扩大进口服务项目，从单纯进口生产资料，到进口轻工、科学仪器设备产品，再到引进成套机电仪器设备。上海技术出口起步较慢，1985 年上海第二制药厂同瑞士罗氏公司签订的维生素 C 二步发酵技术合同是上海自新中国成立以来第一个对外技术转让项目，自此上海技术出口开始进入稳步发展阶段。1988 年为第一个发展高峰，当年技术出口成交合同有 63 个，成交金额为 13427 万美元。上海还在境内外各种技术出口洽谈会、交易会上充分展示自己的科技实力。1988 年 9 月，上海在香港举办上海科技展示及贸易洽谈会，参观者达 3000 余人，共签订合同 25 份，合同金额 3300 万美元，其中技术和技术产品占 1550 万美元。

三、探索多渠道利用外资

改革开放以来，上海开始改变单纯依赖国内资金搞建设、习惯于向上伸手要钱搞项目的情况，向广泛利用国外资金、多渠道筹集建设资金等方面转变。吸收外资的形式也日趋多样。到 1991 年底上海利用外资项目总投资在 500 万美元以上的项目有 197 个，其中 1989 年、1990 年、1991 年批准建立的分别为 20 个、10 个、28 个。这些项目不少是由美国、日本、英国等世界著名的跨国公司投资的，且大都属于生产技术先进、产品档次较高的项目，如大众汽车、贝尔电话、福克斯波罗仪表、三菱电梯、耀华皮尔金顿浮法玻璃等。

直接利用外资迅速发展。主要包括外国和港澳台地区企业和经济组织或个人在中国境内开办独资企业，或与中国境内的企业、经济组织共同开办合资企业、合作经营项目（企业）或合作开发资源。20 世纪 80 年代初，上海直接引进外资项目很少。1984 年 5 月，中央决定开放包括上海在内的 14 个沿海港口城市以后，上海吸引外资步伐加快。当年批准外商投资企业 41 家，协议吸收外资 1.95 亿美元。此后，市政府大力改善投资环境，来沪投资的外商逐步增多，1984—1987 年，上海共批准外商投资企业 273 家，吸收协议外资 7.24 亿美元。[1] 到 1991 年，上海直接利用外商投资累计 1277 家，协议投资额 33.32 亿美元，实际利用外资金额累计为 15.56 亿美元。[2] 上海举办"三资"企业的成功率及最佳"三资"企业数均占全国之首。

---

① 《上海人民政府志》，上海社会科学院出版社 2004 年版。
② 《上海对外经济贸易志》，上海社会科学院出版社 1996 年版，第 41 页。

间接利用外资稳步发展。包括对外借款（含外国政府贷款、国际金融组织贷款、外国银行商业贷款，出口信贷以及对外发行债券、股票）和外商其他投资（含补偿贸易作价设备、国际租赁）。城市基础设施落后是 20 世纪 80 年代始终困扰上海发展的问题。上海间接引进外资自改革开放以后逐步兴起，除外经贸部转贷外国政府贷款和财政部转贷世界银行贷款外，中国银行上海分行等金融机构先后开办国际贷款业务。从 20 世纪 50 年代初到 70 年代末，上海城市建设总投入为 70 多亿元人民币。而从 1984 年到 1991 年 6 月，上海筹集了总额为 5.3 亿美元的外国政府贷款，用于 47 项重大市政建设和工业改造项目。上海还充分利用国际金融组织贷款。如 1981 年到 1995 年共利用世界银行贷款 12.7 亿美元，用于工业、环保、交通等行业的建设和技术改造。

探索土地批租方式，拓宽利用外资渠道。上海在土地批租方面的探索始于 20 世纪 80 年代，发展于 90 年代。1987 年 12 月，经国务院批准，市政府颁布《上海市土地使用权有偿转让办法》。1988 年 8 月，上海首次采用国际招标方式有偿出让虹桥开发区 26 号地块的土地使用权，开了上海利用外资解决资金困难、加快城市建设的先河。这也是新中国成立后中国第一次以国际招标方式出让土地使用权。从 1990 年起，上海的土地批租方式开始多样化，土地批租的地块和获得的资金开始增多。1990 年出让三幅地块使用权获得 2557.67 万美元。其中漕河泾的一块工业用地是上海首例以协议方式批租的，日航龙柏饭店是上海首例以补地价方式批租的。土地批租之所以能发展成为上海利用外资新形式的重要内容，在于它为城市基础建设老化而建设资金异常短缺的上海找到了一条有效筹措资金的途径。利用外资使适应开放型经济所需要的"硬环境"和"软环境"不断得到改善。

开放以后，上海在利用外国官方援助性贷款和国际多双边无偿援助工作中取得了丰硕成果。上海充分利用外国政府贷款。1983 年列入丹麦政府贷款计划的乳品加工等项目是上海较早利用外国政府贷款的一批项目。1990 年，上海地铁一号线利用德国政府贷款 3 亿多美元的协议签字生效，将利用外国政府贷款的工作推上新台阶。上海还充分利用国际金融组织贷款。上海利用亚洲开发银行贷款的主要项目有：南浦大桥工程，贷款 0.7 亿美元；杨浦大桥工程，贷款 0.85 亿美元。上海利用外资不仅支持了城市建设和经济发展，也弥补了建设资金的不足。使适应开放型经济所需要的"硬环境"和"软环境"不断改善。1991 年，全市批准外商投资项目 365 个，协议吸收外资 4.5 亿美元。1992 年，实行"两级政府、两级管理"，在利用外资上明责放权，全年共批准 2012 个外商投资项目，协议吸收外资 33.6 亿美元，一年的项目数、协议金额都超过前 12 年的总和。

1990 年前利用外资项目约 45 亿美元。重点用于更新工业技术装备，加快老企业的技术改造；引进畜、禽、蔬菜等优良品种、饲料配方技术，饲料和蔬菜加工设备，改进郊县副食品生产的质量；探索利用外资开办商业；建设贸易中心和旅游宾馆、公寓、办公楼；改善市政、交通、通信等基础。从整体上讲利用外资工作处于缓慢发展的起步阶段。优化产业结构的目标还未实现，由于外资多集中在成本低、技术含量低的劳动密集型产业和非生产性项目上，技术层次高、投资规模大的资本密集型和技术密集型产业外资进入较少；利用外资渠道过于单一，不利于上海利用外资规模的扩大，也不利于应对外资带来的各种风险；领域过于集中，第二产业是利用外资的主要领域，与上海新的发展需要，特别是发展第三产业的战略有很大偏差。

四、创建经济技术开发区

20 世纪 80 年代初，市委、市政府根据国家政策开放的总体总署，着手积极准备规划和建设对外开放的"窗口"和经济技术开放的试验区——经济技术开发区。1986年8月至1988年6月经国务院批准建立了第一批经济技术开发区，即闵行经济技术开发区、虹桥经济技术开发区和漕河泾新兴技术开发区，发挥对外开放的示范、辐射和带动作用。上海市对开发区制定了优惠的政策。虹桥经济技术开发区占地面积0.652平方公里，以发展外贸为主，为各国总领事馆、外商、外侨提供办公、居住、业务活动和商业、体育、教育、娱乐等服务设施，建有一批高层高级宾馆、办公楼和领馆办公综合大楼。闵行经济技术开发区占地面积2.13平方公里，依托原有工业基础，坚持以工业项目为主，外商投资企业为主，产品出口型与技术先进型两类企业为主，力争成为上海出口创汇、进口替代、国产化配套、技术密集型的现代化工业基地。规划面积5平方公里的漕河泾新兴技术开发区内引进、建成的科研单位和工厂企业，分别属于大规模和超大规模集成电路、计算机和控制技术、光纤和数字通信技术、激光和电光技术、宇航技术、生物工程技术等高技术行业及其产业。到1991年，闵行开发区已引进企业80个、外商投资2.55亿美元，工业总产值达21亿元；虹桥开发区引进外商直接投资3.9亿美元，建成了9幢高级办公楼；漕河泾开发区在短短3年引进了一批世界著名的跨国公司，在微电子方面具有每年开发50个品种的专用集成电路的能力，1991年的工业总产值达25.34亿元，其中经认定的高新技术产品产值占26.2%。[①]

总体而言，党的十一届三中全会以后，我国经济进入高速增长的新阶段。上海作为计划经济的重镇，中央财政的主要来源之一，作为国有企业最为集中的地方，改革相对滞后，开放不足。相对于迅速崛起的广东等省份，上海明显落后了。1979年至1990年的12年间，上海GDP总值年均增长7.45%，低于全国平均水平的8.72%，而广东是

---

① 朱华等：《上海一百年》，上海人民出版社1999年版，第425页。

12.5%、江苏是 10.28%、浙江是 11.79%、山东是 9.76%。[①]上海的地区生产总值在 1978 年是全国第一，到 1992 年则降至第九。

上海地方财政收入徘徊不前，影响到对外贸易。1978 年上海出口值为 28.9 亿美元，占全国出口总量 97.5 亿美元的 29.6%，是广东省 13.9 亿美元的 2.08 倍；1990 年广东出口值 105.6 亿美元，反过来是上海的 1.98 倍。1990 年上海出口值虽达到 53.17 亿美元，但占全国比重却降至 10.21%。[②]国民经济发展对外贸的依赖程度也不高。1980 年上海的贸易依存度是 21.38%，20 世纪 80 年代年平均增率仅为 2.01%。"三资"企业规模对上海经济发展的影响力还很微弱。引进技术设备项目中出口创汇项目少。对外贸易规模虽在扩大，但其速度相对较慢，进出口总额一直在 100 亿美元以下徘徊。1989 年，上海进出口总额仅比上年增长 9.61%，1990 年，更是跌入发展的低谷，出现 5.35% 的负增长，其中进口增长降幅很大，高达 −25.07%。因此，上海经济发展的外向性还是有限的。

在浦东开发开放以前，上海的对外开放虽然取得初步成效，但无论是在规模、程度还是速度、领域等方面都明显落后于南方开放城市，上海在我国国民经济和社会发展中曾独领风骚几十年的地位日益下降。因此，上海亟待进一步扩大开放，推进改革，走出新路，才能重振昔日雄风，发挥其在全国改革开放大局中应有的作用。

---

①② 《上海对外经济贸易志》，上海社会科学院出版社 1996 年版，第 37 页。

第二章

开发开放浦东

　　我国在 20 世纪 80 年代先后建立了深圳、珠海、汕头、厦门和海南 5 个特区作为中国沿海开放带的排头兵，在此基础上形成的沿海地区发展战略，成为 20 世纪 80 年代中国经济高速增长的支撑点。开发开放浦东是党中央推动我国 20 世纪 90 年代改革开放向纵深发展的国家发展战略。通过开发浦东，让上海这个中国最大的经济中心城市充分发挥优势和作用，在发展自己的同时带动长江三角洲和长江流域经济的起飞，推动全国经济加快发展，使我国在国际竞争中处于有利的地位，并逐步形成由经济特区——沿海开放城市——沿海开放区——内地逐步推进、渐次发展的对外开放的新格局。党的十四大进一步提出上海"一个龙头、三个中心"战略定位，为上海走出困境、走向振兴提供了 20 世纪最后的历史性大机遇，为上海的城市功能、生产力布局和产业结构的战略性调整提供了空前有利的条件。上海广大干部群众万分珍惜、紧紧抓住机遇，在中国特色社会主义理论指引下，解放思想，开拓进取，积极吸收国内外先进经验，全力以赴推进浦东的建设，使浦东被誉为"上海现代化建设的缩影""中国改革开放的象征"①。

第一节　面向新世纪的重大国家发展战略

　　世界进入以和平与发展为主题的新阶段后，日益激烈的世界经济和科学技术竞争，对我国经济的发展提出了新的挑战。历史选择了上海。在党中央的高度重视、大力支持下，开发开放浦东从地方发展战略上升为推动我国 20 世纪 90 年代改革开放向纵深发展的国家发展战略。上海不负众望，高起点规划浦东的开发开放，力争后来居上。

---

① 引自江泽民同志 2000 年在文莱 APEC 会议上讲话。

一、上海谋划开发浦东新区

自 20 世纪 80 年代前期起,上海历届市委、市政府不断探索重振上海雄风的道路,先后探讨了北上、南下、西扩、东进等多种方案。北上指往北部的宝山地区发展,南下和西扩指向邻近江浙两省的郊县发展,东进即跨越黄浦江,开发浦东。1984 年 12 月上报中央的《上海经济发展战略汇报提纲》正式确定开发浦东的基本构想,提出上海的城市工业布局"重点是向杭州湾和长江口南岸南北两翼展开,创造条件开发浦东、筹划新区的建设"[1]。1986 年 7 月上报中央的《上海市城市总体规划方案》中具体设想:有计划地积极建设和改造浦东地区,规划出一定地段发展金融、贸易、科技、文教、信息和商业服务设施,在陆家嘴附近形成新的金融、贸易中心,成为上海市中心的延伸部分。

党中央和国务院十分重视上海市委、市政府开发浦东的构想。1985 年 2 月,国务院在对《上海经济发展战略汇报提纲》的批复中,对开发浦东的构想予以肯定,指出要创造条件开发浦东,筹划新市区的建设。1986 年 10 月,国务院批复《上海市城市总体规划方案》,明确提出:"当前特别要注意有计划地建设和改造浦东新区,要尽快修建黄浦江大桥及隧道等工程,在浦东发展金融、贸易、科技、高校和商业服务设施,建设新居住区,使浦东新区成为现代化新区。"[2]

浦东,因位于黄浦江东部而得名。它东临长江主干道公海段,北扼吴淞口,西靠黄浦江,南与闵行区及南汇区接壤,面积为 533 平方公里,常住人口 240 余万。背倚物阜民丰、历史上一直是中华大地各类资源与人才富集的长江三角洲及长江流域腹地,扼长江而连接中西部内陆,处于我国"黄金海岸"与"黄金水道"的交汇点,通江达海,具备

---

[1] 中共上海市委党史研究室编纂:《中共上海党史大典》,上海教育出版社 2001 年版,第 513 页。
[2] 中共上海市委党史研究室编纂:《中共上海党史大典》,上海教育出版社 2001 年版,第 534 页。

得天独厚的国际经贸区位优势与国内辐射优势。然而，由于历史上黄浦江两岸没有桥梁和隧道沟通，一江之隔使浦东迟迟得不到开发。当黄浦江西岸已是国际著名大都会的时候，浦东除沿江部分地区有一条由码头、仓库和为数不多的工厂级连起来的窄窄工业线外，大部分都还属于市郊农村，经济发展远远落后于上海老市区。

为落实国务院批示，1987 年 7 月，市政府正式成立开发浦东联合咨询小组，聘请原市领导以及一批海内外专家担任高级顾问，对浦东开发进行了大量可行性研究、论证、规划和筹备工作。对于上海来说，开发浦东是彻底摆脱城市基础设施老化、产业结构层次较低、总体经济实力相对下降的困难局面的契机。利用浦东开发的机会，可以优化上海的产业结构和产业布局、优化整体经济结构，进而全面提升上海整个城市的运作效率和经济效益。通过浦东新城区的建设，还可以疏解浦西的人口压力，以腾出空间改造浦西的老城区，使 20 世纪初就崛起于亚洲的上海能重振雄风，再现昔日的辉煌，并继续屹立于 21 世纪的国际大都市之林。通过浦东的开发，还可以集聚和培养一支优秀的人才队伍，并形成一种柔性的人才流动机制，提高上海整个城市的素质，以更好地参与竞争。上海对于开发浦东的设想酝酿已久，但在经济体制转轨过程中，建设资金基本上要依赖国家，而国家经济落后又没有足够的财力，因而开发浦东的设想难以真正实施。

1988 年 5 月，上海召开"浦东新区开发国际研讨会"，市委书记江泽民、市长朱镕基、市政府顾问汪道涵等领导与来自国内外的 140 多位专家、学者共商开发浦东大计。江泽民从总结历史经验的高度阐明了开发浦东的必要性，强调把浦东建设成国际化、枢纽化、现代化的世界第一流新市区，完全符合党的十三大会议精神，一定要把这件事情办成。1989 年 10 月，时任市委书记、市长的朱镕基在上海市市长国际企业家咨询会议上，向与会者表示要加速开发浦东，使其在建设新上海中发挥战略作用，欢迎外商前往浦东投资。此后，在中央的支持下，上海加快了浦东开发的可行性研究。

1990 年初，朱镕基向在沪的邓小平同志汇报提出上海开发开放浦东的战略设想，得到重视和支持。同年 2 月，市委、市政府正式向党中央、国务院上报了《关于开发浦东的请示》，提出浦东开发开放的基本构想。

二、党中央确立开发开放浦东的跨世纪战略

邓小平高度重视、积极支持开发开放上海浦东的战略决策，首先是对政治大局的把握。在东欧剧变后，世界社会主义运动进入低潮。党和国家最高领导层要把进一步开放的旗帜打出去，用事实表明走建设有中国特色的社会主义道路的决心。其次是对经济形势的把握。世界经济一体化发展的趋势不断增强，我国要参与全球分工与合作，必须在深圳等五个经济特区基础上，进一步构筑全方位、宽领域、高层次的对外开放新格局。从上海本身来看，在地理位置、交通条件、经济基础、人才资源、文化优势、历史积淀以及与国际交往的联系和经验等方面上海拥有独特优势。腹地是土地肥沃、人烟稠密的长江三角洲平原，其背后更有广袤的长江流域地区作支撑。只要在体制上实行开放的市场经济，上海的传统优势必然会重新激发出巨大的经济活力。因此邓小平指出，"上海是我们的王牌，把上海搞起来是一条捷径"。[1] "开发浦东，这个影响就大了，不只是浦东的问题，是关系上海发展的问题，是利用上海这个基地发展长江三角洲和长江流域的问题。"[2] 他还强调，"上海过去是金融中心，是货币自由兑换的地方，今后也要这样搞。中国在金融方面取得国际地位，首先要靠上海"。[3]

在邓小平的倡议和推动下，新的中央领导集体高度重视开发开放浦

---

① 《邓小平文选》第三卷，人民出版社 1993 年版，第 355 页。
②③ 《邓小平文选》第三卷，人民出版社 1993 年版，第 366 页。

东的战略构想，先后派国务委员邹家华、国务院副总理姚依林带领有关部委负责人，对浦东开发问题进行实地考察和专题研究。在反复论证的基础上，党中央审时度势，作出了科学的战略决策。1990 年 4 月 18 日，李鹏总理代表党中央、国务院来上海宣布了开发开放浦东的决策，指出这是我国为深化改革、扩大开放作出的又一重大部署。6 月 2 日，国务院正式批复，原则同意上海关于开发开放浦东的请示，同时指出："开发和开放浦东是深化改革、进一步实行对外开放的重大部署。上海有良好的政治经济基础，有一批素质较高的科技和管理人才，有一支强大的产业工人队伍，有优越的地理环境和便利的交通运输条件，又同海外各地有着广泛的联系。充分利用这些优势，有计划、有步骤、积极稳妥地开发和开放浦东，必将对上海和全国的政治稳定与经济发展产生极其重要的影响。开发和开放浦东是一件关系全局的大事，一定要切实办好。"这样，浦东开发开放就从上海地方发展战略上升为国家发展战略。

邓小平对上海寄予深切期望。在浦东开发正式启动后，邓小平对浦东开发和上海工作作出了一系列重要指示和论述。他来沪考察时再三叮咛：这是 20 世纪末你们上海最后一次机遇。这个机遇你们不要放过。你们要在 20 世纪末交出物质文明和精神文明建设的两份满意答卷。1991 年 2 月，他在沪考察时指出：上海开发晚了，要努力干啊！上海人聪明，素质好，浦东如果像深圳经济特区那样，早几年开发就好了。[1] 因此要求，"抓紧浦东开发，不要动摇，一直到建成"。[2] "上海的民心比较顺，这是一股无穷的力量。目前完全有条件搞得更快一点。"[3] 1992 年春天，邓小平先后到武昌、深圳、珠海、上海等地视

---

[1][2]《邓小平文选》第三卷，人民出版社 1993 年版，第 366 页。
[3]　黄菊：《发展才是硬道理》，《解放日报》1993 年 11 月 8 日。

察。他又多次谈到浦东开发问题，在听取汇报后指出：浦东开发晚了，是件坏事，但也是好事。可以借鉴广东的经验，可以搞得好一点，搞得现代化一点，起点可以高一点。起点高，关键是思想起点要高，后来居上，我相信这一点。[①]1994 年，邓小平同志最后一次来上海，为浦东开发开放的初步成就而欣慰，再次嘱托：思想更解放一点、胆子更大一点、步子更快一点、看准了的就大胆地试，大胆地闯。邓小平的战略思考和重要指示，指明了上海在 20 世纪 90 年代我国改革开放格局中的重要战略地位，成为党中央对上海浦东开发开放进行战略决策和部署的指针。

1992 年党的十四大提出，"以上海浦东开发开放为龙头，进一步开放长江沿岸城市，尽快把上海建成国际经济、金融、贸易中心之一，带动长江三角洲和整个长江流域地区经济的新飞跃"。这一重大决策明确了浦东开发的战略目标和战略定位，使上海从全国改革开放的"后卫"走到了"前锋"。1996 年，党的十四届五中全会明确了浦东新区的"5+1"定位，使浦东新区同深圳、珠海、汕头、厦门和海南 5 个经济特区一道，成为我国改革开放的前沿集团军。1997 年 9 月召开的党的十五大，又要求浦东新区"在体制创新、产业升级、扩大开放等方面继续走在前面，发挥对全国的示范、辐射、带动作用"。为浦东开发开放的跨世纪发展进一步指明了方向。进入 21 世纪，党的十六大明确，"鼓励经济特区和浦东新区扩大开放等方面走在前列"。党的十七大从改革创新的层面对特区提出了更高的要求："更好发挥经济特区、上海浦东新区、天津滨海新区在改革开放和自主创新中的重要作用。"为浦东开发开放的新一轮发展指明了方向。

浦东开发开放后，中央政府先后于 1990 年、1992 年和 1995 年

---

① 《邓小平年谱》，中央文献出版社 2004 年版，第 1340 页。

三次比较集中地赋予浦东一系列特殊政策。

1990年4月，中央给予了浦东开发10项优惠政策。

1992年1月，国务院宣布扩大浦东新区部分项目审批权和资金筹措渠道。不久，又给予浦东新区扩大五类审批权限，增加五个方面资金筹措渠道的优惠政策：第一，允许外国企业在浦东新区开办百货商店、超级商场等第三产业。第二，允许外资在整个上海范围内开办银行、财务公司、保险公司等金融机构。第三，允许上海设立证券交易所，开展人民币股票和B种股票的交易。第四，在浦东新区外高桥设立中国开放度最大的保税区，也就是自由贸易区，实行免关税、免许可证、允许设立国际贸易机构等特别优惠政策。第五，在浦东新区兴办生产性项目、非生产性项目，以及企业自营出口业务等方面，给予上海更大的自主审批权。

1995年6月，根据中央关于开发开放浦东的基本政策不变，在建立社会主义市场经济体制过程中，有些具体做法和措施要适当调整的精神，国务院颁发《关于"九五"期间上海浦东新区开发开放有关政策的通知》，赋予浦东"九五"计划期间一系列新的功能性政策，主要包括财政税收和资金、扩大市场开放度和准入度（即功能性政策）以及扩大审批权限等三个方面。当年9月，中央决定给予浦东"九五"计划期间加强功能开发的新政策，主要是：

（1）经外经贸部批准的有进出口经营权的年出口额在1亿美元以上的外贸企业、出口额在2000万美元以上的自营生产企业，可以在浦东新区设立子公司，授权上海市审批；

（2）允许在浦东新区选择有代表性的国家和地区，试办3—4家中外合资的外贸企业，由上海市提出具体方案，经外经贸部核定经营范围和贸易金额，报国务院审批；

（3）外高桥保税区内可以开展除零售业务以外的保税性质的商业经

营活动，并逐步扩大服务贸易；

（4）一旦中央政府同意外资银行经营人民币业务，将允许首先在浦东试点，进入浦东的个别外资银行将获得优先权；

（5）在具备条件以后，经中国人民银行审批，在陆家嘴注册的外资金融机构可以在浦西和外高桥保税区内设立分支机构；可以在浦东新区再设立若干家外资和中外合资保险机构。

这些政策，不仅比照了国家在经济特区和经济开发区实行的特殊政策，而且充分体现了与"一个龙头、三个中心"目标相匹配的"比特还特"的原则，充分体现了浦东开发开放在我国改革开放中的先行先试作用，使浦东成为全国对外开放度和市场准入度最大的地区之一。

党和国家领导人始终关注、支持着浦东的发展，中央主要领导都到过浦东视察、实地调查研究和现场指导。江泽民同志曾先后十次到浦东考察工作，再三强调"浦东开发开放是从整个国家经济发展战略出发提出来的，一定要集中力量把浦东开发这件大事办好"。2004年7月，胡锦涛同志考察浦东，作出"要继续搞好浦东开发开放，加快体制创新，不断提高外向型经济层次，努力在更高起点上实现快速发展"的重要指示。2005年6月，国务院正式批准浦东新区进行综合配套改革试点，重点是要着力转变政府职能、着力转变经济运行方式、着力改变城乡二元结构。这是中央在新形势下进一步推进改革开放的重大战略部署，赋予浦东为全国深化改革攻坚探路的重要使命。所有这些指引着上海人民抓住机遇、加快发展的实践。

在邓小平南方谈话后，我国逐步形成沿海、沿江、沿边、沿路和内地省会城市全方位大开放的格局。正是按照邓小平的嘱托和党中央的英明决策，市委、市政府在全市范围内调动人力、物力、财力和智力，全力以赴地推进浦东开发，使之气势磅礴一日千里地向前发展。

三、高起点规划浦东开发开放的格局

邓小平1991年初在上海视察时指出，浦东是面向全世界的。因此，市委、市政府在浦东开发之初就明确提出了"开发浦东，振兴上海、服务全国，面向世界"的16字方针，要求坚持打"上海牌"、"长江牌"、"中华牌"和"世界牌"，走"以东带西，以西促东，东西联动""滚动开发"之路。在开发中把浦东的开发与浦西的改造统筹考虑，以浦西的经济实力和综合优势来支持浦东的开发开放，以中央政策的实施来促进整个上海的振兴和发展，在基础设施建设、区域功能和城市规划、产业布局与发展、体制和政策等方面实行了东西联动。要求既依托上海，又服务上海；既依托全国，又服务全国。

根据党中央对上海"一个龙头、三个中心"战略地位的决策，上海的城市布局须作重大调整，城市的功能和性质也将随之变化。1991年4月上海市九届人大四次会议通过的"八五"计划提出，今后10年上海的战略思想和战略目标是"开发浦东，振兴上海，服务全国，面向世界"，力争把上海建设成为外向型、多功能、产业结构合理、科学技术先进、具有高度文明的社会主义现代化国际城市。按照《中华人民共和国城市规划法》的有关规定，上海新一轮城市总体规划从1991年起步准备，1993年开始编制，经数年努力，于1999年基本完成方案。2000年1月，市人大常委会第十六次会议审议通过《上海市城市总体规划（1990—2020）》，4月上报国务院审批，并根据建设部审查意见对城市总体规划又做了修改完善。2001年获中央批准。

新一轮城市总体规划提出上海性质为我国最大的经济中心和航运中心、重要的工业基地、国家历史文化名城，并将逐步建成国际经济、金融、贸易中心城市之一和国际航运中心之一。对外交通规划提出，以建设上海国际航运中心为战略目标，以"三港两路"（三港：集装箱枢纽

港、国际航空港、现代化信息港；两路：高速公路、高速铁路）为重点。新一轮城市总体规划以服务全国，面向世界为追求，按照中心城、郊区以及长江三角洲大都市圈三个层次的发展要求，统筹安排上海的重大基础设施建设和生产力布局。对上海6300平方公里的城市空间作出具体规划，按照"多心、多层、组团式"的城市形态布局框架，确定城市核心层为约5平方公里中央商务区，主要发展金融、贸易、信息和管理等高层次第三产业；第二层为约30平方公里的中心商业区，成为汇集全国名、特、优商品的主要商业区；第三层为约100平方公里的中心城区，以第三产业和居住为主，并保留一部分城市型工业；第四层为约1000平方公里的辅城，以工业和科技开发为主，形成汽车、电子信息设备、电站设备、家用电器、钢铁、石油化工和精细化工等制造产业基地，并建设若干配套设施完善的住宅小区；第五层为约5000平方公里的郊区，形成以十大种植业基地和十大养殖业基地为主的城市特色农业，并形成若干个工业园区和旅游度假区。

开发开放浦东是一项跨世纪的宏伟工程。要在短短几十年间在一片良田、滩涂上建起一座现代化新城区，成为未来上海"四个中心"的重要组成部分和地域载体，必须推行超常的发展战略，快速推进城市化建设的进程。为了实现高起点开发，市委、市政府从建设之初就积极借鉴国际上成功的经验，把规划面向21世纪的新浦东放在突出位置。要求浦东开发开放坚持规划先行、法制先行、高新技术先行，严格规范开发秩序，优化管理规程。

浦东开发启动后，市科学技术委员会主持对浦东发展规划进行了全面的战略性研究。按照"规划先行"的开发思路，坚持以高标准、系统化的规划指导浦东高起点开发。于1992年11月经市人大常委会审议通过、1994年6月审定正式颁布的浦东新区的总体发展规划，成为一个具有国际一流水平的规划方案和具有法律效力的建设蓝图，是上海城市发展总体规划方案的重要组成部分。

规划中的浦东城市形态是"中心敞开"与"多心组团"的格局。

所谓"中心敞开"就是以与外滩隔江相望的陆家嘴地区为核心，向北、东、南三个方向敞开：向北至金桥开发区、外高桥保税区直至长江南岸的港区；向东至张江高科技园区、川沙镇（未来的空港城）直至浦东国际机场；向南至六里现代生活园区、三林城居住区、徐浦大桥。这是一种轴向发展模式，富有宽敞开阔感。特别是与浦西的东西向城市主轴（从虹桥机场沿延安路至外滩）通过越江隧道相连，使上海这个大都市有层次地向东拓展，载负起"三个中心"的城市功能。

所谓"多心组团"，就是在中央商务区浦东部分（小陆家嘴）之外，浦东还将形成以金桥、外高桥、张江、六里、周家渡、川沙镇等为中心的城市化地区，使浦东居民有多个生活、购物、娱乐、活动的中心区域。

《浦东新区总体规划》对浦东新区作了六大功能区域的规划布局：

浦东中心城——陆家嘴金融贸易区。规划面积 28 平方公里，居住人口数量为 50 万，云集数百家内外金融机构、商贸机构、购物中心、展览中心、会议中心以及众多跨国公司、财团的总部或分支机构，逐步形成金融、商贸、物流配运和信息四大中心，与上海浦西共同形成中国最富活力的地区。

新兴工业城——金桥出口加工区。规划面积 19 平方公里，人口数量达 35 万左右，重点发展机械电子、仪器仪表、计算机软件等加工工业与高新技术产业，将组建一批现代化生活服务中心、高级住宅区、商贸服务设施等，使之成为外向型工业和第三产业综合发展的新兴工业城，成为中国东部沿海地区最重要的高层次出口基地。

综合性的自由贸易区——外高桥保税区。规划面积 10 平方公里，区外配套范围约 20 平方公里，周边居住人口数量为 30 万。大力发展国际进出口贸易和转口贸易，发展保税仓储和出口加工工业，保税区将与现代化新港区一体发展，形成中国最大的国际航运中心。

高科技园区——张江高科技园区。规划面积 17 平方公里，人口数量达 14 万，重点发展各种类型高新技术产业，逐步形成集开发、生产、销售、科研、教育和博览于一体的全国最大的高新技术开发区。

综合商务居住区——六里现代生活园区。规划面积 5.4 平方公里，重点建成商贸服务业发达、市政设施完善、人文环境优美、生活氛围文明的现代化新型城区。

国际航空港新城区——位于长江边上。除机场 30 平方公里外，另有 20—30 平方公里的配套发展区，用于建设上海第二国际机场，大力发展空港产业，形成新区新的产业支撑。

这些不同层次的城市中心区，都将科学合理地安排建筑密度和人口密度，包括高楼大厦等标志性建筑物，使整个新区疏密有序、错落有致。

构筑现代化的交通网络体系，是总体规划的一项重要内容，也是新区城市建设的重头戏。规划中的浦东交通以"两环三轴"为基础，从点到线、从线到面逐层铺开。快速干道、轻轨等现代化交通动脉和密布新区的不同等级道路相连，形成便捷、畅通的网络，并和空港、海港、铁路、内河航道及黄浦江越江工程（大桥、隧道、地铁等）共同组成立体化的综合交通体系，真正成为现代化城区的功能载体，实现面向 21 世纪的目标。

总体规划编制完成之后，浦东新区各职能部门陆续编制了各专业的详细规划，如环保规划、绿化规划、交通规划、水利规划等；各开发小区、街道、集镇也先后编制了本区、本块的各类详细规划。所有这些规划都体现了"三个面向"（面向世界、面向 21 世纪、面向现代化），为新区从近到远的开发建设目标提供了实施的蓝图。

　　为了高起点规划，1992 年 11 月，陆家嘴开发区在全国率先采用国际咨询的形式，经过英、法、日、意、中五国专家的设计，以及 10 多个国家的 30 余位专家 17 轮讨论深化，历时两年，高质量地完成了陆家嘴中心区城市规划。接着，又邀请英国专家进行交通规划设计咨询，邀请加拿大和日本专家分别编制不同区域的城市设计咨询或环境设计，使得区域的社会和经济发展规划、城市形态规划、交通规划、基础设施规划和生态环境规划配套完善。

　　此后，浦东新区的规划设计走出了一条新路，许多规划，包括一些系统规划、地区规划、单体规划，都纷纷采取国际招标或国际咨询等方式，使之成为集国际、国内智慧的最新成果，使得区域的社会和经济发展规划、城市形态规划、交通规划、基础设施规划和生态环境规划配套完善。许多单体、单项，如著名的国际机场航站楼、世纪大道、金茂大厦、中央公园等，都具有标志性建筑的特点，也都是中外规划设计专家的贡献。浦东还在全市率先办起规划展示厅，让规划接受人民审查，并形象化地展示浦东开发前景。参照世界大都市文化发展的经验，浦东新区还制定面向 21 世纪的文化发展规划，准备建造第一流的音乐厅、大剧院、博物馆、科技馆、文化博览城和浦东民俗风情园等，使之成为浦东文化的象征和标志。

　　浦东新区绝大部分是农村，上海在开发中坚持"城乡一体化、共同发展"的思路，要求浦东的社会发展和城乡形态两个规划要与城乡一体化原则相一致，经济发展要与城乡一体化原则相匹配，财税政策要与城乡一体化原则相配套，乡镇管理要与城乡一体化原则相协调，行政和组织建设要与城乡一体化原则相适应。根据这一思路，新区建立了陆家嘴、金桥、外高桥、张江等开发小区与周边乡镇的经济联合体，帮助周边乡镇与开发小区协调发展；组建了孙桥现代农业开发区，在城市化开发的同时，一方面为乡镇工业的产业升级、快速发展提供条件，另一方面也在开发现代农业方面闯出一条新路。

根据邓小平同志关于"一手抓建设，一手抓法制"的指示精神，浦东开发坚持法制先行的思路。十多年来，市人大、市政府已在浦东新区先后颁布了 20 多项有关外商投资的法律和法规；市人大还颁布了《外商投资企业清算条例》《外高桥保税区条例》；浦东新区也在规划管理、土地管理、项目审批、征地吸劳、外来人口管理等方面制定了 26 个暂行规定和办法，发布了保护知识产权的白皮书，并成立了全国第一家知识产权保护法庭，成立了全国第一家社会矛盾调解中心，基本上使经济运作有章、有序地进行，受到新区中外企业的普遍欢迎。邓小平同志一再强调，"发展高科技，实现产业化"，"高科技领域，中国也要占一席之地"。上海据此提出了金融贸易先行、基础设施先行和高新技术产业先行的开发思路。通过实行高新技术产业先行的思路，吸引国际著名跨国公司在浦东投资，提升浦东的产业技术水平和层次，使浦东成为上海市高新技术产业发展的新高地，为上海的金融商贸等服务业发展奠定扎实的产业基础。这样既体现了浦东开发开放的高起点，又有效地防止和避免浦西老城区在开发建设中出现的某些"城市病"，保证浦东新区经济发展的后劲。

高起点规划浦东，不仅体现了浦东开发开放的远大目标和气魄，保证了开发的有序性，为子孙后代留下一个比较理想的新城区，其本身也发挥了巨大的宣传作用，使浦东成为海内外投资者和观光旅游者向往的热土。

四、推进浦东的基础开发和功能开发

浦东开发开放正式启动后，市政府成立浦东开发领导小组和开发办公室，负责浦东开发开放的规划、政策和组织准备。1990 年 9 月，外高桥保税区、陆家嘴金融贸易区、金桥出口加工区率先成立，浦东开发进入实质性启动阶段。1992 年 11 月，经国务院批准，撤销川沙县建制，建立浦东新区，其行政区域包括原川沙县全境，原上海县的三林乡以及杨浦、黄浦、南市 3 区的浦东部分，面积 522.75 平方公里，户籍人口 156.2 万人。1993 年元旦，中共上海市浦东新区工作委员会、上海市浦东新区管理委员会成立。"两委"共设 10 个部委办局，实行大系统管理，党政有分有合，政企彻底分开。同年 3 月，浦东新区同三区二县（杨浦区、黄浦区、南市区、川沙县、上海县）社会管理职能交接顺利完成，"两委"开始全面履职。

面对新的形势，浦东开发开放按照邓小平同志关于"思想更解放一点，胆子更大一点，步子更快一点"的要求，不断解放思想，大胆探索。城市建设和管理方面，按照"重功能、重管理、重环境"的要求，加大城市建设和环境管理力度，探索市场化、多元化的投融资方式，以改革创新精神及时解决城市建设和管理中的各种困难和矛盾。1992—1995 年，是浦东开发开放大规模基础设施建设阶段。1996 年初到 2001 年，浦东开发开放转入基础开发与功能开发并举阶段。按照江泽民关于"一定要集中力量把浦东开发开放这件大事办好"的指示精神，市委、市政府集中全市的人力、物力、财力、智力，抓好"八五"和"九五"期间两轮十大市政基础设施骨干工程，基础设施建设进展迅速。

"八五"期间，新区投入第一轮 10 大基础设施建设的资金就达 250 亿元，建成包括两桥（杨浦大桥、南浦大桥）、三路（内环线浦东段、杨高路和张杨路拓宽）、三厂（外高桥电厂、凌桥水厂、浦东煤气厂）、51 万门程控电话、合流污水排放工程等。此外，还建成了 20 余条区间骨干道路及变电站等配套设施。这些项目的建设使浦东新区初步形成了连接浦西大市政、沟通各重点开发小区的现代化交通网络，显著改善了水、电、煤、供应和通讯方面的条件，改善了浦东新区的投资环境。

在"九五"期间，浦东基础设施投资达 595 亿元。新一轮以"三港二线"为标志的十大基础设施工程全面展开，浦东国际机场一期工程、浦东信息港、深水港一期工程、地铁 2 号线一期工程、外环线、世纪大道、黄浦江观光隧道和东海天然气等先后建成投入使用，构筑了现代化城区的框架。10 年间，浦东新区新增道路 1000 公里，城市绿化地区从 44 平方公里扩大到近 100 平方公里；新建各类建筑 5000 万平方米，近千幢大楼拔地而起，特别是东方明珠、金茂大厦成为上海新的标志性建筑，形成了上海现代化城市的新景观；相继建成的陆家嘴中心绿地、滨江大道绿地、世纪公园大型绿地和外环绿带，进一步改善和优化了新区的生态环境，成为全国首个"国家园林城区"。

2001 年，浦东新区抓住 APEC 会议主会场设在浦东的重大契机，展开了浦东开发以来最大规模的重点工程建设：上海科技馆、新上海国际博览中心一期、上海国际新闻中心等市重大工程建成开馆；外高桥港区三期、浦东国际机场专机坪及配套设施和张江园区市政工程全面竣工；中芯国际集成电路项目创造了世界同类生产线建设的最快速度；磁悬浮列车、明珠线二期、"一桥三隧"等项目顺利推进。浦东现代化新城区框架基本形成。

在使浦东城市形态布局、重大基础设施建设、交通网络建设发生根本性变化的同时，上海逐步把开发建设的重点转到"重功能、重管理、重环境"的新的阶段性目标上来。在重点开发小区过程中，坚持"开发一片、建成一片、投产一片、收效一片"滚动开发的方针；坚持"集中力量打歼灭战"的原则，把重点突破与整体推进很好地结合起来。由金融贸易、现代工业、现代农业、高新技术产业等构成的城区新功能，成为上海塑造国际中心城市功能的重要支撑。陆家嘴金融贸易区近 200幢现代化办公、商务楼宇拔地而起，77 家中外资金融机构、21 家国际跨国公司地区总部和 6 个国家级要素市场相继进入，金融、贸易功能日趋增强。金桥出口加工区吸引 340 多家中外资企业落户，150 个现代制造业项目相继投产，其中高新技术产品产值比重达到 70%，成为上海建设工业新技术的生力军。外高桥保税区国际贸易、保税仓储、出口加工三大功能逐步拓展，引进了 2000 多家贸易公司和 60 多家世界著名跨国公司的物流分拨中心，加工贸易出口快速增长，物流分拨功能进一步增强，现代海运和港口经济稳步发展，已成为国内最大的保税区和新兴港口。张江高科技园区初步形成科技创新区、上海软件园、国家生物医药基地、国家信息产业基地齐头并进的新格局，已吸引 15 家研究机构和 70 多家创新型企业落户，成为上海技术创新和发展自主知识产权的重要平台。

上海 2010 年举办世博会为浦东的开发开放提供了新的历史机遇，世博会会址总面积的 65% 设在浦东新区。以"三港四网"为核心的基础设施体系日益完善。2001 年起抓住筹办世博会的历史机遇，一手抓城市基础设施建设，一手抓环保整治和城市管理。重点建设以浦东国际机场、外高桥港区、上海信息港为核心的功能性、枢纽型重大工程以及一批越江工程、轨道交通、高速公路等市政基础设施，初步形成了融入全市、辐射长三角、面向世界的基础设施网络体系。全面启动城市管理网络化建设，城市信息技术应用水平明显提高。积极实施环保三年行动计划，荣获国家环保模范城区、国家园林城区称号。利用世博效应，浦东正进一步拓展商务、会展、旅游、文化等综合功能，完善枢纽型网络的基础设施建设，提升城区综合服务能力。

由于浦东开发始终坚持高起点、跨越式的发展思路，贯彻缩短战线、扩大战果的发展方针，采取政府主导、各方参与的发展方法，奠定了城乡一体、两翼齐飞的发展格局。经过艰苦创业，一个外向型、多功能、现代化新城区的雏形在黄浦江东岸初步形成，成为上海乃至全国对外开放的重要窗口和重要标志。

第二节　浦东改革开放的先行先试

浦东的开发开放正处于我国经济体制由计划经济体制向市场经济体制转轨时期，理应肩负起率先打破旧体制，创立新体制的历史使命，在党中央、国务院的领导、支持下，上海按照"开发浦东，振兴上海，服务全国，面向世界"的方针，把扩大对外和对内开放有机地结合起来，充分利用国际国内两个市场、两种资源加快浦东的发展。同时，充分发挥浦东先行先试的龙头作用，不断解放思想、大胆探索，努力争创体制机制的新优势，使浦东成为率先建立社会主义市场经济体制的重要平台。

一、率先转变政府职能

浦东开发开放以来，积极实施国家整体推进的改革部署，大胆探索具有浦东特色的综合改革新路，在全国率先试行"小政府、大社会、大服务"的管理模式，把政府管不了、管不好、不该管的事务交给市场和社会去办，政府则集中力量驾驭全局，发挥好对大规模开发建设的主导作用。

"小政府"模式的基本特点是：机构与职位的设置实行精兵简政，纵向行政管理层次实行"两级结构"（两级为：管委会—乡、镇机构、街道办事处，由管委会直接管辖原三区两县在浦东地区的乡镇政府和街道办事处，中间不设区、县一级行政机构），以减少行政层次。职能管理体系实行"系统综合"，当时市政府有近 100 个委办局，新区政府机构设置仅是市政府的 1/10。经济管理体制实行政企分开。将职能的重点转向了侧重宏观管理和服务。"小政府"管理模式与传统的政府模式相比较，机构减少了三分之一，人员减少了三分之二，更主要的是不设置传统模式下的行业产业主管局，由此转变政府的职能，发挥与市场经济相适应的中介机构的作用，分离了政府与企业的行政隶属关系。

为了营造一个规则明确、秩序井然的开发建设和市场经营的环境，新区政府在管理体制上不断探索创新。政府职能转变还在于注重改善投资软环境。1996年，新区对招商引资在全国率先实行"一门式"服务，把经贸、综合规划、农发、城建、工商、税务、劳动、商检、卫生防疫、水、电、煤、通信、文化等15个部门设立的28个窗口集中在招商中心，实行"一门受理、并联审批、两审终结"，提高了工作效率，加快了招商引资进度。市浦东开发办与市计委等有关部门颁布了《浦东新区外商投资项目审批和管理暂行办法》和《浦东新区基本建设项目审批和管理暂行办法》等有关政策法规，并从1992年8月份起实行"东事东办"，由市浦东开发办统一审批和管理浦东新区的外资项目以及不需要市综合平衡的投资项目和基本建设项目，从而进一步加快了项目审批的速度。上海海关、市外资委、市协作办、市财政局等部门在新区设点，为中外投资者提供"一站式"管理和"一条龙"服务。在外高桥保税区和张江高科技园区进行了企业设立登记制试点，出台了对外商和国内投资者逐步实行"国民待遇""市民待遇"的措施。通过改革，推动政府职能转变，新区行政审批效率明显提高。外高桥保税区空运直通时间缩短到10小时。减少审批事项，规范审批程序，提高了政府运作的公开性、透明度。张江园区办被市、区两级政府充分授权，"张江的事在张江办结"的目标基本实现。

政府管理体制的创新，使政府在一定程度上从具体繁琐的保姆式的管理角色中摆脱出来，能聚精会神地搞好宏观决策和管理。2001年，浦东新区率先在全市进行政府行政审批制度综合改革试点，新区涉及的724项审批事项中，保留和完善的有348项，不再审批的有292项，改变审批方式的有 84 项，总体改革率达到 52%。通过改革，推动政府职能转变，新区行政审批效率明显提高。外高桥保税区空运直通时间缩短到 10 小时。此后经过四轮改革，到 2007 年，行政审批事项减为 220 项，缩减近 70%。新区在全市率先构建全方位为市民服务的体系，把 21 个街镇建设为社会服务基层单位，取消街道招商引资职能，强化社会管理和公共服务功能。对企业设立实行直接登记制、并联审批制和告知承诺制，为企业提供公正、透明、稳定的法制环境，提供高效廉洁的服务环境，提供公平竞争、低成本的经营环境。减少审批事项，规范审批程序，提高了政府运作的公开性、透明度。张江园区办被市、区两级政府充分授权，"张江的事在张江办结"的目标基本实现。国有开发公司积极进行改革，陆家嘴集团、金桥集团、浦发集团资产重组方案实施。农村乡镇企业改革重心从企业经营权转向所有权。结合小城镇建设，制定了《浦东新区农民集体土地使用权流转试行办法》，对农村土地流转进行探索，初步形成了机场镇的"信托管理"、川沙镇的"先用后征"、三林镇的"先租后股"等操作模式，为降低农村招商引资成本、发展农村经济拓展了新路。

新区政府管理创新还在于，实行经济管理体制政企分开，分离了政府与企业的行政隶属关系。从浦东开发第一年起，陆家嘴、外高桥、金桥三个开发公司就挂牌成立，具体负责上述三个重点地区的综合开发和经营管理。政府不仅将职能的重点转向侧重宏观管理和服务，更主要的是不设置传统模式下的行业产业主管局，较大程度上减少了政府对企业的不必要干预，由此转变政府的职能，使得新区的企业在建立现代企业制度方面有得天独厚的条件。政府通过改革国有企业、推行企业无主管制度以及引进和培育一批"两外一非公"企业等措施，在市场竞争中促进企业真正成为市场的主体。不仅进入浦东的 6000 多家外资企业和 5000 多家内联企业基本做到产权清晰、自主经营，而且占新区国有资产总额 80% 以上的各大开发公司也基本做到了股份制企业法人财产权、股权（资产所有权）、经营权分离，初步建立了由股东大会、董事会、监事会、总经理构成的法人治理结构，迈出了企业改制的实质性步伐，在市场竞争中增强了实力。

"小政府"模式机构设置在缩减政府规模，减少财政开支的同时，也碰到难题。浦东新区的机构设置与市政府的不完全一致，产生了两级政府机构间的不对口现象，市政府发布的任务、指令可能在浦东新区中找不到相应的部门来执行，从而会影响浦东新区的行事效率。为保障小政府精简又高效，对社会主导作用的发挥，必须同市场在资源集聚、配置和辐射中的基础性作用相一致，致力于形成政府、市场和社会协调运作的关系，强化政府对经济发展的导向、调控、服务和监管功能，健全市场的调控机制、信用制度、法律规范和中介组织。新区政府成立之初，就努力创造各种条件促使社会自由与自律能力的提高，有计划地培育社会中介组织的发展。1993 年，仅注册登记的社会团体一类的中介组织有 53 家。到 2002 年，浦东新区有 100 多家律师事务所，其中以涉外法律服务为主的律师事务所有 40 余家，由留学归国人员担任主任的律师事务所达 14 家，律师总人数达 1100 多名。

浦东大力发展市场中介组织，依托各类大市场，广泛集聚和辐射资源，放大商品流、资金流、技术流、信息流、人才流的流速和流量，密切上海经济与国内外经济的联系。浦东的中介组织主要可分为两大类：一是由政府编制部门审批成立的事业类公务性中介机构，二是由工商行政管理部门注册登记的经营性和商业性的企业类中介组织，其中以社会经济鉴证类中介机构为主。上海还积极培育和发展行业协会。新型行业协会的聚集，在制定行业服务质量规范和服务标准、会展招商、产品推介、行业统计、行业调查等方面取得了先行先试的效应。

在加强投资环境硬件建设的同时，上海注重改善投资软环境。上海海关、市外资委、市协作办、市财政局等部门在浦东新区设点，为中外投资者提供"一站式"管理和"一条龙"服务。市浦东开发办与市计委等有关部门颁布了《浦东新区外商投资项目审批和管理暂行办法》和《浦东新区基本建设项目审批和管理暂行办法》等有关政策法规，并从1992年8月份起实行"东事东办"，由市浦东开发办统一审批和管理浦东新区的外资项目以及不需要市综合平衡的投资项目和基本建设项目，从而进一步加快了项目审批的速度。实行了招商引资的"一门式"服务，在外高桥保税区和张江高科技园区进行了企业设立登记制试点，出台了对外商和国内投资者逐步实行"国民待遇""市民待遇"的措施，坚定不移地走"结构优化"与"功能拓展"双管齐下的城市发展之路。对企业设立实行直接登记制、并联审批制和告知承诺制，进一步为企业提供公正、透明、稳定的法制环境，提供高效廉洁的服务环境，提供公平竞争、低成本的经营环境。

此外，浦东出台了鼓励跨国公司地区总部入驻、鼓励投资性机构落户、鼓励现有企业增资、鼓励微电子产业链发展等8条鼓励外商投资的举措。浦东对外开放重点从一般生产加工扩展到服务贸易领域，外商投资的制造业90%以上属于世界先进水平。通过与外商资本的嫁接，浦东新区已经成为上海信息产业、现代生物医药工业、家电制造业和汽车及零部件制造业的重要基地，也构筑上海一批直接面对国际市场、具有参与国际竞争能力的产业和企业。服务贸易开放已扩大到金融、保险、贸易、商业、房地产、电讯、中介服务以及教育、医疗等诸多领域。大量外资外技的进入，促进了上海的工业结构向高级化、集约化方向发展，带动汽车、通信和精细化工等行业的技术水平跨入世界先进行列。全面推行政务公开制度，加强行政性收费的管理，强化法制建设和依法行政，重点在政府机关开展了以"廉洁、高效、公正、优质"为主要内容的作风养成教育，在中外投资者中树立了浦东的良好形象。

二、率先实现生产要素市场化

中国提出在 2010 年基本建立较为完善的社会主义市场经济体制，浦东担负着先行一步的重任，必须加快体制创新，抓好完善市场机制、健全市场体系、扩大经济流量三个环节。自开发开放以来，浦东新区致力于形成政府、市场和社会协调运作的关系，强化政府对经济发展的导向、调控、服务和监管功能，健全市场的调控机制、信用制度、法律规范和中介组织。尽快建设由要素市场和商品市场、有形市场和无形市场构成的大市场体系，积极拓展浦东的金融保险、商贸流通、交通通信、会展旅游、信息咨询以及技术创新的功能。千方百计地促进商品流、资金流、技术流、信息流和人才流通过浦东大市场的快速流动，以拓展流量经济为切入点，增强上海作为经济中心城市的集聚和辐射能量。

浦东在培育和完善社会主义市场体系过程中，重点培育要素市场。证券、外汇、技术、产权等一批要素市场逐步完善，服务范围进一步拓宽，城市对外服务能力有了增强。以政策支持和环境设施的改善为主要手段，先后推动了在上海的国家级或市级重要的要素市场，如房地产交易所、产权交易所、证券交易所、粮油交易所、商品交易所、金属交易所、技术交易所、中国上海人才市场陆续东迁陆家嘴金融贸易区，进而形成了一个较为完善的生产要素市场体系。浦东的商品批发与零售市场的发育也显示出勃勃生机。发展商业集团，推行连锁经营等多种现代商业经营模式，逐步构建出与现代市场经济相适应的商业流通体制。

重点小区开发之初，由于资金有限，基础设施建设不到位，难以具备大规模招商引资的条件。对此，浦东大胆创新，率先实现了土地、资金、技术、劳动力等要素的市场化，特别是开土地有偿使用之先河，采取组建公司进行商业性开发、由政府进行宏观调控的模式，形成"土地空转、批租实转、成片规划、滚动开发"的新路子。通过企业上市和银行信贷、吸引内资、引进外资等多渠道融资战略，为重点企业、重大工程、重要项目筹措了大量资金，使资源通过市场得到最优配置，加快了土地资本向货币资本的转换，有效促进了土地资本与金融资本、社会资本的结合，满足了各重点小区开发初期大规模基础设施建设对资金的巨大需求。大批国有、集体企业通过与外资嫁接和资产重组，实现了现代企业制度的改造。到20世纪90年代末，在浦东开发开放以来上千亿元的全社会固定资产投资中，利用外资占32%，银行贷款占28%，企业自筹占30%，中央、市和新区三级政府财力占10%。

浦东坚持开放的高起点，重点引进以国际著名跨国公司和国内大集团、大公司为投资主体的技术和资本密集型的制造业大项目；坚持开放的宽领域，使金融、贸易、会展、旅游、房地产、信息服务等第三产业成为外商投资的新热点；坚持开放的全方位，在扩大对外开放的同时积极扩大对内开放，创造平等竞争的市场环境，吸引中央各部委和兄弟省市的企业共同参与浦东开发。通过大力发展市场中介组织，依托各类大市场，广泛集聚和辐射资源，放大了商品流、资金流、技术流、信息流、人才流的流速和流量，密切了上海经济与国内外经济的联系。在金融贸易等服务业领域，浦东率先突破传统体制障碍，实行了对外开放的先行先试。并率先在商业批发与零售领域对外资开放，允许外资银行经营人民币业务试点，以及批准组建中外合资外贸公司，以对传统体制的垄断保护的突破为前提，率先在相关领域对外资实行"国民待遇"，使国内的管理体制逐步与国际接轨。在开放内容上，积极探索符合国际通行惯例的经济管理方式，先行进行外资银行经营人民币业务、组建中外合资贸易公司等试点，为我国进一步扩大对外开放提供了经验。

按照建设"以上海为龙头的长江三角洲及沿江地区经济带"的要求，上海制定了"开发浦东、服务全国、优势互补、互惠互利、联动发展、共同繁荣"的区域经济协作政策，提出让兄弟省市共享浦东开发开放资源、共享浦东开发开放政策，要打"长江牌""中华牌""世界牌"，要在为全国服务中加快发展自己等思路。同时制定了一系列鼓励、吸引外省市企业到上海发展的政策。对凡是到上海落户的外资或外地企业，均一视同仁，给予"国民待遇"。这些政策的实施，不仅促进了上海的振兴，而且对长江流域和全国的经济发展起到了良好的辐射和带动作用，使上海初步成为全国资金流、商品流、技术流、人才流和信息流的集散地和交汇枢纽。

上海把扩大对外开放和扩大对内开放有机地结合起来，积极利用国内外两种资源、两个市场来加快浦东的发展。坚持开放的高起点，引进了一批国际著名跨国公司地区总部和国内大集团、大公司，外商投资的制造业项目 90% 以上属于世界先进水平。坚持开放的宽领域，把开放的重点由生产加工领域扩大到服务贸易领域，使金融、贸易、会展、旅游、房地产、信息服务等第三产业成为外商投资的新热点。坚持开放的全方位，在扩大对外开放的同时积极扩大对内开放，积极创造平等竞争的市场环境，吸引中央各部委和兄弟省市的企业共同参与浦东开发。1992 年以后，中央各部委也积极参与浦东开发。国家经贸部、石化、煤炭、航空、电器工业等部门纷纷进军浦东。据统计，到 1998 年底，中央各部委和全国各省市在上海举办的企业累计已超过 1 万家，注册资金逾 270 亿元，其中落户浦东的 4500 多家，资金 150 亿元，这些项目绝大多数已成为各地对外联系的"窗口"、改革开放的"试验田"和内地企业与外资企业嫁接的基地，从而有力地带动和促进了全国改革开放和经济的发展。安徽省委、省政府开发之初就作出了"开发皖江、呼应浦东"的战略决策。投资 3.3 亿元在浦东建造裕安大厦，组建裕安公司。裕安大厦是全国各省市投资浦东的第一幢大厦，是全国参与浦东开发的领头雁。此后，江苏的江苏大厦、浙江的之江大厦、山东的齐鲁大厦纷纷在浦东兴建。江西、广东、福建、湖南、湖北、四川、吉林、黑龙江、内蒙古等地也随着"裕安效应"的连续滚动，纷纷派员来浦东考察并成立专门机构。

按照金融贸易先行的思路，浦东在金融贸易改革和对外开放方面采取了一系列措施：一是实行金融工具创新，如组织国内"银团"联手为重大工程融资；扩大授信方式，引入循环贷款、按揭贷款等先进运行方式；为外商投资增设政治风险险种等。二是金融体制创新，1991 年中国农业银行浦东分行经中国人民银行上海市分行批准，开始资产负债比例管理试点；1996 年根据中央赋予浦东新一轮功能性政策，浦东的商业银行全面推行资产负债比例管理试点。三是保险业改革迈出新步伐。1996 年上半年中保集团上海浦东人寿险、财产险机构的组建，太平洋保险公司与平安保险公司实行财产险和人寿险机构的分设，标志着我国保险业一个划时代的开始。1997 年新区保险市场收入 34.67 亿元（不含储金），比上年同期增长 50.7%。四是率先实行金融开放，从而使一批外资金融机构先后进入上海。1997 年中央又正式批准外资银行在浦东进行经营人民币业务的试点。五是率先对国内开放外贸市场，允许国内外贸公司在浦东新区设立子公司。上海以陆家嘴金融贸易区为载体推进金融改革和创新，带动信息、物流、专业服务等行业加快发展，促进航运中心、总部经济等综合服务功能的拓展和提升。陆家嘴成为国内金融机构最密集、金融要素市场最完备的地区之一。

与此同时，浦东新区在率先对外开放商业零售领域的基础上，又率先对外开放贸易业，进行了组建中外合资外贸公司的试点。东菱贸易有限公司、上海兰生大宇有限公司和中技—鲜京贸易有限公司等 3 家中外合资外贸公司获准成立。几个开发区从零开始通过组建合资、股份公司，银企合作募集资金，在各自区域进行大规模的征地动迁，筑路建桥，各类为投资者服务的设施迅速建立起来。通过土地批租、利用内外资、部分基础设施有偿使用和有偿转让等，筹集了数百亿元资金，使原来需要 100 年才能完成的旧区改造在不到 10 年时间里就完成了。

我国的保税区是 1990 年在上海浦东新区的外高桥首先建立的。而后，国务院又批准设立了一批保税区。保税区作为关内境外的外贸基地，对国外的商品进入实行保税，免领许可证，允许外商或中外合资、合作在保税区内发展转口贸易，区内周转外汇可保留现汇，最大限度简化境外人员进出保税区的手续。保税区的设立与运营，从总体上形成了良好的投资环境，扩大招商引资和拓展功能运作取得了明显效果，储备显示出经济活力，成为对外开放经济的新增长点。

根据市委、市政府的决策，在上海建立的 10 个国家级要素市场已先后向浦东集聚，并进入实质性运转。至 1998 年，于 1996 年迁入浦东的上海粮油商品交易所，累计已成交量 7500 多万手，交易金额达 8712.6 亿元，成为全国农产品交易中心之一。上海产权交易所自 1997 年迁入浦东后，当年交易量超过前三年的总和。上海房地产交易中心于 1997 年迁入浦东后，带动新区房地产市场业务不断发展。上海人才市场于 1997 年迁入浦东，已为 2 万余家单位提供了服务，接受 2500 多家单位的委托，为 5 万余名流动人员提供服务。上海航运交易所已于 1996 年 11 月正式开业，业务有了较快发展。1997 年 12 月，上海证券交易所迁入浦东后，新区基本形成以中国人民银行上海分行为核心，国有商业银行为主体，外资银行为新军，其他商业银行及非银行金融机构共同创业的多元化金融发展格局。

结合小城镇建设，制定了《浦东新区农民集体土地使用权流转试行办法》，对农村土地流转进行探索，初步形成了机场镇的"信托管理"、川沙镇的"先用后征"、三林镇的"先租后股"等操作模式，为降低农村招商引资成本、发展农村经济拓展了新路。

三、率先改革社会事业体制

浦东新区在开发开放初期就确立了浦东开发坚持两个文明协调发展、坚持社会全面进步的指导思想。在推动经济持续发展的同时，确保了社会的良好风貌，进入 21 世纪以来首创了把工程建设项目引入"建筑营运中心"，实行公开招标；把药品采购引入"社会资源配置中心"，实行公开交易；实行政府采购、会计委派制度等。在浦东开发近 2700 亿元全社会固定资产投资的巨额资金流量下，把干部违法犯罪现象控制在最低限度。

通过建立健全法律规范、推进依法行政等工作，营造了良好的投资环境，在法律服务事业方面，创造了多个"全国第一"，如第一家知识产权法庭、第一个法律援助中心、第一个"110"电话报警系统、第一台"999"市民救助电话，率先建立了以市场为主导的就业安置机制等，在 16 万被征地农民离开土地、8 万户动迁居民离开故土、50 万外来人员来到浦东这样一个大规模城市化的背景下，确保了社会的整体稳定。

浦东开发不仅是项目开发、产业开发，而且是社会全面进步。浦东新区在浦东开发开放过程中坚持社会的全面进步，注重经济与社会的协调发展，不断加大社会各项事业的建设和管理。浦东致力于实施"科教兴国"和教育优先发展的战略，全力抓好素质教育，教育事业蒸蒸日上。一批中小学经过多年整合，在教学硬件和教学质量方面取得明显的改善和提高。按照市政府提出的"科教兴市"的战略决策，1994 年推出实施教育发展规划的"七大举措"和"六大工程"，推动新区教育事业实现超常规跳跃式发展。新区在改造薄弱学校的探索中，充分发挥名校效应，组建教育集团，以集团推进方式，增强重点学科的示范、辐射功能，提高教育资源的使用效率，带动整个中小学教育水平的提高。建平中学在全国率先开办"网上建平",并利用建平"软件"促进联营学校共同发展。进才中学、逸夫小学、上海外国语大学附属浦东外国语学校等成为社会办学的典范。新建和扩建东辉职校等中小学校100多所,基本满足了人口导入日益增长的义务教育需要,并利用外资和社会办学新建成了中欧工商学院、杉达大学、上海外国语大学附属浦东外国语学校、美国学校等一批设施先进的标志性学校,成为社会办学的典范。

浦东还相继建成浦东游泳馆、源深体育中心、六里棒垒球场和浦东图书馆、少年宫等一批文化体育设施,促进了文化体育事业蓬勃发展。博览中心、科技馆、东方音乐厅、社区学校、防病中心相继建设完成。浦东各项社会事业的快速发展,基本满足了人民群众日益增长的生活和文化需要,进一步促进了市民素质和城市文明程度的提高,为浦东集聚人气、增加文气创造了硬件环境。市、区两级文明小区覆盖率达80%,文明村镇覆盖率达50%。与此同时,按照"绿、洁、亮、畅、美"的目标,把开发建设与环境保护结合起来,使生态环境日益优化,2000年获得了全国第一个"国家园林城区"称号。

第三节　浦东新区综合配套改革试点

浦东的开发开放,对上海、长江三角洲、长江流域的发展起到了推动作用。同时,浦东开发开放在政策创新、体制创新方面的先行先试,也对全国改革开放起到了示范引领作用。胡锦涛总书记2004年指出,"要继续搞好浦东开发开放,加快体制创新,不断提高外向型经济层次,努力在更高的起点上实现快速发展"。2005年6月,国务院批准浦东在全国率先进行综合配套改革试点,开启浦东从政策创新向制度创新、从追求"硬实力"到追求"软实力"的新篇章。

上海市委、市政府高度重视浦东新区的综合配套改革,在中央有关部门的支持下,经过半年深入调研、广泛论证,紧紧围绕落实科学发展观,按照率先转变经济增长方式、率先提高自主创新能力、率先推进改革开放、率先构建社会主义和谐社会的要求,根据发挥示范带动作用,努力成为改革开放先行先试区、自主创新示范引领区、现代服务核心集聚区的功能定位,制定了《浦东综合配套改革试点总体方案》和《2005年—2007年浦东综合配套改革试点3年行动计划》,共确定了6个方面、60个具体改革事项,主要包括政府体制、市场体制、企业体制、中介组织体制、公共部门体制、科技创新体制、人力资源开发体制、城乡统筹发展体制、涉外经济体制、社会保障体制等。2006年3月,上海召开浦东新区综合配套改革试点工作会议,对浦东综合配套改革试点工作进行深入动员和全面部署。浦东新区相继制定了《关于推进综合配套改革试点的若干意见》《关于加快推进自主创新的决定》,中央12个部委和机构在浦东启动涉及六个方面约40个事项的改革,国家质检总局推出14项提升浦东口岸服务功能的新政策,上海海关推出9项支持浦东改革的新措施。上海市人大和市政府分别制定了《关于促进和保障浦东新区综合配套改革试点工作的决定》和《关于完善市区两级管理体制,赋予浦东新区更大发展自主权的意见》,为浦东新区的综合配套改革提供法制保障。

2007年1月,市政府制定《关于完善市区两级管理体制赋予浦东新区更大发展自主权的意见》,在规划、财税、土地管理、环保市容、项目审批、社会事业发展等6个方面下放17项权限;4月,市人大常委会通过《关于促进和保障浦东新区综合配套改革试点工作的决定》,为浦东加快改革步伐提供良好的法律保障。2008年6月,浦东发布《2008年—2010年浦东综合配套改革三年行动计划框架》;市政府同

期发文，在规划管理、土地管理、人口管理、投资项目管理、自主创
新、价格管理、文化市场管理等 7 个方面，下放 12 项事权，并加大财
税、土地、人才引进等政策支持力度，为浦东综合配套改革试点营造良
好氛围。2011 年 3 月，浦东举办综合配套改革试点工作推进会，启动
新一轮三年计划。每轮行动计划按照聚焦重点、突破难点、以点带面、
逐步深入的原则编制。

　　整个改革试点工作得到中央有关部委的大力支持。国家发改委与上
海市政府先后三次联合召开试点工作会议，对浦东综合配套改革进行部
署，并推动 70 多项国家层面的改革项目在浦东试点。国家相关部门与
上海市政府形成进一步加强部市合作、发挥浦东先行先试作用的框架协
议或协作备忘录，并建立相应的定期会商机制，推动各领域、各系统改
革试点综合协同持续地向纵深推进。2011 年 12 月，国家发改委下发
《关于推动上海浦东综合配套改革试点近期重点改革事项的复函》，提
出以部市协调的方式推进全国信托登记平台建设等七项新一轮重点改革
事项。

　　在中央有关部委、上海市和浦东新区三个层面的全力推动下，浦东
新区的综合配套改革试点把改革和发展有机结合起来，把解决本地实际
问题与攻克面上共性难题结合起来，把实现重点突破与整体创新结合起
来，把经济体制改革与其他方面改革结合起来，主要围绕着力转变政府
职能、着力转变经济运行方式、着力改变二元经济与社会结构和聚集陆
家嘴金融开发区和张江高科技园区有序推进。按照"三个着力"和"四
个结合"的总体要求，市委、市政府组建了全市领导小组及其办公室，
全面协调推动整个改革试点工作，系统考虑，周密部署，聚焦全国能借
鉴、上海能推广、浦东能突破的重点改革事项，大力推进浦东新一轮开
发开放。

　　浦东综合配套改革试点推进了以下工作：

一、着力转变政府职能，深化行政管理体制改革

深化行政管理体制改革、建设公共服务型政府，是浦东综合配套改革试点的重点和难点，也是我国改革进入攻坚阶段之后的必由之路。浦东开发开放之初，就实行过"小政府，大社会"的改革尝试，取得了一定的效果，随着社会主义市场经济体制的逐步建立和完善，政府管理体制改革的必要性进一步显现，在党中央和市委、市政府支持下，在充分调研的基础上，浦东新区以创新政府管理体制，提高政府行政效能，强化社会管理和公共服务职能，弱化微观经济管理职能为重点，深化行政体制的改革。

浦东新区综合配套改革试点开始后，市委、市政府进一步赋予浦东新区更大的改革发展自主权，支持浦东在事权、财权、执法权、审批权等方面有更大的自主性，在改革方面先行一步；继续推动功能区管理体制改革，在政府职能配置上，探索建立互补型、高效率的新型管理架构，通过部门事务的重组，强化政府在公共政策、发展规划、就业保障、社会事业环境保护等方面的统筹职能。以职能整合促进管理体制一体化，成立浦东新区功能区域党工委，在 2004 年成立陆家嘴、金桥、张江和外高桥四个功能区的基础上，2005 年又成立三林世博和川沙功能区，完成新区六大功能区格局，理顺事财关系，按"事权决定财权"的原则，制定了《2005 年功能区域财力分配实施方案》《关于进一步加强对功能区域财力支持的意见》等，扩大功能区在经济社会发展中的作用，并在乡镇街道进行机构改革，强化政府社会管理和公共服务职能，进一步理顺新区层面与功能块区域和街道的职能、事权和财权，探索建立互补型、高效率的行政管理体制。

2009 年，浦东与南汇区合并后，推进"大部制"区级机构改革，区政府设置 19 个职能部门，每万人行政编制数为 4.9 人，不到全市

平均数的 1/2。率先开展剥离街道招商引资职能，建立公共财政保障机制。调整优化开发区管理体制，总体按照"区内事、区内办"的原则，市、区两级赋予开发区管委会相应的权力和资源，凸显开发区的主力军作用。完成街镇机构调整，取消村级组织招商引资职能。2013 年构建了开发区与周边镇之间的事权划分、统筹发展和利益共享机制，设立新的川沙新镇和祝桥镇，按照"强镇扩权"原则，进一步强化区域主导功能和扁平高效管理方式，形成适应生产力布局、凸显主导功能、促进产城融合的开发区管理格局。

制定公布浦东新区权力清单、责任清单，全面清理和简化行政许可事项，加大简政放权力度。浦东前后共启动了四轮行政审批制度改革，行政审批事项从 724 项缩减为 220 项，行政审批事项缩减近 70%。集中公布行政审批事项和政府权力清单，对不在审批事项范围内的一律作废；相对集中行政审批职能，将新区具有审批职能的委办局内部处室的审批职能集中，整建制进驻市民中心，试行一个审批单位一个审批公章的改革；规范和简化审批流程，推行行政审批环节标准化、格式化改革，变前置审批为后置告知承诺；探索项目审批从"一门式"推进到"一表制"；缩短建设项目前期审批时限，将建设项目前期审批时限由 100 个工作日压缩为 70 个工作日，在规划审批阶段、扩初设计阶段、施工许可证审批阶段实行并联审批等。在全国率先以电子化方式开展行政审批标准化改革，率先实行告知承诺、行政审批与技术审批分离以及工商、税务、质监等部门联动登记等制度性改革，形成良好示范效应。积极推进行政权力公开透明运行，以监察部试点为契机，建立行政效能投诉制、评估制、问责制和监察制，探索形成体制外投诉、社会化评估、自上而下问责、体制内监察等制度，浦东各委办局、街镇的权力事项实现全面公开，环保、水务、市政、绿化、环卫、城管执法等领域的行政处罚率先实现网上运行。

为提高政府行政效能，浦东新区推出了问责制、评估制、监察制、投诉制等四项制度，制定和实施了《浦东新区行政效能投诉暂行办法》《浦东新区行政首长问责制暂行办法》《浦东新区行政效能评估暂行办法》和《浦东新区行政审批电子监察暂行办法》，设立了行政效能投诉中心，积极探索体制内外的监督和评估机制，使政府的行为变得更加规范、透明、廉洁、高效。为提高财政支出绩效改革，2006年浦东新区开始实行《浦东新区绩效预算改革试点方案》，引入第三方评估，将公共预算"从管人转向管事"，通过制定公共支出的绩效目标，建立预算绩效评价体系，把原来按照"人员—职能—经费"安排预算的传统模式，转变为"公共品—公共品成本—预算"的模式，改变了原来只考虑政府公共资源存量的做法，体现了预算的约束机制，从制度上强化了政府的内控机制，实现对财政资金从目前注重资金投入的管理转向注重支出效果的管理。

为弱化微观经济管理职能。2006年4月，浦东新区开始新一轮行政审批制度改革，重点为打破条块分割，整合行政资源，逐步形成"多个机构、一个政府"的公共服务型政府新模式，确定了部分事项不再由浦东新区审批，以推进综合性审批程序改革作为突破口，建立综合受理平台，在进一步减少审批事项的同时，积极探索"一表受理、一网运作、一次发证"的"三个一"审批模式和"一口受理、一单到底、一次收费"的管理模式、建设项目联合验收、企业年检申报备案等审批机制创新，在精简审批事项的基础上，优化审批流程，提高审批效率，加强批后监管，进一步加强审改的系统性和配套性，经过改革，浦东的行政审批事项从原来的724项减少到220项，同时，审批流程进一步优化，审批效率进一步提高。通过推行告知承诺、并联审批、联合验收等，新区基本建设项目的审批时限从原来的281个工作日减少到不到100个工作日，政府加大事后监管力度。从"重审批"到"重管理、重服务"，凸显了政府管理理念的转变。同时，降低市场准入门槛。2005年，市工商局率先在浦东试点企业注册资本分缴办法、人力资本出资办法和企业年检申报备案办法，进一步降低市场准入门槛，减少企业商务成本，促进知识和技术转化为生产力。2006年4月，市工商局又在浦东试行扩大工商浦东新区分局登记管辖权、允许商标专用权作价出资、优化外商投资企业审批登记办法等措施，进一步放宽市场准入，简化审批手续。此外，还在浦东新区开始以联合年检和"零收费"为重点的改革，按照"一套表格、一口受理、一网运作、一次办理"的原则，深化企业联合年检，为企业发展营造更加良好的市场环境。

为坚持政府工作以民为本，创新政府服务的工具，整合政府服务的产品，强化政府服务的监督，实现政府事务的组织水平一流、电子政府实现程度一流、政府与社会组织合作模式一流、行政与社会监督一流的目标，2006年7月，作为"政府的窗口、社会的平台、市民的天地"的浦东新区市民中心正式运行。该中心集行政许可、公共管理、公共服务、政府信息公开、政府与社会组织合作、效能监察等六个方面为一体，将原来分散在47处的政府服务窗口通过整合资源集合在一个平台上，20个委办局设立84个窗口，提供300余项"一站式"服务，并通过网络连接，实现浦东新区"1（区级市民中心）+21（街镇社区事务受理服务中心）"政务事务受理，初步建立了覆盖全区的公共服务平台，形成了便捷、高效的公共服务运作机制，极大提高了政府效率和为市民服务的能力。

为强化政府社会管理、公共服务的职能，在浦东新区综合配套改革中，按照"强化、弱化、转化"的要求，横向职能转变、纵向职能互补、剥离非关键职能，把政府职能定位于社会管理和公共服务，对原来政府的职能进行分解，突出加强政府公共服务和管理的职能，弱化政府经济管理职能，转化部分可由政府支持、社会承担公共服务领域。为改变城市管理中部门和条块分割严重、管理扯皮的状况，适应城市执法重心下移，加强城市综合管理，2007 年浦东新区成立了综合执法管理局和六个功能区域城管执法大队，开展综合执法试点，管理内容由 200 多项基本内容扩大到 700 多项，形成城市管理问题快速反应和处理机制，有效地提高了执法效能。为探索公共服务领域改革，2006 年，浦东新区制定了《深化事业单位改革的若干意见》，改革政府提供公共服务的方式和机制，率先进行教育、医疗等领域推进"管、办、评"联动机制的改革试点，全面完成转制学校办学体制深化改革，成立医疗机构管理中心，对全区社区卫生服务中心进行统一管理，初步建立卫生"管办评"联动机制。2007 年 4 月，浦东新区出台了《关于进一步转变政府职能，充分发挥街道办事处社会管理综合协调作用的若干意见》，全面实施街道剥离招商引资职能、强化社会管理与公共服务的改革，剥离街道经济管理职能，实行"部门预算管理，功能区域统筹"的财政保障机制，使街道集中精力做好社区管理和公共服务，将工作重点转为社区就业、社会稳定、社会养老、社会救助以及改善综合环境等社会管理和公共服务职能。

2007 年，浦东新区率先颁布实施《关于政府购买公共服务的实施意见》，探索建立"政府承担、定向委托、合同管理、评估兑现"的新机制。建立多层次全覆盖的公共服务平台，完善浦东市民中心和街镇社区事务受理中心功能，实行一门式服务和统一管理，方便市民和企业办事。完成城市综合执法管理体制改革，组建城市管理综合执法局（与环保局合署办公），将同属于公平竞争执法领域内的工商、物价、质量监督等部门的行政执法权相对集中，改分散执法体制为综合执法体制。对 700 多项城市管理行政处罚权及相关权力进行统一执法和执法重心下移，初步形成城市管理快速发现和处理机制。探索市场监管综合执法的模式。整合工商分局、质量技监局和食品药品监管局，2013 年 12 月成立浦东新区市场监督管理局，市场监管部门由垂直管理调整为分级管理，街、镇对应设立市场监管所，实现政府监管力量的资源整合和重心下移。2014 年率先探索知识产权行政管理和市场监管"三合一"改革。2015 年 4 月 27 日，自贸试验区管委会与浦东新区政府合署办公，并建立区级层面整体推进机制，由浦东新区承担上海自贸试验区改革试点的主体责任。

二、着力转变经济运行方式，深化经济体制改革

扩大对外开放，以开放加快发展，是浦东新区发展的特点；通过制度创新，加快转变经济运行方式，率先建立符合社会主义市场经济要求、与国际通行做法相衔接的经济运行环境，是浦东综合配套改革试点的又一项重要任务。为了提高参与国际竞争的水平，浦东率先探索完善社会主义市场经济体制，围绕着力转变经济运行方式，重点突出解决制约社会经济发展的瓶颈问题，在金融、科技、涉外经济等领域探索制度创新和扩大开放，努力创立与国际规范相衔接的发展机制。以陆家嘴金融贸易区为载体推进金融改革和创新、以张江高科技园区为载体推进科技体制创新和深化涉外经济体制改革，成为浦东着力突破的重点领域和关键环节。

围绕突破上海国际金融中心建设中的体制性、政策性障碍，浦东与中央和上海市各金融监管部门组成课题组，联合开展调研、制定方案。在中央各金融监管部门的大力支持下，一些重要的金融改革和金融创新举措相继在浦东试点。2005 年 8 月，中国人民银行上海总部正式入驻浦东，这既是央行体制的重大改革，又是支持浦东综合配套改革的重要措施。2006 年 6 月，上海信托登记中心在浦东成立。2006 年 8 月，上海石油交易所在浦东正式开张。2006 年 9 月，中国金融期货交易所在浦东挂牌成立。这是中国内地首家金融衍生品交易所。之后，央行征

信中心、货币经纪公司等机构相继在浦东成立，上海银监局等金融监管机构先后落户浦东，对于上海国际金融中心建设具有标志性的战略意义。2005年12月，上海国利货币经纪公司在浦东正式开业，首开我国货币经纪业先河；世界保险巨头英国劳合社宣布在上海设立再保险公司，对上海保险市场体系建设将起到重要的推动作用。此外，落户浦东的银行、保险公司、基金公司等金融机构，也积极与浦东展开合作，探索推进金融产品创新。金融市场的日益完善、金融环境的不断优化，吸引了众多金融机构，中国外汇交易清算所等一批金融功能项目纷纷落户浦东。到2007年底，在上海落户的跨国公司地区总部累计达到96家，中外资金融机构总数达到493家，外资法人银行数占全国1/2，达到375家，其中外资金融机构192家。浦东陆家嘴金融贸易区已经成为国内金融机构最密集、金融要素市场最完备的地区之一。

2006年5月，"国家知识产权试点园区"在张江高科技园区挂牌。修订完善聚焦张江"十九条"政策，加强政府引导基金投入，带动民资、外资等社会资金；开展知识产权质押融资担保试点；建立由科技、税收、财政等部门组成的联合推进机制。推进张江高科技国家自主创新示范区建设，推出"张江创新十条"，加大对科技企业孵化器和公共科技服务平台建设运营的支持力度，公共科技服务平台建设和科技投融资机制创新取得重要突破。一批更具实力的跨国公司和内资企业加快集聚发展，营运中心、结算中心、研发中心等功能性机构的辐射能力不断增强。一大批国家重大科技项目在浦东推进实施，具有国际领先水平的创新成果不断涌现，高端制造业发展格局在浦东基本形成。进一步优化产业发展格局，依托重点开发区板块联动，发挥开发区在创新驱动、转型发展中的主战场作用，初步形成以电子信息、成套设备、汽车及生物医药、新能源、民用航空等为重点的产业格局。

坚持以体制机制创新促进科技创新，是浦东高新技术产业实现跨越式发展的重要经验。1999年，上海市委、市政府决策实施"聚焦张江"战略，张江一跃成为国内微电子、软件、生物医药等高新技术产业的重要基地。浦东综合配套改革试点开始后，2006年6月，国务院批准将上海高新技术产业开发区更名为上海张江高技术产业开发区，主打"张江牌"，科技部在浦东开展火炬计划创新试验区试点，支持浦东在科技体制创新、科技成果产业化等方面率先探索；国家知识产权局在张江建设知识产权示范园区，推进知识产权保护和交易制度创新；上海联合产权交易所在张江设立浦东技术产权交易中心，探索建立科技企业的融资平台。同时，浦东科技体制创新的步伐进一步加快，率先开展创业风险投资引导基金试点，2006年10月，全国首个由地方政府设立的政策性扶持资金——浦东新区创业风险投资引导基金正式启动，基金总额10亿元，在五年内集聚规模达200亿元的创业风险投资基金，重点投资浦东新区的生物医药、集成电路、软件、新能源与新材料、科技农业等高科技产业。一方面，与传统的政府无偿资助不同的是，引导基金不直接投在具体项目上，而是强调引导性，以保本微利经营，用激励和奖励专业机构投资的方式，最大限度地调度市场风险投资机构向高新技术产业集聚。另一方面，与传统的政府项目评审机制不同，引导基金充分利用专业机构的项目识别能力和资本运作能力，委托其挑选、管理项目，原则上不介入创业风险投资机构日常的经营管理，不干预其正常的投资决策，使政府资金在专业化的运作、监管下，投入产出成正比，发挥出最大效益。该引导基金不以营利为目的，着力从完善创业企业孵化机制、强化创业资金集聚机制、构建区域性创业资本退出机制和完善行业自律机制四个环节展开，真正实现政府资金引导社会资本向科技创新创业领域集聚。这一创新改革了政府传统的科技投入方式，将极大地提高政府资金的使用绩效。此外，浦东还积极探索建立完善以企业为主体的产学研联盟新机制，引进国内一大批科研教育机构入驻，研发机构累计达到 220 家，共申请专利 8435 件，其中发明专利 3054 件，支持以企业为主体的产学研联盟实施重大共性技术攻关项目，制定并实施了科技创新、人才、信息、知识产权、投融资等科教兴市五大公共服务平台，探索一条具有中国特色、浦东特点的自主创新之路。

浦东还努力深化涉外经济体制改革，以综合配套改革试点为契机，浦东积极争取国家外汇管理局等部门的支持，率先开展跨国公司地区总部外汇资金管理方式改革试点，突破制约总部经济发展的瓶颈。2006 年 4 月，在总结浦东试点经验的基础上，国家外汇管理局出台了《关于调整经常项目外汇管理政策的通知》，将"简化非贸易售付汇手续"试点内容推广至全国，使浦东综合配套改革试点的效应进一步放大。

三、着力改变二元经济与社会结构，实现城郊协调发展

浦东的开发开放，也是城市化的过程，经过十多年的发展，浦东的经济社会得到了大的发展，但我国经济社会过程中的二元结构同样存在，促进城郊协调发展是贯彻落实科学发展观、构建社会主义和谐社会的重要内容。综合配套改革试点后，浦东紧紧抓住消除城乡二元结构深层次的体制机制障碍这个关键，以政府管理"城郊合一"促进经济发展"城郊协同"、社会事业"城郊并轨"。

为打破城郊管理体制上的二元分割而形成的原来按照城区、开发区、郊区分别设置的管理机构，浦东依托四个国家级开发区以及机场、港口、世博会园区等功能枢纽，带动周边街镇，建立了六个功能区域，并成立了功能区域党工委、管委会，对区域发展进行统一规划、统筹管理，为实现城郊一体化发展提供了体制保障。功能区域成立以后，通过建立区域联合招商机制、产业项目联合开发机制等，推动开发区的产业和功能向各镇延伸和拓展，提高各镇经济发展的水平。通过高起点地规

划建设新市镇，推进郊区"三个集中"，进一步提高郊区城镇建设水平和人民生活水平，同时也为开发区提供完善的生活配套服务，进一步优化开发区的综合发展环境。为推进郊区综合改革试点，浦东新区还开展了社会主义新农村试点，配套推进规划、建设、土地、党建等领域的改革事项，如推进村级"二合二分二集中"的综合改革试点：若干个村党支部和管理层合并，各村村委会和村集体资产分开，办公地点和公共服务设施集中，对村集体资产的管理和运作进行改革，实行"村有村用镇管"的管理模式。

为打破城郊社会发展的二元结构，浦东在综合配套改革中，以教育和医疗两大社会事业为突破口，率先实行了城郊义务教育和医疗卫生管理体制并轨，探索城乡一体化机制。在教育领域，实施城郊基础教育管理一体化，85所农村学校从过去的"镇管"划归新区统一管理，与城区学校一起享受统一拨款、统一硬件配备水平、统一信息平台和统一提供教师培训与发展机会政策，消除了城郊学校的差别；在医疗领域探索建立二、三级医院与社区卫生中心建立医疗联合体和"双向转诊"的运作机制，并在财力投入、硬件建设、人才培训等方面重点向郊区倾斜。此外，浦东新区还探索建立了城郊一体化的就业培训和服务体系，进一步扩大非农就业，促进农民增收。探索建立农保与农村合作医疗水平逐步合理提高和统筹机制，进一步完善财政转移支付机制，加大对郊区基础设施、公共服务设施建设支持力度，提高农民的生活质量，缩小城乡差距。

第四节　创造浦东开放的龙头效应

经过18年的艰苦创业，浦东开发开放实现经济能级、城市功能、城市形态、内外开放和社会发展等历史性跨越。城市形态实现从旧貌到新颜的跨越，经济实力实现从规模较小到举足轻重的跨越，重点小区实现从出形象到出功能、出效益的跨越，扩大开放实现从单一引资向全方位、宽领域、多层次开放的跨越，社会发展实现从农业文明、小城镇文明向都市文明的跨越。一个外向型、多功能、现代化新城区在黄浦江东岸形成，并成为上海乃至全国对外开放的重要窗口和重要标志，成为上海经济新的增长点。

一、提升浦东综合经济实力

浦东新区经过多年的开发开放，经济发展方式发生根本性转变。第三产业发展明显加快，产业结构突破性优化。新区经济总量由 1990 年的 60.24 亿元增长至 2000 年的 920.63 亿元，再跃升至 2009 年的 4001.39 亿元。2007 年，新区实现进出口总额 1280.7 亿美元，其中出口额为 528.22 亿美元，进口额为 752.48 亿美元；新区实现工业总产值 5155.59 亿元，其中外商投资企业的工业总产值为 2892.29 亿元；新区实现社会消费品零售总额 456.04 亿元。新区的人口、注册面积分别只占全市的十分之一和十二分之一，但创造的地区生产总值占全市的五分之一，完成的工业总产值和外贸出口总额均占全市的四分之一。在经济规模上，对上海市经济的影响力逐年增大，浦东新区 GDP 占全市的比重由 1990 年的 8.1% 上升到 2000 年的 20.2%。2009 年南汇区并入浦东新区后，开启浦东二次创业的新阶段，整个新区 GDP 的增长有所提高。占全市的比重由 2008 年的 22.4% 上升到 2009 年的 26.6%。[①]

新区坚持以产业结构优化积极推动功能拓展和发展方式的转变，

---

① 《上海市浦东新区志 1993—2009》，上海人民出版社 2021 年版，第 4 页。

优先发展以金融为核心的现代服务业、以自主创新为核心的高科技产业，逐步形成了现代化服务业和先进创造业共同推进经济发展的格局。第三产业占国内生产总值比重由开发初期的 20.1% 上升到 2007 年的 52.3%，产业亮点主要集中在金融服务业、会展旅游业、现代物流业、房地产业、高新技术等产业；第二产业继续保持平稳发展态势，完成工业总产值 5155.59 亿元，实现增加值 1182.88 亿元，电子信息、生物医药、新材料、光机电一体化等高新技术产业快速成长，包括高新技术产业、软件产业和信息服务业、文化创意产业等在内的创新经济迅速发展，总量达到 2700 亿元。2007 年新区高新技术产业产值 1318.98 亿元，占新区工业总产值比重 25.6%。开发开放为浦东农村经济发展提供了新的机遇和发展空间，以现代农业、设施农业为基础的都市型第一产业粗具规模，乡镇工业结构调整取得新的成效，农村经济总量在市郊区县名列前茅。

浦东已成为全市经济发展的重要增长点和技术创新的重要基地，产业结构升级取得重大进展，形成了以现代农业、支柱产业、高科技产业以及高层次、高增值的服务业为主体的产业体系，成为发挥示范、辐射和带动作用的重要基础。在支柱产业中，高新技术企业多，名优产品多。由金融贸易、现代工业、现代农业、高新技术产业等构成的城区新功能，成为上海塑造国际中心城市功能的重要支撑。

二、对外开放领先一步

浦东高起点、高强度、宽领域、全方位的开放，已经撑起上海外贸的"半壁江山"。要素市场的集聚、金融贸易的繁荣、高新技术的成长，为上海的发展振兴注入了强大的动力。对外开放重点从一般生产加工扩展到服务贸易领域。建立了全国第一个保税区——外高桥保税区，全国唯一的一个金融贸易功能小区——陆家嘴金融贸易区，奠定了上海建成国际经济、金融、贸易中心的重要基础。服务贸易开放已扩大到金融、保险、贸易、商业、房地产、电讯、中介服务以及教育、医疗等诸多领域。通过与外商资本的嫁接,新区已经成为上海信息产业、现代生物医药工业、家电制造业和汽车及零部件制造业的重要基地,也构筑一批直接面对国际市场、具有参与国际竞争能力的产业和企业。大量外资外技的进入,促进了上海的工业结构向高级化、集约化方向发展,带动汽车、通信和精细化工等行业的技术水平跨入世界先进行列。

体制创新、接轨国际提高了浦东对外资的吸引力和亲和力。外资已成为浦东结构调整、产业升级的主要杠杆。外资大量投向第三产业,推动第三产业增加值占浦东 GDP 的比重年均上升 2 个百分点以上。涉足第二产业的外资,70%投向支柱产业和高新技术产业,70%以上的高新技术产业产值和研发投入是外资企业创造的。外资还是浦东城市建设和优化生产力布局的重要力量。据统计,上海在 20 世纪 90 年代的建设资金中,有 1/6 来源于外资,浦东更是高达 70%以上。在上海的国内生产总值中,约有 1/4 到 1/3 的份额是在与国际交往中实现的。

鼓励跨国公司地区总部入驻、鼓励投资性机构落户、鼓励现有企业增资、鼓励微电子产业链发展。18 年来,跨国公司抢滩上海。从最初设立生产性投资项目,到开办银行、贸易公司等服务性企业,到地区总部及其研发机构、销售公司的进驻,跨国公司越来越把中国特别是以上海为龙头的长江经济带作为亚太地区的投资重心,越来越把浦东作为其投资中国、辐射亚太的重要枢纽之一。

重点小区的开发是支撑整个浦东开发开放的基础。四个国家级开发区是建设"四个中心"的重要载体,陆家嘴金融贸易区、张江高科技园区、金桥出口加工区、外高桥保税区已成为上海先进生产力的代表和象征,大批外资金融、贸易、高新技术企业在这里聚集。

以陆家嘴金融贸易区为载体推进金融改革和创新,带动信息、物流、专业服务等行业加快发展，促进航运中心、总部经济等综合服务功能的拓展和提升。陆家嘴成为国内金融机构最密集、金融要素市场最完备的地区之一。到 2007 年底，有 80 多个国家和地区在陆家嘴金融贸易区投资发展，陆家嘴中心区 1.7 平方公里，每平方公里的年产值达 150 亿元，陆家嘴有 117 幢高级商务楼宇，楼均资产达 148 亿元，楼均年税金上亿元。外资法人银行数占全国 1/2，达到 375 家；金融贸易区流量经济涵盖全国 31 个省、市、自治区，物流网络遍布 165 个国家和地区，集聚着证券、期货、钻石、产权、石油等 10 多个国家级要素市场，以股票、货币、债券、外汇、商品期货、金融期货、黄金、产权市场等为主要内容的现代金融市场体系日渐成熟，基本确立了国内金融市场中心的地位。区内拥有各类企业 2 万多家。其中，内资企业 16000 多家，外商投资企业 3000 多家。陆家嘴金融贸易区已成为中国资金交流度最大、资本集中度最深、机构密集度最高、人才集聚度最强的地区之一。

在"聚焦张江"战略决策效应下，张江高科技园区重点突出孵化创业链、微电子产业链、新药研制开发链、"产、学、研"结合链四个方面的功能。2006 年上海高科技园区整体更名为上海张江高新技术产业开发区，以核心区张江高科技园区的建设带动和辐射其他各园区发展，推进以自主创新为核心的"二次创业"，促进校区、园区、社区"三区"联动发展，加速科技成果转化和技术外散，促进中小科技企业快速成长。目前，园区建有国家上海生物医药科技产业基地、国家信息产业基地、国家集成电路产业基地、国家半导体照明产业基地、国家 863 信息安全成果产业化（东部）基地、国家软件产业基地、国家软件出口基地、国家文化产业示范基地等多个国家级基地。拥有多模式、多类型的孵化器，建有国家火炬创业园、国家留学人员创业园。还积极探索建立完善以企业为主体的产学研联盟新机制，引进国内一大批科研教育机构入驻，支持以企业为主体的产学研联盟实施重大共性技术攻关项目。张江正成为技术创新的示范基地，科技成果孵化与转化基地，科技创业人才、研发机构和科技企业的集聚基地，产学研一体化综合改革的试验基地，成为上海技术创新和发展自主知识产权的重要平台。

外高桥保税区国际贸易、保税仓储、出口加工三大功能逐步拓展，引进了2000多家贸易公司和60多家世界著名跨国公司的物流分拨中心，加工贸易出口快速增长，物流分拨功能进一步增强，现代海运和港口经济稳步发展，已成为国内最大的保税区和新兴港口。18年来，外高桥保税区累计批准来自全球100多个国家和地区的9950个项目，其中世界500强企业中有130多家入驻保税区。2007年外高桥保税区完成进出口贸易额570亿美元，占全国13个保税区总额的43%；区内贸易企业实现商品销售额4838亿元，占全国保税区的55%，成为国内举足轻重的贸易中心，来自长三角乃至全国各地的众多进出口企业从中获益。外高桥保税区开展空运和海运"直通式"服务试点，现代物流功能进一步拓展。保税区的加工贸易、仓储分拨、商品展示和运输等多种功能已得到发挥。

金桥出口加工区已成为上海外向型高新技术产业的重要基地之一。2007年，金桥功能区域实现工业总产值2291.34亿元，在全国经济技术开发区中名列前茅，成为上海建设工业新高地的生力军。已引进研发机构20家，孵化创业企业152家，成为上海技术创新和发展自主知识产权的重要平台。金桥出口加工区吸引340多家中外资企业落户，150个现代制造业项目相继投产，其高新技术和支柱产业在全市具有举足轻重的地位。其中高新技术产品产值比重达到70%。先进制造业引领效应明显，世界500强企业中已有51家在金桥投资79个项目，在金桥开发区的贝尔电话设备制造有限公司、日立空调器有限公司等已成为上海乃至全国科技产业化方面的成功典型。

除上述 4 个由国务院批准的、体现现代化城区功能的重点开发小区之外，市政府先后批准建立了 4 个各有特点的市级开发小区：王桥工业区、华夏旅游文化开发区、孙桥现代农业开发区、六里现代生活园区。这 4 个小区的设立，补充完善了黄浦江两岸现代化城区的功能，平衡了开发建设的布局，适应了原川沙县经济发展状况。其中，孙桥农业开发区已成为以园林绿化和生态平衡为基调，以科技为先导，以发展名、特、优、新、绿色食品为重点的现代化城市型农业基地，形成了旅游观光、宾馆农业、绿化生态和创汇农业的特色。以重点功能小区为依托，东方明珠、金茂大厦、国际会议中心、新上海商业城以及滨江公园、世纪公园等相继建成和 APEC 会议等的成功举办，使浦东的会展旅游功能日益增强。

三、促进浦东浦西联动发展

在浦东开发开放中，上海把浦东的开发与浦西的改造统筹起来考虑，以浦西的经济实力和综合优势来支持浦东的开发开放，以中央政策的实施来促进整个上海的振兴和发展，在基础设施建设、区域功能和城市规划、产业布局与发展、体制和政策等方面实行了东西联动。坚持"东西联动"发展方针，加快了上海产业结构战略性调整和生产力布局整体性调整，促进了整个上海的对外开放、体制创新，优化了生产力布局结构，增强了上海经济中心城市的综合服务功能，使上海的经济建设连续 10 多年保持快速发展的良好势头。特别是 1997 年以后，浦东新区在高位增长平台上，克服了亚洲金融危机、全球经济衰退等诸方面的不利因素，继续保持高于全市 5 到 6 个百分点的增长速度，进一步增强了上海经济增长的稳定性和抗波动能力。浦东成为上海区县经济的领头羊，是上海重要的经济增长点。

带动产业结构调整，促进产业合理化。在浦东开发开放之初，上海的产业结构不尽合理，第三产业的比重较低；第二产业中传统工业的比重较大，高加工度化和高技术化趋势不明显。为适时调整上海的产业结构、产品结构和企业组织结构，充分发挥浦东开发开放的综合功能，为企业制度创新提供舞台。通过以证券、期货、产权、人才、房地产等要素市场为第一层面，石油、汽车、钢铁等生产资料市场体系的建立，为国有企业改革和混合型经济的发展提供了广阔的空间。在"依托浦西、以东带西、东西联动"方针的指导下，浦东依托浦西产业基础推进自身产业升级，浦西也以浦东为"龙头"推动产业的调整，取得互相促进、加速发展的效应。18 年来，上海在浦东开发开放中，坚持优化市场配置的原则，大力发展第三产业，推动第二产业升级换代，为全市产业结构合理化发挥了先导作用。以孙桥现代农业开发区为代表的设施农业、观光农业和创汇农业快速增长，金桥现代工业园区高新技术和支柱工业形成规模，张江高科技园区创新经济初具特色，外高桥保税区加工贸易功能开始凸显。陆家嘴金融贸易区功能建设，人流、物流、资金流、技术流、信息流的集聚辐射效应开始发挥。浦东第三产业的迅速发展，推动上海第三产业在 GDP 中的比重年均递增 1.7 个百分点，开始形成三产业与二产业共同推动经济增长的格局。一批国有老企业和集体企业在浦东投资与外商投资经济嫁接中，提升了产业能级，成为上海工业新高地建设的重要力量；一批国有企业在资本市场通过募集发展资金，改善资本结构，实现了产权制度改造；一批国有企业在要素市场上进行了多方面整合，规范了市场进退行为，逐步强化了优胜劣汰的市场机制；一批国有企业在产业升级中开始了有进有退的战略调整，构建了支柱工业的生产集群，各产业间技术进步的相互溢出效应，推动了工业整体进步。同时，一大批混合经济和非公经济的迅速发展也为国有企业的改革调整提供了包括资本嫁接、产业结构调整、劳动力就业等方面的良好社会条件。

　　提供发展新空间，优化生产力布局。从传统上海工业的空间布局看，工业企业主要分散于市区，这既不利于城市功能的整体开发，也不利于工业企业及产品的配套和规模化。按照建设国际大都市的要求，根据"市区体现上海的繁荣和繁华，郊区体现上海工业的实力和水平"的指导思想，作出了"退二进三"的调整决策，即以市中心内环线为界，内环线以内以发展都市型工业为主，内环线之间发展都市型工业、高科技产业及配套工业，外环线以外以发展钢铁、石化、汽车等产业为主。在这新一轮的大调整中，一方面，通过浦东开发有关政策的波及效应，推动市区金融、贸易、信息等服务业及房地产业的发展，实现市区经济的服务化；另一方面，新区作为上海"1+3+9"工业区系列组合的"龙头"，通过一批新的工业区如金桥出口加工区、张江高科技园区、高桥工业区等工业区的建设，使浦东崛起了精细化工、生物医药、电子及通信设备等产业，体现了上海产业和工业布局的新态势，促进上海工业布局趋向合理。

　　适应科技发展趋势，促进产业高技术化。作为对外开放开发区，浦东在吸纳外资进入的同时，关键是引进先进的科学技术，促进上海产业向高技术化发展。通过浦东的辐射效应，消化吸收国际先进技术，创造国内技术领先产品，并推动了传统产业升级，上海的产业水平特别是工业的科技含量不断提高。随着金融保险服务功能的进一步强化，上海金融信息化进程加快，金融业务进一步扩大。资本市场在不断规范中继续发展。随着全国黄金交易所、钻石交易所等一批国家级市场落户上海，上海金融机构集聚效应进一步增强，上海作为国内金融中心的地位进一步确立，初步呈现了国际金融中心之一的地位和国际经济中心城市的产业结构。

　　实践证明，浦东高起点、高强度、宽领域、全方位的开放已经成为上海重振雄风、再造辉煌的强大动力，奠定了上海建成国际经济、金融、贸易、航运中心的重要基础。

为发挥浦东和上海在全国经济的辐射作用，上海不断健全以"航空港、深水港、信息港"为重点的基础设施网络，积极拓展上海和浦东交通、通信、信息等方面的枢纽口岸功能；充分发挥浦东证券、金融、产权交易等要素市场的作用，特别是通过兴办钻石交易和黄金交易等新兴的要素市场，形成上海和浦东在资金、项目、要素配置等方面的服务功能；努力完善浦东在人才引进培训和科技开发等方面的优势，使浦东和上海成为全国面向市场经济的人才基地和科技产业化基地。

为了把上海的优势扩大到外地，形成了一条以上海为龙头，以长江干流为主轴，以长江及其支流组成的网络为骨架，以上海、南京、武汉、重庆以及一批各具特色的中心城市为支撑点的横贯东西、连接南北的产业密集带。尤其是以上海、南京、武汉、重庆为中心的四大协作区串起的整条长江经济带，更是上海龙头作用显现的精彩之笔。长江经济带内以先强起来的企业集团为发端，正通过合营、合资、控股、参股等形式，多层次、多渠道、多方面地向中西部和国内其他地区扩展。20世纪90年代以来，上海到外省市投资项目每年以20%的速度递增。到2007年，上海通过输出资金、技术、管理，在全国各地投资的企业已达4400多家。在市场的双向开放方面，新区通过功能性政策的先行先试，率先向国际、国内开放了金融市场、贸易市场、商业市场、房地产市场、人才和劳动力市场，提高了社会资源的市场化配置程度，扩大了浦东的对外开放度和市场准入度，使浦东成为国际、国内两个市场的重要连接点。浦东对外开放的每一步深化都为长江流域的进一步开放提供了条件，并且促进了各省市之间的相互开放。浦东正成为国际贸易的一个集聚地，成为对生产要素进行优化配置的重要市场。同时为整个长江流域的发展提供了很好的契机。以上海为枢纽的市场体系迅速向长江中上游地区推进，加快了内地市场经济成熟的步伐。

四、坚持加强"三个服务"

浦东开发开放也为整个长江流域的发展提供了很好的契机。到 20 世纪末，长江三角洲已崛起了迅速发展的城市群，长江流域的江苏、浙江、安徽、江西、湖南、湖北等地都跨入了高速增长的行列，成为我国 20 世纪 90 年代经济发展的重要支撑，也为中国实施西部大开发战略奠定了物质基础。

开发开放浦东后，上海把横向经济联合的重点放在改善投资环境，吸引内资共同开发浦东，推动双向联合。市委、市政府领导多次指出：浦东开发开放，要坚决打"中华牌""长江牌"，决不打"上海牌"。市九届人大四次会议通过《上海市国民经济和社会发展十年规划和第八个五年计划纲要》，提出今后十年上海国民经济和社会发展总体的战略思想是"振兴上海，开发浦东，服务全国，面向世界"，上海要为全国服务，为长江流域乃至全国经济的发展作出应有的贡献。1991 年 5 月，市政府批转《上海市鼓励外地投资浦东新区的暂行办法》，明确了投资范围、投资形式和审批办法，并在投资计划、进出口、财税、户籍、土地使用、融资等方面推出 12 条优惠政策，鼓励全国各地来上海投资建设，共同发展。上海市委、市政府提出，要形成辐射长江、服务全国、面向世界的对内对外开放新格局，上海的经济工作要实现 5 个转变：商品流通由注重自身"万商云集"向积极促进长江沿岸城市商贸共同发展转变，产业结构调整由注重内部战略性调整向积极推动长江沿岸城市产业结构优化和升级转变，基础设施建设由注重城市内部建设和改造向加强枢纽功能的重大项目建设转变，资金融通由注重吸纳向增强对长江流域以及全国各地的辐射转变，企业经营由注重商品、生产经营向开展跨地区资产经营转变。同时还提出以产业为主线、以市场为导向、以企业为主体、以资产为纽带的经济协作原则。

1992年6月，市政府进一步放宽各地在沪设立办事机构的条件，规定全国各县均可在沪设立工作处。同年7月，市政府决定，对前来浦东新区参与发展的长江三角洲及长江沿江地区的省、市及企业给予八个方面优先，即优先接纳进入外高桥保税区开展外贸业务，优先赋予自营产品出口权，优先接纳兴办金融保险业，优先允许在上海经营批发和零售商业，优先吸纳参与浦东新区南北干道杨高路两侧的开发建设，优先允许参与长江口大片地区的开发，优先开放浦东新区的房地产和建筑市场，优先给予上述地区来沪投资经营实体的人员在浦东新区落户的指标。市政府协作办还在浦东新区设点，为内资企业提供"一站式"管理和"一条龙"服务。1995年2月，市十届人大三次会议的《政府工作报告》强调：要把上海产业结构战略性调整和产业向长江流域转移结合起来，鼓励和支持上海企业在长江流域进行跨地区投资；吸引全国各地参与上海大市场建设，增强上海市场配置资源的中心作用和为全国服务的功能。1998年5月，市政府发布《关于进一步服务全国扩大对内开放的若干政策意见》，按照"降低门槛，公平待遇，重点扶植，综合配套"的原则，鼓励中央部委和兄弟省、市各种经济成分的企业特别是大企业（集团）来沪投资，注册设立企业，充分利用上海的优势条件，共享发展机遇，促进联动发展，共同繁荣。随即，市计委、市协作办等有关部门又制定实施细则和《关于市外在沪企业和大企业认证实施办法》等文件，使进一步服务全国，扩大对内开放的工作更加具有操作性和务实性。根据《若干政策意见》，浦东新区在注册、年检、资质审查、投资项目审批等方面为外地来沪企业提供"一门受理、并联审批、两次办结、一口收费"的"一门式"服务。

浦东努力成为上海服务全国的重要载体。第一，体现中心和龙头的作用，突出浦东现代化新型服务中心的特点，完善"延伸周边、辐射江浙、服务全国"的城区形态布局，健全以"航空港、深水港、信息港"

为重点的基础设施网络，强化浦东作为国内外商品流、资金流、技术流、信息流、人才流的枢纽地位。第二，增强流量经济意识，将"不求所属、但求所在"与"不求所在，但求所流"的思想有机地结合起来，把招商经济的观念拓展为流量经济的发展思路，进一步构筑发达的金融服务体系、现代化的交通通信网络，创造适合来自世界各地人员的工作生活环境，以及"进得来、留得下、出得去"的人才流动机制，进一步营造良好的创业环境。第三，重点加强对中西部地区的服务，积极贯彻落实西部大开发战略，发挥资金、信息、技术、人才等方面的优势，为中西部地区提供规划管理、企业重组、科技教育、经济信息等多方面的综合服务，深化区域合作的内涵，提高区域合作的效能，促进上海与中西部地区的联动发展和共同繁荣，努力探索出一条在社会主义市场经济条件下东西部地区协调发展的新路子。

经过 18 年的开发建设，浦东实现了经济社会高起点、跨越式的发展，成为上海建设"四个中心"的重要组成部分和地域载体，在经济转型、结构调整、功能提升过程中所作的探索、积累的经验，对上海乃至全国发挥了改革示范效应，正在并将继续承载和履行国家发展战略所赋予的新的历史使命。

第三章

推进和基本形成全方位开放格局

1992 年起，肩负着建成国际经济、金融、贸易中心之一的历史重任的上海，进入到发展的关键机遇期。为更好地充分利用国内国外两种资源、两个市场，提高对外开放水平，上海积极实施以进出口贸易为基础，商品、资金、技术、服务相互渗透、协调发展，外经贸、生产、科技、金融等部门共同参与的"大经贸"战略，大力发展外贸，扩大出口，更多更好地利用外资；以增强和发挥经济中心城市服务功能为核心，以对内开放、推进长江三角洲经济发展、对口支援等抓手，推动服务全国工作机制从过去政府主导的模式向注重发挥市场配置资源功能转变，基本形成了政府引导、市场运作、企业主体、社会参与的服务全国新格局。

第一节　大力发展对外贸易

随着国际贸易对世界经济拉动的作用不断增强，推行贸易自由化逐渐成为一种共识。为跟上这一发展趋势，上海按照粗放经营向集约经营转变、分散经营向规模经营转变、单一经营向多元经营转变、坐商经营向跨国经营转变、加强口岸贸易吸引全国货源的"四个转变、一个加强"的要求，不断深化外贸体制改革，实施科技兴贸战略和市场多元化战略，使上海的对外贸易在 1992 年至 1994 年世界经济"东热西衰"、西方发达国家普遍实施贸易保护政策的情况下，成功从低谷走出，并且经受住 1997 年亚洲金融危机的考验。

一、深化外贸体制改革

经过 20 世纪 80 年代放权、让利、分散、推行承包制等一系列改革，传统外贸体制产销脱节、经营统得过死的弊病得到初步改变。但在上海，一些外贸企业，特别是国有外贸企业因历史原因造成的负担相对过重，导致改革效果不明显，有的甚至出现发展迟缓的状况，影响了上海对外贸易的发展。1993年，上海市委、市政府从"对外贸易关系上海的生存和发展"的高度出发，提出上海外贸应在全国率先改革的要求，以真正发挥"外贸对产业结构调整的导向作用，推动上海经济结构战略性调整，促进高新技术产业化进程，实现上海产业结构和产业水平比全国其他地区领先一步、高一层次，重构上海的产业优势，增强上海经济发展的内在活力和动力"。[①]

1994年上海市召开对外经济贸易工作会议，对新一轮外贸体制改革进行部署，提出了深化分配改革，形成鼓励外贸出口的激励机制；组建大集团，推动外贸企业组织创新和运用经济、法律手段完善对外贸易的宏观管理等任务。外贸体制改革进入建立适应社会主义市场经济发展、符合国际规范的新型外贸体制阶段。根据国家放开经营的外贸体制改革原则，上海进一步扩大进出口自营权，赋予有条件的大中型企业和企业集团外贸自营权，调动他们的生产积极性和适应国际市场的能力；赋予中百一店、华联商厦、友谊商店、食品一店、豫园商场等国营大中型商业、物资企业进出口经营权，以深化流通体制改革，增强国有大中型商业、物资企业的活力；赋予科技单位进出口经营权，推动上海出口产品技术水平的提高，促使更多的企业转换经营机制，真正成为国家宏观政策指导下的进出口商品经营者。拥有外贸自营权的企业数量大幅增加，有自营进出口权的生产企业（集团）从1992年的46家增加到2001年的3万多家。

为帮助外贸企业建立起与社会主义市场经济体制相适应的"产权清晰、权责明确、政企分开、管理科学"的现代企业制度，上海在1994

---

① 黄菊：《在探索中前进》，中共中央党校出版社1999年版，第280页。

年开始结合建立现代企业制度试点，组建外贸企业大集团，实施组织创新，提高经济规模和效益，以适应世界经济国际化、集团化的发展趋势。上海组建外贸大集团的模式主要有四种：一是贸贸结合，如由上海丝绸、服装、纺织、家纺、针织 5 家进出口公司组成的东方国际有限公司；二是贸工结合，如上海机械设备进出口公司紧紧依托上海机电工业向综合商社的方向发展；三是贸股结合，如 1993 年被批准为全国首家公开上市的兰生股份有限公司；四是中外结合，如上海斯迈克有限公司。1995 年上海开始对国有大中型外贸企业进行"公司化"改制，以理顺产权关系。许多企业都进行了内部结构重组，大力发展子公司和分公司，划小核算单位，加强两级核算。1996 年，上海依照国务院《关于设立中外合资对外贸易公司试点暂行办法》，以东方国际、兰生、轻工集团为试点，筹划组建中外合资贸易公司，为加快外贸专业公司功能性改造和体制改革探索新路。1997 年 8 月，上海东菱、中技—鲜京、兰生—大宇和利可等国内首批中外合资贸易公司成立。2000 年，上海围绕形成多元投资体制、建立现代企业制度的目标，采取上市、中外合资、跨行业投资合作等方式，建立新型外经贸公司，并鼓励有经济实力的国有企业、民营企业收购外贸企业。到 2001 年年底，全市国有外经贸企业完成改制，并在不同程度上实现跨地区、跨部门、跨所有制的资本联合，形成了一批以东方国际、兰生、外经和东浩为代表的外贸大企业集团。

与推动外贸企业改革使之成为外贸市场的真正主体相适应，上海还加大了相关政府职能的转变，关键内容是减少政府行政审批，加强社会服务，按照政企分开的原则，"该管的管，该放的放"。1994 年，率先试行市场机制与企业自主、政府监督相结合的分配制度，给企业以劳动用工和分配自主权，提高了企业经营出口的积极性。同时，加大对外贸企业的扶持力度，不是放了就撒手不管。通过建立外贸出口的资金支持体系，在资金投入上向外贸出口倾斜；成立上海外贸出口发展基金，用于支持扩大出口导向产品、调整口岸出口结构和出口信贷贴息。1997年，选择在浦东新区试点工业生产企业自营出口权从审批制向登记制过渡，进一步壮大自营出口队伍。1998年起，上海进一步简化外贸管理手续，许多区、县都获得了部分审批权，"网上年检""网上审批"等新的管理方式开始试行，提高了自营出口权审批工作的效率。到2001年，全市大部分区县都试行了"工商受理、抄告相关、并联审批、限时完成"的并联审批制。上海外经贸企业协会、外经协会、服务贸易协会、国际贸易促进会（国际商会）、货代货主协会等社会团体，上海外经贸服务中心、外经交流中心、国际贸易仲裁等中介机构，在政府的扶持下，开始发挥作用，成为促进上海外贸健康发展的一支重要力量。

二、转变外贸增长方式

外贸体制改革调动了企业的出口积极性，促进了对外贸易的发展。但20世纪80年代形成的高成本、低效益的粗放型外贸增长方式没有发生根本性转变，成为制约上海外贸持续增长的重要因素。为此，上海从1994年起制定并着手实施外贸出口"龙头计划"，强调计划涉及的项目和产品，必须有利于尽快形成规模经济，迅速扩大出口规模，提高上海经济循环的外向度；有利于出口产品结构的优化；有利于加快高新技术产业化步伐，培育经济发展新的生长点。到1995年，上海的货物贸易结构已经转变为以工业制成品为主。

为进一步提高出口产品的技术含量和附加值，跟上世界贸易发展呈现的国际技术贸易和国际服务贸易发展速度远远快于货物贸易的趋势，1997年开始，上海在继续深化"龙头计划"的基础上，实施"双高"产品开发计划，努力扩大高技术含量、高附加值产品的出口；实施"品牌"计划，通过利用国外品牌，特别是世界名牌，开拓国际市场，提高产品质量，培育塑造自己的品牌。经过多年的调整，上海货物贸易中初级产品贸易的比重持续下降，如农副产品等初级产品的出口比重到2001年下降到1.4%；以机电产品为主的知识密集型、资本密集型、附加值较高的产品、新技术产品在贸易中的比重逐年上升，2001年达到51.44%。

除不断调整货物贸易的内部结构外，上海还把加快发展技术贸易和服务贸易，作为转变外贸增长方式的重要抓手。1991年，上海颁布《上海技术出口管理办法》，推动了技术出口的发展。1996年制定的《上海技术出口发展目标及对策》《上海服务贸易发展目标及对策》《上海国际劳务承包业发展目标及对策》，成为促进技术贸易和服务贸易发展的重要指导。技术贸易快速发展起来，特别是技术出口获得了突破性发展。机电、仪电、纺织、轻工、化工等工业技术出口比重下降，通信、交运、计算机软件等高新技术出口增幅较大，在1998年发展成为上海技术出口的主要力量，占比达到59.75%。同时，单个技术出口项目的平均创汇量增加，表明上海技术出口已转为附加值较高的技术出口。技术出口的主体也有了新发展，自营工业企业比重降低，"三资"企业比重上升，达到70.11%。1999年，上海根据自身的产业发展状况，提出了"以推动计算机产品出口为突破口"发展自己的技术出口计划，技术贸易又有了新的质的飞跃。计算机产品成为技术贸易的出口重点，其中软件出口额在2001年首次突破1亿美元。技术进口从过去的以生产线进口及专利、专有技术转让许可为主，逐渐转为技术咨询、技术服务、计算机软件许可应用等，技术引进的领域以计算机、汽车、市政建设等为主。

服务贸易也有了新的发展，特别是国际展览业、广告咨询业、法律会计、金融服务业等新兴服务贸易实现了零的突破，成为20世纪90年代上海服务贸易发展的亮点。为创建一个有利于服务贸易发展的环境，1996 年上海在市外经贸委设服务贸易处，专门负责服务贸易发展的推进工作。这是全国各省市外经贸厅（委、局）机构设置中的第一个服务贸易处。从服务贸易涉及面广的特殊性出发，在全国率先筹建成立国际服务贸易行业协会，发挥行业协会在发展服务贸易中的作用。1997 年，上海又在全国第一个提出"服务贸易与货物贸易并举"的外贸工作指导方针，服务贸易根据城市的功能定位，领域不断拓展，结构趋向合理。国际旅游、劳务输出等传统服务贸易在上海服务贸易中的比重和增长速度呈下降趋势，广告、人力资源、房地产、邮电、会展、电脑软件服务等新兴服务贸易成为上海服务贸易的主体。上海举办的国际展览会数量在 1997 年首次突破 100 个，1999 年到达 150 个，国内各类展览会也发展到上千个。服务业增加值占全市国内生产总值的比重从 1978 年的 18.6% 增加到 2001 年的 52%。法律服务、广告咨询、商业、房地产等服务行业的对外开放度有所扩大，吸收外资份额不断增加。外贸出口从过去主要依靠劳动密集型产品为主转向了依靠技术密集型产品为主，对外贸易初步形成了货物贸易、技术贸易和服务贸易三位一体的协调发展局面。

三、形成多元外贸市场

市场多元化战略，是大经贸战略实施过程中必不可少的子战略，有利于减少市场过于集中带来的风险。20 世纪 90 年代初，上海的外贸市场主要集中在亚洲、欧洲和美洲。在世界经济一体化和贸易保护主义不断加强的背景下，这不利于上海外贸有效规避风险，保持平衡发展。为此，上海在巩固和扩大欧盟、美国、日本和中国香港地区等传统市场的同时，不断开拓西亚、中东、拉美、非洲、东欧、独联体等新兴市场，推动上海外贸市场呈现出多元化的发展态势。

亚太地区出口市场的开拓。资源丰富、人口众多、交通便利、文化价值观念接近的亚太地区，不仅有着世界重要的经济发达国家——日本，还有着诸如亚洲"四小龙""四小虎"等新兴工业国家和地区，它们的快速发展构成世界经济发展重要的增长极，也成为世界重要的资金、物品吸纳地。因此，这些地区从 20 世纪 80 年代以来，就一直是上海重要的出口市场之一。1990 年上海出口到亚太地区的商品金额为 20.09 亿美元，2001 年攀升到 138.78 亿美元，年均增长率达到 49.23%。1997 年亚洲金融危机爆发后，上海除继续稳固在中国香港、日本等地的出口份额外，积极发展对中国台湾地区、东盟的贸易，对中国台湾地区贸易所占份额从 1993 年仅占亚太地区市场份额的 1.9%，提高到 2001 年的 4.4%；在东盟国家的出口市场金额从 1993 年的 3.8 亿美元增加到 2001 年的 22.1 亿美元，占亚太地区市场份额的比重达 15.95%。

西欧、北美出口市场的开拓。西欧、北美是世界经济最为发达的区域，上海在 20 世纪 80 年代对这一外贸市场的开拓层次比较低，且以进口为主。进入 20 世纪 90 年代，为更好地发展北美、西欧市场，市政府加大了对该地区的市场开拓的扶持力度，在 1994 年成立欧洲海外集团公司，与上海在美国的海外集团公司共同形成覆盖北美、西欧地区的营销网络。1995 年，上海又组织了以副市长为团长的经贸团，对西欧进行友好访问，之后形成一种制度性行为，每年都会组织一支由一位副市长带队的经贸团对西欧、北美地区进行经贸访问，为开拓这两大市场奠定了基础。上海对北美地区的出口总额从 1990 年的 9.57 亿美元发展到 2001 年的 63.13 亿美元，占上海出口总额的比重为 22.85%。上海对西欧地区的商品出口也从 1990 年的 8.38 亿美元增长到 2001 年的 48.51 亿美元。对北美、西欧地区的出口商品种类也有了很大的改变，机电、电信设备、音像设备及其零部件的出口比例大增，成为这一时期上海对西欧、北美等地区的出口主导产品。

拉美、中东、非洲、大洋洲等新兴外贸市场的开拓。进入 20 世纪 90 年代,非洲国家为了改变其经济发展的困境,开始进行改革,最为突出的是"南部非洲发展共同体"的成立,标志着非洲经济开始朝着经济一体化、区域化的方向发展。为了促进非洲经济发展,该共同体出台了一系列有利于贸易自由化的改革措施,这些改革措施不仅促进了非洲经济的复苏,也使该地区成为全球尤其是西方发达国家关注的又一大市场。非洲地区巨大的发展潜力同样也吸引着上海的目光,如何利用非洲地区与上海经济的互补性和非洲经济改革提供的市场进入条件,成为上海与非洲地区发展经贸互动的关键所在。在市委、市政府的引导下,1990 年起上海与非洲地区的经贸互动有了新发展。首先是对非洲商品出口增加,1990 年上海在非洲的商品出口金额止跌复增,1994 年达到 2.14 亿美元,1996 年突破 3 亿美元大关,2001 年又有新的突破,达到 6.20 亿美元。

与非洲相似的是,中东、独联体、东欧地区也有着丰富的自然资源。因受政治因素的影响,之前上海与这些地区的经贸互动减少,特别是在 20 世纪 80 年代末期上海在独联体、东欧地区的出口额降到了历史最低水平。为了利用自身劳动力丰富、产业门类齐全、经济发展良好的优势来换取所需的资源,上海积极恢复和拓展中东市场,向中东地区出口轻纺、五金矿产、土特产和少部分机械设备等工业制成品,从中东地区进口石油、石化产品、金属、化肥等工农业生产所需的原材料。1995 年起,随着我国与独联体、东欧国家关系的恢复和发展,上海积极开拓独联体新市场,建立广泛的销售网络。到 2001 年,与上海有商品往来的独联体、东欧国家有俄罗斯、格鲁吉亚、亚美尼亚、塔吉克斯坦、波兰、匈牙利和捷克等。

与拉美地区的经贸关系,在 20 世纪 80 年代因产业结构较为接近,相互间的贸易发展一直较为欠缺。进入 20 世纪 90 年代,随着上海对其他市场，尤其是苏东地区贸易额的大幅度下降，拉美重新成为被关注的地区之一。上海与该地区的贸易从 1998 年起，一改贸易逆差局面，进入到出口大于进口的贸易顺差阶段。上海出口到拉美地区的商品除继续保持原有的纺织制品出口优势外，还形成了运输设备、机电、音像设备及其零部件、化工产品等新的出口优势。出口的主要国家，也由过去的智利、墨西哥两国发展到巴西、巴拿马、墨西哥、智利、阿根廷、洪都拉斯、哥伦比亚等多个国家。与大洋洲地区的经贸关系也在 1995 年开始起步，1997 年随着亚洲金融危机的爆发，得到进一步加强。到 2001 年，上海与大洋洲地区主要国家澳大利亚、新西兰的贸易额达到 13.63 亿美元，占当年上海进出口总额的 2.24%。

上海外贸市场多元化格局已形成。与上海有经贸来往的国家和地区从 1990 年的 171 个发展到 2001 年的 217 个。对外贸易的规模迅速扩大，1993 年首次突破 100 亿美元大关，达到 127.18 亿美元，此后更是快速增长，于 2001 年达到 609 亿美元。进出口依存度，从 1989 年的 42.36% 上升到 2001 年的 101.73%。

第二节　积极有效利用外资

尽管在对外开放的方针一经提出之时，上海就开始了利用外资的大胆探索。但在 20 世纪 80 年代末期，无论是利用外资的规模，还是利用外资的质量都还处于较低的层次，未能发挥出促进经济增长、提升工业及技术水平的作用。党中央、国务院做出开发开放浦东的重要决策，为上海更好地利用外资提供了难得的机遇。整个 20 世纪 90 年代，上海通过改善利用外资环境、拓展利用外资渠道、优化利用外资结构，积极合理有效地利用外资，不仅弥补了内部建设资金的缺口，扩大了生产能力，改善了城市环境面貌，而且引进了先进的生产技术、管理理念和大批人才，加快了上海高新技术产业的形成和发展，把上海的整体工业技术水平向前推进了10—20年，使上海成为我国经济开放的亮点。

一、改善利用外资环境

1991年，为了更好地利用外资推进浦东建设，利用浦东开发开放的机遇推进上海市的外资利用，上海市委、市政府明确指出，要充分利用浦东新区的优惠政策，多形式、多渠道、多层次地吸收外资。1992年4月起，为进一步调动各方面利用外资的积极性，上海进一步下放外商投资项目的审批权限，以改善上海利用外资的环境。总投资在500万美元以下的中外合资、中外合作项目（包括鼓励类项目、允许类项目和限制类项目）的项目建议书、可行性研究报告和合同章程，均由区、县、局负责审批；总投资在500万美元以下的外商独资项目，由项目所在地的区、县负责审批。位于经济技术开发区的外商独资项目，则仍由市外资委负责审批；总投资在500万美元以下的外商投资，包括原来由市外资委审批的企业，如果履约和经营情况良好，需要增资，扩大经营范围，以及需要修改合同、章程，且增资后总投资不超过500万美元的，由区、县、局负责审批。其他如规划、土地、环保等相应的权力也一同下放。各区、县、局的积极性被极大地调动起来，提高了外商投资项目的审批效率。1992年上海利用外资数呈现飞跃式发展，一年批准的项目数和引进的资金额都超过前12年的总和。

1993年，上海继续扩大区、县、局审批外资项目的权限，抓好已批项目的投产和达产工作，提高开工率、资金到位率和利用外资的效益；继续加强招商工作，完善投资环境，健全投资法规和政策，为外商投资经营提供更方便的条件和法律保障。1994年，在着力抓好外资到位率的同时，积极探索利用外资加快城市基础设施建设的新路子，实行投资倾斜政策，确保浦东开发项目、重大市政基础设施项目、高新技术产业项目、重大技改项目、已签订合同的利用外资项目的建设；采取争取外贷和外援工作两级政府、两级管理的新方法，使上海利用外国政府贷款、赠款和国际组织无偿援助工作取得较大的进展。

1996 年是上海实施"九五"计划的第一年，为能在国家经济宏观调控的大背景下更好地利用外资，上海提出利用外资的"三原则"：一是坚持利用外资推动经济发展，二是坚持利用外资与产业导向紧密结合，三是坚持引进与创新紧密结合。但从 1997 年起，上海利用外资工作开始面临严峻考验。亚洲金融危机不仅使很多亚洲国家陷入发展困境，无力进行海外投资（而亚洲国家和地区的投资在上海所利用外资中占有相当大的比重），也使其他国家和地区的资金对包括中国在内的亚洲市场信心不足，很多外商处于观望状态，更有不少外商从亚洲撤资或减资。为尽量减少亚洲金融危机对上海利用外资工作的影响，市委、市政府认真分析国内外经济发展趋势，形成了努力保持利用外资持续、稳定的发展势头和提高利用外资的质量和效益的工作思路，加大投资环境特别是投资软环境的改善力度，完成了《对外经济贸易立法框架》初稿，提出并实施外资审批"一站式"服务，试行"一口式"收费，对总部设在上海的跨国公司给予财政支持，试行海外部经理制度等，以稳定在沪的外资企业。1998 年，上海进一步清理、整顿对外商投资企业的不合理税外收费；突出"三个重点"，加大在工业、高新技术产业、现代农业和基础设施等重点领域，对欧美等发达国家和地区、大型跨国公司等重点对象的招商引资。

1999 年，上海将招商引资工作从政府部门中分离出来，按照国际通行方式，成立专门的外国投资促进中心，从而提高招商引资工作的效率和水平；出台《上海市外商投资企业享受技术密集型、知识密集型项目优惠待遇的办法》，进一步鼓励外商向技术密集型、知识密集型产业投资；提高出口退税率，帮助外商投资企业克服经营活动中的困难，使外商投资企业的经济效益明显好转。外商直接投资的形式也逐渐发展成为独资为主，中外合作和中外合资为辅的状况。

二、拓宽利用外资渠道和形式

1992 年，党中央提出"按照产业政策，积极吸引外商投资，引导外资主要投向基础设施、基础产业和企业的技术改造，投向资金、技术密集型产业，适当投向金融、商业、旅游、房地产等领域"的发展思路，为拓宽利用外资渠道和形式指明了方向。以此为指导，上海结合自身的发展需要，把"多形式、多渠道、多层次地吸收外商及港、澳、台商的直接投资"作为利用外资的重要内容，持续不断地进行实践。

首先是中国台湾地区投资发展迅速。1992 年台湾来沪的投资企业达到 426 个，是 1990 年以来台资增长最为迅速的一年，成为台湾投资企业数位居上海所有外资来源地第二的一年。1995 年，随着上海利用外资环境的不断改善，经济发达国家，特别是日本日益重视对上海的投资，1996 年成为仅次于中国香港的外资第二主要来源地，1997 年又一举成为来沪投资项目和金额位居第一的国家。其他国家和地区，特别是欧美等发达国家对沪投资也快速增长，丹麦增长了 68 倍多，比利时增长了 15 倍，法国增长了 4 倍多，意大利和荷兰均增长 2 倍。巴西、阿根廷等拉丁美洲国家也开始成为上海利用外资的来源地。

1997 年爆发的亚洲金融危机，使上海市委、市政府进一步意识到必须对上海的外资利用状况进行调整，特别是要解决资金来源地过于集中在亚洲的状况。北美、西欧地区开始成为上海拓展外资渠道的首选。上海通过进入经贸部的经贸专用网进行网上招商，汇集市国家级开发区、市级工业区推进的项目进行联合招商，推动国有大中型企业与相关的国外跨国公司或大中型企业建立联系"结对子"等方式，使 1998 年全年吸收欧美地区的合同金额达到 35.17 亿美元，比 1997 年增长了 66.24%，在一定程度上抵消了亚洲投资下降带来的影响。1999 年，上海在继续把欧洲、美国作为招商重点地区的同时，作出了扩大招商地区，到国外工业科技基础好、与我国合作潜力大但以往少去或未去的地区招商的决策，推动引进外资渠道继续有新的拓展。苏丹、塞内加尔、印度、圣克里等原来与我们没有外经贸往来的国家成为上海新的外资来源国，到 2001 年，到上海投资的国家和地区达到 95 个。

随着外资来源地的变化，利用外资的形式也相应发生了变化。土地批租规模扩大。1992 年起，为进一步扩大利用外资规模，上海提出要在土地使用权有偿转让的基础上，鼓励外商投资房地产产业，运行经营外销房和内销房业务，土地批租迅速发展起来，并与旧区改造、浦东开发紧密结合起来。其中浦东的三个开发区是上海首例以成片出让方式批租的。1993 年成为上海土地批租面积最大的一年，全年涉外批租土地 250 幅，出让土地 4900 多万平方米，同时，批租用地结构有所调整，花园别墅用地明显下降，工业用地上升较快。1994 年是上海批租地幅最多的一年，全年出让土地 445 幅，出让面积 1304 万平方米，其中拆迁危、简、棚屋面积 23 万平方米。1995 年，上海开始调整土地批租政策，颁布《上海市利用外资开发经营内销商品住房规定》，进一步调动外资开发经营内销商品住宅的积极性。在政策的引导下，外商开始从集中投资高档宾馆、高级商住房逐步转向内销房、平价房开发，全年批准 30 多块土地。2001 年《上海市土地使用权出让办法》正式实施，推动上海土地批租向着更加规范化的方向发展，并出台了《关于本市内外销商品住房并轨的若干规定》，实行土地供应方式并轨。

1993 年上海开始尝试利用外资建设城市基础设施，首次采取 BOT（build-operate-transfer）形式建设延安东路隧道复线。该工程是由上海市黄浦江隧道建设公司与中国国际信托投资（香港集团）有限公司合作成立的上海中信隧道发展有限公司投资 14 亿元人民币建设的，并取得对延安东路隧道的 30 年专营权。1995 年起，郊区也积极尝试利用 BOT 形式，加强基础设施建设，如闵行用 BOT 方式批准的轻轨项目，投资额达 2.8 亿美元。1996 年全线通车的沪宁高速公路上海段实行专营管理是上海实行 BOT 模式利用外资的又一成功范例。为确保合作公司在专营期内的正常经营和管理，规范合作双方的权利和义务，上海市人民政府在 1996 年 12 月发布《沪宁高速公路（上海段）专营管理办法》，为合作公司的经营活动提供法律依据和保障。

此外，利用国际资本市场筹集外资是中国顺应国际金融市场一体化、证券化及国际资本市场筹资债券化趋势而开辟的利用外资新渠道。1991 年中国首先在上海推出向外国投资者发行 B 股的试点，即上海真空电子公司成功发行 1 亿元面值人民币特种股票（B 股）。1992 年又有二纺机、中纺机、大众出租、永生制笔、氯碱化工、轮胎橡胶、中国铅笔、胶带总厂、冰箱压缩等企业发行 B 股，组建中外合资股份有限公司。1993 年，上海进一步扩大 B 股发行规模，有金桥、外高桥、联华等 13 家企业向海外发行 B 股；1994 年则有工缝、上菱、钢管等 10 家企业向海外发行 B 股。1995 年又有 5 家企业发行 B 股。随着我国大型国有企业股份制改革试点工作的推进，一种新的在境外发行债券的形式——H 股开始出现。1993 年上海金山石化公司首先在中国香港发行 H 股，并将其 H 股的一部分转化为美国存托凭证在美国配售。1996 年上海又开始尝试利用红筹股筹资，将其在香港的窗口公司改组并在香港成功上市"上海实业"，成为探索企业进入国际市场筹集资金的又一新渠道。上海还积极探索试办和发展共同基金、投资信托等各类海外机构投资，按照国际惯例运作更多地吸引外资；允许跨国公司参与国有企业的并购，汇丰控股有限公司收购上海银行 8% 的股权，成为第一家吃螃蟹的外资银行；积极吸引与大项目配套的中小型项目，推动私营企业利用外资，在各个层面上推进利用外资工作。到 2001 年，上海已基本形成了多形式、多渠道、多层次的利用外资新格局。

三、优化利用外资结构

1992 年《上海市政府工作报告》首次提出三二一的产业发展方针后，相应的利用外资的结构也需要跟着进行调整。为此，上海在 1993 年提出"探索和扩大第三产业利用外资""吸引海外金融机构、跨国公司和著名企业集团将地区总部迁至上海"的利用外资要求，于 1995 年最终形成"坚持数量和质量并举、'二产'和'三产'并举、新批项目和现有三资企业增资扩股并举的方针，更好地把利用外资同加快产业结构和产品结构调整、提高经济技术等级、增强商品出口能力紧密结合起来"的利用外资方针，为更多的海外金融机构、跨国公司和著名企业集团总部进入上海创造了必要的条件。

在商业领域，开工建设了我国第一家中外合资商业零售项目——中日合资上海第一八佰伴商业有限公司"新世纪商厦"，批准成立我国首家中外合资批发企业——上海百红商业贸易有限公司；在金融领域，成立了新中国成立后上海第一家中外合资银行——上海巴黎国际银行，成立了首次批准成立的外国保险公司——美国友邦保险有限公司上海分公司；在外贸领域，批准了多家外资贸易公司和中外合资贸易公司；在服务业领域，试办了留学生学成回国投资的咨询服务性项目。并在开拓第三产业方面有了新的尝试，如批准成立了首家中外合作上海新索音乐有限公司、首家从事数码电影放映的合资公司——上海永乐广裕影城有限公司及门类齐全的中外合资综合性医院——上海浦东华山医院有限公司、外商独资的宜家采购（上海）有限公司等。区县吸引外资的积极性也被调动起来，第一产业和乡镇企业开始成为新的利用外商投资的亮点。1993 年上海市郊 6 县共利用外资项目 1058 个，协议吸收外资

9.68 亿美元，上海郊区乡镇企业半壁江山由"三资"企业占据。浦东新区更是成为外商投资的热点地区。

1996 年起，上海在肯定上阶段实践的基础上，提出要"继续吸收国际跨国公司投资，建设一批技术含量高、规模优势大、经济效益好的大项目，推动支柱产业、现代农业和高新技术产业发展。要按照市场经济通行规则，改善投资环境，争取更多的国际著名大集团、大银行把中国总部、地区总部迁到上海"。由于注重引进外资的高质量、大规模，吸引的外资项目开始逐步向在技术上具有世界领先水平或填补我国空白的新兴产业上集中，如大规模集成电话、光纤通信材料和设备、空调压缩机、数字程控交换机、移动电话基站及终端设备、传真机、摄录一体机、精细化工等，推动上海利用外资工业大项目的结构逐渐从过去的以轻纺工业为主转向以重化、机电工业为主；从劳动密集型项目转向技术密集型和资金密集型项目；从一般性项目转向上海市六大支柱产业或鼓励外商投资的产业，不仅保证了上海利用外资规模的持续增加，而且带来了先进设备、技术工艺流程和管理经验，对上海产业结构调整和产品升级换代有一定的促进作用。如美国通用汽车公司与上海汽车公司共同投资组建专门生产"别克"97 型汽车的合资企业，极大缩小了中国与世界轿车工业的差距；上海第四制药厂引进半合成 β- 内酰胺类抗生素生产技术和关键设备项目，成为国内规模最大、技术最先进的半合成抗生素药厂；上海长途电信局与美国一公司合作开发"计算机语音信息处理系统"及德国 TEMIC 公司与上海有关单位共同投资 1000 万美元成立专门生产厚膜电路的微电子公司等。与此同时，一批跨国公司地区总部和跨国公司研发中心开始落户上海，如惠普在上海设立软件开发中心，雀巢在上海设立研发中心，爱立信通信软件研究开发有限公司落户上海；英国的联合利华，美国的花旗银行、爱默生电器、百事集团的肯德基，澳大利亚的太平洋邓禄普，日本的八佰伴集团等在上海设立中国总部，等等。

大项目、跨国公司总部的引入，也使上海的利用外资工作在亚洲金融危机中所受影响不大。1996 年 1000 万美元以上的外资项目合同金额为 43.57 亿美元，占全市外商投资比例为 75.02%；1997 年 1000 万美元以上的外资项目合同金额为 40.07 亿美元，占全市外商投资比例为 75.32%；1998 年 1000 万美元以上的外资项目合同金额达到 45.51 亿美元，占全市外商投资比例为 77.82%。这些大项目的许多零配件零部件的配套厂、联营厂遍及全国各地，产生了很强的地区经济带动效应。如上海大众国产化率达到 90% 以上，上海飞利浦光盘驱动器项目产品国产化率超过 70%。上海利用外资的结构得到优化，小项目、小金额的外资项目所占比重逐渐下降，引进的大项目、跨国公司投资的项目向着高标准、高质量发展。

第三节　稳步开展对外经济合作

上海要在日益全球化和协作化的世界经济中占据一席之地，除了积极发展对外贸易、利用外资外，还需要更加主动地参与国际竞争与国际经济合作，发展对外经济与合作，实现国内经济与国际经济互补互利。为此，上海从 1986 年就开始采取灵活多样的经营方式，不断打开国际经济合作的局面，特别是在对外工程承包和劳务合作方面取得了许多新进展，并有选择地开展了海外投资合作。

一、对外工程承包和劳务输出

对外工程承包与劳务输出是中国同第三世界国家以及其他国家之间发展政治、经济友好关系的一条有效途径，是从改革开放前的对外经援工作发展而来的。作为中国重要的经济中心，上海很早就被国家赋予发展对外经援的光荣任务。改革开放后，上海按照党中央、国务院提出的调整援外支出比例，改进援助方式，积极发展对外工程承包和劳务合作的要求，积极发展对外工程承包和劳务合作。

1992年，为改变过去外经与外贸割裂的状况，上海先后赋予上海对外经济技术合作公司商品进出口权，在浦东设立申合贸易公司，批准上海机械进出口公司和机械设备进出口公司兼营对外工程承包和劳务合作，并在出台的《关于进一步深化改革，扩大开放，加快本市外贸发展的措施》中，提出要进一步争取扩大对外承包工程和劳务合作的渠道，组建由市外经贸委牵头、市有关部门参加的民间劳务协调小组，统一协调全市民间劳务输出工作。抓住亚太地区特别是东南亚等中等发达国家（地区）因产业结构调整、对外来劳务存在很大需求的机遇，赋予有条件的企业及其他机构以外经经营权，促使更多的企业投入对外工程承包和劳务输出业务中。

1996年，上海按照变"产地销"为"销地产"的思路，把发展海外投资和工程承包、带动成套设备和生产线出口作为一项重要的工作来抓。在政府的推动下，上海在亚太地区的工程承包业务首先获得突破性发展，不论是数量还是承包地都呈扩大趋势。工程承包数从1994年的60个增加到1999年的1614个。2000年数量虽有所下降，但承接超过1000万美元的大项目数量增加。工程承包的国家与地区从过去的泰国、新加坡、老挝和柬埔寨以及我国的香港地区，发展到马来西亚、印度尼西亚、日本、越南、朝鲜、印度等国家以及我国的澳门地区。1997年起，对外经济与合作成为上海实现"繁荣和繁华看市区，实力和水平看郊区，地位和作用看海外"的重要支撑点。为此，上海加大了在造桥、建楼、电站设备制造与成套工业设备等方面的工程承包。积极发挥上海的品牌、管理、技术和人才等无形资产的优势，加大发展北美、西欧地区和非洲地区的对外工程承包工作力度，组织了由英国工贸部长参加的英国投资环境介绍会，为企业开路和解决实际困难提供各种服务；抓紧确定一批与扩大贸易有关的工程承包等重点项目，并制定立足南非、以点带面、逐步推进的具体目标和措施。1998 年，上海又多次组织了涉及单位和工程承包单位联手开拓国际市场的研讨会，举办相关的培训班，组织企业赴南美、东南亚和非洲等地区考察；完成外经信息上网的第一阶段工作，为企业提供信息服务；出台中国第一个外派劳务行业规范——《上海市外派劳务合作规范》。1999 年，为给外经企业联手开拓国际承包工程市场创造条件，建立"对外工程承包专业委员会"。上海对外劳务输出的人员层次也逐渐从过去的一般体力劳动者向中高层次的技术型、管理型发展；对外劳务输出的渠道，在官方对外劳务输出增速发展的同时，民间劳务输出，即劳工持有个人雇佣合同去海外就业开始蓬勃发展。

二、探索海外非贸易性投资

海外非贸易性投资，是全球化趋势下一国或地区参与国际经济的重要形式。20 世纪 90 年代，为了提高上海海外企业的总体实力，上海市政府在 1991 年 5 月成立上海海外公司，统一行使审批海外企业的职能，并代表市政府管理上海市在海外贸易机构的国有资产。上海企业的海外非贸易性投资在政府的指导和推动下，逐渐发展成为自觉行为。

1993 年，上海市政府出台《为了进一步理顺上海海外公司管理体制的通知》，明确"上海海外公司作为上海各国际集团公司的总部和企业化母公司，上海各国际集团公司的改革方案、重大投资决策、机构网点的设置以及业务经营中的重大问题，要及时向其报告，并接受其指导和监督；恢复上海海外公司的进出口贸易权，同时由上海海外公司代理上海各国际集团公司在国内的业务"。这之后，上海企业的海外非贸易性投资，开始朝着全方位的方向发展。如上海市食品进出口公司在已有的中国香港地区、美国、日本、阿联酋4个海外市场点的基础上，到澳大利亚、德国设点开办公司，直接进入国际销售网，参与国际竞争。区县企业也开始发展海外企业，进行跨国经营，如嘉定区在我国香港地区和阿联酋各设立了1家企业经营进出口贸易；普陀区在国外注册3家企业实现对外投资零的突破；金山县在马来西亚和中国香港地区创办了自己的企业，作为对外经贸的窗口。

1995年，上海针对海外企业存在的"资产模糊、体制不顺、规模弱小、功能单一、经营不活"等问题，按照资产管理与行政管理分离的要求，对已有的414家海外企业进行整顿和调整。1996年在整顿调整的基础上，进一步推进海外企业改制，把海外企业的运行机制同所在国的法律、法规和规范衔接起来；推动海外企业走联合道路，组建地区总部，实现规模经营；管好用活海外资金，确保国有资产保值增值。一些企业集团开始在北美、西欧、大洋洲地区进行生产性投资的实践。

1997年党的十五大从全局的高度提出了中国企业进行海外投资的新要求，即有计划地组织国内企业对外投资，支持那些能够充分发挥我国比较优势的对外投资企业，进行规模经营。上海的海外直接投资步伐加大。1998年，上海制定出台《上海市进一步扩大企业对外投资、加快拓展国外市场的若干意见》，提出要"先投资规模小、适应性强、见效快的项目，再逐步投资大中型实业项目"的发展策略。上海企业的海外非贸易性投资的行业从以轻纺、家电、医药、食品、机械行业为重点逐步向电子、化工行业拓展；投资的规模从以规模小、适应性强、见效快的项目为主逐步向大中型实业项目发展；投资的深度从以利用当地资源、劳动力生产加工为主向利用当地的市场、信息、人才资源获得技术专利，再由上海组织生产后返销至这些国家地区转变。

1999 年，市外经贸委确定了更加系统地促进海外投资经营的措施，一是实施"一个转移，设立三个中心"，即转移长线产品和生产线，到海外投资设立存仓分拨中心、产品设计咨询中心、机电产品维修中心，推进海外投资和带料加工业的发展；二是加入国际商业连锁网络，成立国际连锁营销促进工作组；三是政府的相关机构主动与英国、荷兰等国家的有关机构联合举办多期海外投资环境讲座，为上海的海外投资开路。至 1999 年年底，上海海外企业已达 545 家，其中贸易性海外企业 245 家，非贸易性海外企业 300 家，分布在世界 70 个国家和地区，投资总额达 4.27 亿美元。从 1981 年上海第一家海外企业在瑞士诞生以来，上海海外企业经历 20 年的发展，已粗具规模，形成了六大海外集团以及 10 家区域性的海外总部和 1 家跨国企业集团。参与海外投资的企业呈多元化趋势，从原先清一色的国有外贸企业发展到多种成分的企业共同拓展海外市场的新格局。

第四节　做好"服务全国"大文章

上海是全国的上海，上海的发展离不开全国人民的支持。融入全国、服务全国是上海立足全国大局、推进区域协调发展的重大政治责任，也是顺应经济发展规律、在更高起点上实现更大发展的战略选择。改革开放以来，上海按照党中央、国务院的总体部署，以增强和发挥经济中心城市服务功能为核心，以对内开放、推进长江三角洲经济合作、参与西部开发及开发式扶助边疆地区为实施平台，推动服务全国工作机制从过去政府主导的模式向注重发挥市场配置资源功能转变，基本形成政府主导、市场运作、企业主体、社会参与的服务全国新格局。

一、开展东西部扶贫协作和对口支援

由于我国幅员辽阔，各地区的发展很不平衡，"在西北、西南和其他一些地区，那里的生产和群众生活还很困难，国家应当从各方面给以帮助，特别是要从物质上给以有力的支持"。[①]1979 年 1 月，党中央、国务院召开全国边防工作会议，正式提出组织内地发达省、市对口支援边境地区和少数民族地区的工作要求，其中上海对口支援云南、宁夏，从此拉开上海对口支援工作的帷幕。

1979 年至 1982 年，为尽快转变对口支援地区十分贫困落后的状况，改善对口支援地区的基本生产生活条件，上海从服务全国的大局出发，在自身发展尚比较困难的情况下，组织落实嘉定、南汇、上海三县和云南的楚雄、文山、德宏三个少数民族自治州之间的对口支援。上海与云南、宁夏两个对口支援省份共签订技术支援项目 236 个。云南到上海进行技术考察、培训 512 人次，上海去云南传授技术、现场指导 312 人次；教育卫生系统还派出讲学团和教师赴滇讲学任教。[②]

1984 年，中央召开第二次西藏工作座谈会，做出由北京、天津、上海等 8 省市支援西藏的决定。西藏成为上海对口支援的又一重要内容。上海按照"扬长避短、互利互惠、互相支援、共同发展"的原则，充分利用自身的技术、管理优势，派工程技术人员、教师，帮助云南、宁夏、西藏对口支援地区提高技术、管理水平和培养人才。

1990 年，党的十三届七中全会通过《关于制定国民经济和社会发展十年规划和"八五"计划的建议》，明确"经济比较发达的沿海省、

---

① 《邓小平文选》第 2 卷，人民出版社 1994 年版，第 152 页。
② 上海市人民政府协作办公室：《上海内联 1982—2001》，第 196 页。

市，应当分别同内地一两个经济比较落后的省、区签订协议或合同，采取经验介绍、技术转让、人才交流、资金和物资支持等方式，负责帮助他们加快经济发展"的对口支援工作方针。1992年召开的三峡工程库区移民对口支援工作会议上，确定上海对口支援四川省万县地区和湖北省宜昌市，并以万县地区的万县市（现在的重庆市万州区五桥移民开发区）和宜昌市的宜昌县（现在的湖北省宜昌市夷陵区）为重点。为了帮助库区移民在较短的时间里初步建立起基本的生产生活条件，上海发动区县的积极性，相继援建了邮电大楼、环保监察中心、妇幼保健院、青少年活动中心、广播电视发射中心、工商行政大楼等一批公共设施，改善了移民开发区的基本生产生活条件。

1995年6月，全国扶贫开发工作会议召开，再次明确上海与云南建立对口帮扶关系，1996年进一步明确上海重点搞好对口支援云南的红河、文山、思茅3个地州国家级贫困县的扶贫开发任务后，上海在总结以往经验的基础上，积极转变思路，制定《上海——云南对口帮扶与经济协作"九五"计划纲要》，首次明确提出以强化造血功能项目建设为抓手的帮扶思路，通过建温饱试点村、种养殖基地、培训中心、科技中心、安居工程和推行小额信贷等方式，帮助农户提高综合素质和生产技能，改善生产生活条件。1998年开始，上海在云南对口支援地区开展温饱试点村建设，即帮助每个试点村建设小水塘、小水坝、小水窖、小水池等"五小"水利工程设施，以及道路、沼气池、水利设施（沟渠）、地面卫星接收站、文化活动室等新设施，为巩固当地脱贫成效打下基础。1999年，温饱试点村建设进一步升级，发展成为"7+8"温饱试点村、安居＋温饱试点村和脱贫奔小康试点工程。各个区县也充分发挥自身的优势，帮助对口帮扶的乡村发展特色种植业、养殖业，形成了"特色甜瓜村""生态环境村""养猪示范村""沼气普济村"等一批各具特色的乡村。

　　与云南、三峡库区相比，西藏日喀则地区和新疆阿克苏地区更加偏远、条件更加艰苦。自1994年第三次西藏工作座谈会明确上海对口支援西藏日喀则地区和1997年明确上海与新疆阿克苏地区建立对口支援关系后，上海从全局的角度出发，坚持"经济援助与社会公益相结合、硬件投入与软件建设相结合、干部进藏（疆）和社会支援相结合、近期帮扶与长期支援相结合"，成立援藏援疆工作领导小组及办公室，建立专项资金，持续不断地开展"追求实效、重在创新"的援藏援疆工作。为帮助贫困农牧民脱贫致富，上海对口支援西藏十分注重把援助的重点向贴近基层农牧民的"民生工程"倾斜。1995年派出的第一批为期三年的援藏干部率先启动"希望工程"，帮助日喀则地区改善学生学习环境。1998年派出的第二批援藏干部在继续开展"希望工程"的同时，启动了"健康工程"，援助建设了一批基础医疗设施，开通了远程医疗，组织上海医疗队赴藏巡回医疗，改善了当地农牧民和群众的就医条件。经过20世纪90年代的援藏，上海在日喀则地区援建了日喀则扎实文化广场、上海家园、上海路、上海体育场、上海宾馆等，极大地改善了日喀则地区基础公共设施落后的状况。为帮助新疆阿克苏地区提高自我发展能力，上海把援助的重点放在加强基层政权建设、帮助当地发展教育、卫生、文化、旅游等事业上，把有限的对口援助资金、项目向贫困农牧民和贫困乡村倾斜，利用上海人才、技术的优势，培养开发当地人才。为改善生存条件恶劣的贫困农牧民的居住环境，先后援建了阿克苏地区急救中心、培训中心、图书馆、博物馆、妇幼保健院等项目。阿克苏红枣、核桃、苹果等优质果品依托上海的市场平台在国内形成辐射效应。上海方面按照"好中选优、优中选强"的原则选派的援藏援疆干部，充分发挥传帮作用和表率作用，在促进日喀则和阿克苏地区经济社会发展的同时，还极大地促进了当地干部群众观念的转变。

　　上海基本建立起各界支持、各方参与的对口帮扶工作方法，形成了帮扶协作长效机制。

二、跨地区交流与合作

服务全国不只是单向的对口支援帮扶，还有意义更为丰富的双向合作交流。特别是对上海这样的特大型城市来说，加快发展更是离不开广阔的腹地支持，只有依靠全国的资源、市场和力量，上海才能真正实现经济社会又好又快发展。

改革开放前，受计划经济体制的影响，跨地区的合作交流主要由政府推动完成，企业缺乏自主性。20 世纪 80 年代，上海出台了许多鼓励支持企业开展跨地区交流与合作的政策，但是企业的主体地位并没有得到明确，企业参与合作交流的主动性依然不高。1992 年，上海根据中央分层次推进长江沿岸地区发展的指示和国务院召开的长江流域规划会议精神，鼓励和吸引长三角和长江沿岸地区省市的企业到浦东新区参与发展，同时支持上海的企业到长三角和长江沿岸地区开展经济合作。上海第二毛纺织厂率先与规模大、设备先进却因连年亏损已经濒临破产的成都毛纺厂进行风险承包，尝试着按市场经济的客观规律运作，进行跨地区经济合作，迅速取得了承包一年后就实现扭亏为盈的经济效益，为20 世纪 90 年代上海的跨地区交流与合作工作积累了新经验。到 1994年，以资产为纽带，按现代企业制度要求，由"政府搭台、企业唱戏"，开展跨地区交流与合作成为共识。越来越多的企业以开拓市场为目标，积极走出上海，走向全国。

1995 年，为更好地发挥跨地区交流与合作在促进上海自身结构调整、经济中心城市功能增强、综合竞争力提高中的作用，上海编订了《国内经济协作"九五"计划和 2010 年远景目标》，明确了以产业为主线、以市场为导向、以企业为主体、以资产为纽带的经济协作指导思想。很快，新一轮的经济协作在"优势互补、互惠互利、联动发展、共同繁荣"的方针指导下，由原来的资源供给型协作转向以资源开发深加工合作为主，部分有市场、有资源、有效益的产品的生产，也开始向销售地和资源丰富地区转移，延伸发展空间。不少企业实行异地兼并，把生产能力向产品销售地和原料产地转移，将在本市的企业总部改建为具有集中控制、决策、开发、设计等功能的头脑型公司，探索出一批多形式、全方位的合作模式。

1997 年，为化解亚洲金融危机的不利影响，中共上海市第七次代表大会确定了"对内开放做到优势互补，重在服务全国，促进联动发展和共同繁荣"的要求。根据该要求，市经委建立上海工业企业跨省市的经济合作机制，市工业投资公司筹集建立 3 亿元横向协作发展基金，为跨地区交流与合作的企业提供资金支持。市经委、市技术监督局牵头，在深圳、珠海等地举行"上海名牌产品专卖店"挂牌仪式，提升上海品牌的知名度。在政府的大力推动下，宝钢、上汽、电气等特大型企业集团成为跨地区发展的骨干力量；兼并、收购等资产经营成为跨地区发展的重要手段；工业领域的企业继续保持较强势头的同时，农业、商业、建筑、金融等行业企业的跨地区合作交流不断呈上升趋势。

上海与长三角地区的协作发展也呈现出良好的势头。上海与长三角地区的城市在自愿的基础上组建了新的经济协调组织——长江三角洲城市经济协调会。"长三角经济圈"概念第一次被明确提出。区域的合作活动也蓬勃发展起来。上海市人民政府协作办公室、市政府发展研究中心、华东师范大学、长江经济联合发展（集团）股份有限公司、上海浦东发展银行共同发起，联合沿江七省四市政府有关部门，成立了长江流域发展研究所，开展长江流域区域经济合作规划和发展思路的研究，培训区域经济专门人才，为区域经济协调发展服务。长江三角洲经济协作区、南京经济协作区、武汉经济协作区、重庆经济协作区等区域合作网络先后形成，推动了长江三角洲和长江流域的共同发展。

三、增强城市集聚辐射服务功能

作为沟通内外的桥梁和对内对外开放两个扇面结合部的上海，服务全国不仅要"走出去"，还要"引进来"，做到近悦远来、万商云集。

改革开放后，随着对市场调节作用的肯定和价格管理体制改革的推进，对上海的对内开放环境提出了新要求。1981 年，全国工交会提出"全国学沿海学上海、沿海学国外先进经验"的号召。兄弟省市特别是长三角地区要求上海发挥对内对外经济技术交流的枢纽作用的呼声日益强烈。上海开始突破原有经济体制框架，改善投资环境，在 1984 年出台《关于兄弟地区来本市开店办厂的暂行办法》，规定兄弟地区的企事业单位和个人都可以来上海开设商店、货栈或贸易公司，经销自己的农副土特产品、原材料和工业品，经营批发、零售或批零兼营。可以新建或扩建大楼，办商业或旅游服务业，也可以按照上海城市规划建立工厂。属于兄弟地区企事业单位在沪经营所得利润和税收，可以返回当地缴纳。产权按谁出资归谁所有的原则办。1986 年，上海又制定《上海市进一步推动横向经济联合试行办法》，放宽外地企业到上海发展涉及经营范围、经营价格、流动资金贷款等方面的政策。还放宽外地驻沪机构标准，改变"一省一部一办"原则，允许 14 个沿海城市在上海建立联络处，并扩大到地市一级。

20 世纪 90 年代以来，上海以浦东开发开放为契机，不断完善吸引全国各类企业来上海发展、开拓市场的投资环境，构建各种服务平台，帮助外地来沪企业借上海之地发展，借上海之梯登高，借上海之船出海。为了吸引更多国内兄弟省市企业到上海发展，上海允许外地县级政府及地方国营大中型企业在上海设立工作处，省级部分经济职能委办局在上海设立联络处。这一举措进一步扩大了上海的对内开放程度。为创造良好的经营环境，各区县积极改善投资环境，也相继推出"一门式""一条龙"服务,加大对外省市投资企业的服务力度,如简便开办手续,协调解决问题,组织学习考察,表彰奖励现金,扶持强化优势,帮助外省市投资企业来沪能生存、落沪能发展。

1995 年起,上海开始实施"五个一百"工程,即在 5 年的实践里,吸引名列全国前 500 家大企业集团中的 100 家将总部搬进浦东和市区各繁华地段,重点扶持 100 家外地在沪重点企业和 100 家本市投资市外的重点联营企业,重点建设 100 项外地在沪重点项目和 100 项本市投资市外的重点经济协作项目。1997 年,上海针对外资企业稳步投资上海势头良好,而内资企业特别是国内知名大企业来沪投资有限的状况,提出围绕经济发展方向和目标,拆除"围墙"的新要求,改善投资软环境,真正敞开胸怀,欢迎国内企业进驻上海。搭建各种服务平台,特别是金融、技术服务平台。通过举办各类商品展销会、经济合作项目推介会、博览会,帮助全国各地企业在上海实现"借船出海"。健全市场环境,初步建立起人才服务平台、农业服务平台、产权交易服务平台、科技服务平台、合作信息交流服务平台等专业服务平台,使上海成为服务功能最全、商业机会最多、交易成本最低、市场运作最规范的全国性经济中心城市之一,增强了上海的吸引力、凝聚力和辐射力。越来越多的外地企业选择到上海投资发展。如四川希望集团在嘉定投资 1.2 亿元建设了希望饲料项目。海南新大洲在青浦县投资 1.3 亿元办厂生产摩托车。长宁区成为上海最具特色的民营高科企业的聚集地,上海民营企业"百强"中,长宁区占了 1/4,其中排在前 5 名的均为外地引进企业。上海成为全国各地企业乐于投资的热土。

第四章

入世后高水平开放型经济的发展

2001 年 12 月，中国正式加入世界贸易组织（简称 WTO），标志着我国对外开放进入一个新阶段。上海作为我国加入世界贸易组织后先行开放的城市之一，抓住机遇，发挥先行开放的先发优势，进一步推动全方位、多层次、宽领域的对内对外开放。2008 年国际金融危机后，上海按照中央提出的"四个率先"要求，向着建设社会主义现代化国际大都市的目标，加快构建开放型经济新体制，以对外开放的主动赢得经济发展和国际竞争的主动，在利用国内外两种资源、两个市场方面不断取得新突破。

第一节 积极应对入世的机遇与挑战

WTO 是当代最重要的国际经济组织之一，具有制定和管理世界经贸秩序的作用，有"经济联合国"之称。加入 WTO，有利于中国在更大范围和更深程度上参与国际经济合作与竞争，进一步向世界开放。鉴于加入 WTO 后，中国需要按照承诺逐步建立起更加符合通行的国际规则，意味着机遇与挑战并存，国家需要上海在我国入世过渡期发挥作为先行开放城市的先行先试作用，取得入世先发效应并为其他地区做示范。

一、率先制定《关于加入 WTO 上海行动计划纲要》

中国加入 WTO 谈判前后历经 15 年。上海市委市政府一直非常关注复关和入世问题，早在 1985 年，上海就向中央政府率先提出恢复我国在关税及贸易总协定席位的政策建议，1988 年上海成立了"关税及贸易总协定上海研究中心"（后更名为 WTO 上海研究中心），一批学者着手做相关的研究和准备工作。

　　1995 年中国向世界贸易组织递交加入申请后，上海在这方面的研究不断深入，逐渐聚焦到"上海怎样在全国争得先发效应"上。1999年 7 月，市委就早作研究、分析利弊、积极应对再次提出要求。市政府及时组织力量开展相关课题研究，完成了《中国加入 WTO 对上海经济的影响及对策研究》的报告，并就"入世"对上海 9 大主要行业的影响做了分析并提出应对措施。2000 年初，上海在制定《上海市国民经济和社会发展第十个五年计划》的过程中，明确提出要"制定并实施上海应对我国'入世'行动计划，努力参与国际分工合作，强化上海服务全国、面向世界的集聚和辐射能力"。① 上海市委对应对"入世"工作也有了更深刻的认识：一方面，在政治上要坚定不移，按照中央统一部署开展工作，高举改革开放的旗帜，无论遇到什么风风雨雨，走改革开放的路子绝不能动摇；另一方面，在具体的业务和技术准备方面又要认真细致。对入世给经济、体制、社会层面带来的影响要有足够准备。②

　　经过一年的研究制定，2000 年 8 月，上海市政府印发了《关于中国加入 WTO 上海行动计划纲要》（简称《行动计划纲要》），根据我国"入世"在降低关税、减少和消除非关税壁垒、农业方面的承诺和服务业的开放等四个方面的承诺，重点围绕咨询、法律法规、政府职能、改善投资环境、扩大开放等方面提出 18 条有关"入世"准备工作的指导性意见，并成立了市政府 WTO 行动计划工作领导小组，积极适应"入世"。这是国内第一个地方出台的关于"入世"的行动计划纲要。

　　在转变政府职能和政企关系方面，《行动计划纲要》明确政府对企业的调控管理方式和手段要以市场经济运作规则为基础。一方面，减少

---

① 《中共上海市委关于制定上海市国民经济和社会发展第十个五年计划的建议》，《上海年鉴 2001》，http://www.shtong.gov.cn/dfz_web/DFZ/Info?idnode=64201&tableName=userobject1a&id=60541。

② 姜微：《上海市委书记黄菊谈应对关键是能不能真正实现"利大于弊"争取"入世"先发效应》，《瞭望新闻周刊》2001 年第 52 期。

和简化现有政策中涉及内外资企业设立审批制度的内容。对于设立内、外资企业的标准和条件，要以WTO的要求和我国政府加入WTO的承诺进行规范。一方面，减少对企业的干预性管理，变直接管理为间接管理，强化政府对企业的服务观念，真正转变政府管理经济的职能。

在培育符合国际通行规则、统一公正和透明的市场竞争环境方面，《行动计划纲要》要求市与区、县政府的行政决策事项，都应以政府公报形式颁布；一般性的投资贸易政策，应及时在政府指定的信息网上发布。明确强化市场中介组织的作用，积极推进全社会的信用体系建设，加强知识产权保护的执法工作，简化出入境手续等。

在进一步扩大开放方面，《行动计划纲要》提出要重点引进跨国公司地区总部和中国总部，着力吸引跨国公司在沪设立研究开发中心；把握全球跨国购并日益增多的趋势，探索以购并方式引进外资参与国有企业；以信息、医药等产业为重点，以风险投资和产业投资基金为主要形式，重视国外间接性融资的引入；按照对待原则，放宽市场准入度，探索农业、金融、电讯和航空航运等新领域的利用外资；放宽一般性行业外资进入的股权比例限制，鼓励"三资"企业增资扩股。明确要加快流通体制改革步伐，积极发展全国性连销市场和分销网络，加快培育现代物流集团，完善现代物流基础设施条件。改革外贸体制，逐步将外贸经营权审批制转变为登记制，让私营生产企业和科研企业进入外资领域。实施"科技兴贸"和"以质取胜"战略，努力提高高新技术产品和高技术含量产品的出口比重，扩大品牌产品和质量认证产品出口。加快"走出去"步伐。

针对"入世"可能对工业、农业、社会文化事业等带来的机遇和挑战，《行动计划纲要》明确上海的工业要结合经济全球化的发展趋势，根据比较利益的原则，进一步调整工业结构，加快企业组织结构的调整步伐，重点加快行业性控股集团的体制改革。转变农业生产中的传统计划机制，发挥土地级差效应，调整农业产业结构和产品结构，进一步扩大农产品出口，发展农产品加工业。大力引进国外旅游资源，结合会展功能的开发，加快上海会展旅游业的发展。加快社会文化事业的改革和管理力度，提高自身的竞争能力，做到趋利避害，为我所用，推进社会文化事业健康发展。

在相关保障方面，《行动计划纲要》就加强培训和咨询服务、人才、法律法规等方面提出要求，决定筹建上海 WTO 事务咨询中心，聘请国际国内关于 WTO 问题的知名人士组成顾问委员会，跟踪研究 WTO 最新进展情况；组织 WTO 人才的培训工作；开设"入世"咨询热线，为政府有关职能部门和企业提供咨询服务，帮助政府和企业尽快熟悉和运用 WTO 的有关规则和贸易争端解决机制，为促进"幼稚"产业和战略产业发展服务。

《行动计划纲要》还非常重视发挥浦东的作用，专门提出把浦东建成中国加入 WTO 的先试先行区的要求。

正是有了《行动计划纲要》扎实而可操作性的谋划，从 2000 年起，上海各相关部门就行动起来开展相关的准备工作。2000 年 10 月，上海 WTO 事务咨询中心成立，协助地方政府，推动属地企事业单位熟悉和运用世贸组织规则。上海市政府按照法制统一原则，根据国家法律、法规的修改情况，相应调整与 WTO 规则不相符合的内容，如进口限制、强制性国产化要求、产品外销比例、外汇平衡要求、非国民待遇等。根据 WTO 透明度原则的要求，在 2000 年 1 月 1 日起就向社会公开发行《上海市人民政府公报》，对国民经济和社会发展规则、计划、财政预决算、行政审批、收费、许可、发照、登记、注册、年审、处罚、达到一定数额的政府采购、重大工程招标等以政府公报形式颁布。一般性的投资贸易政策，及时在政府指定的信息网上公布。到 2001 年10 月中国正式宣布加入世界贸易组织时，上海已对过去 20 年间制定的 3687 件地方性法规、政府规章及规范性文件进行了全面梳理，并按照 WTO 规则首批废止和宣布失效了 91 件政府规章和规范性文件。上海还在外高桥保税区、张江高科技园区、松江出口加工区等园区推行告知承诺制和登记备案制。编制信息分类与编码、信息安全、多媒体、网络等 11 个方面的标准体系表；初步建成了《上海信息技术标准数据库》，为我国信息产业增强竞争力、进入国际市场提供了标准依据。修订并颁布了《住宅装饰装修验收标准》《沥青混合料面及道路基层用钢渣》等 44 项地方标准。率先建立个人信用联合征信系统，加强知识产权保护的执法工作，进一步增强外来投资者的信心。

二、发挥先行开放城市的入世先发效应

2001 年 11 月 10 日，多哈会议通过中国加入世贸组织的决定。中国加入世贸组织议定书于 12 月 11 日生效，至此中国成为世贸组织的第 143 位成员。我国对外开放从此进入一个新阶段。根据我国"入世承诺表"，上海当仁不让地成为我国加入世贸组织后先行开放城市之一。上海牢牢把握加入世贸组织的机遇，编制《2002—2003 年度 WTO 行动计划实施方案》，推动适应"入世"进一步扩大开放落实落细，不断增强经济中心城市功能。

首先，继续加强对世贸组织规则的学习和研究，用好加入世贸组织过渡期政策，深化应对方案，抓紧培养、引进熟悉世贸组织规则的管理干部和专业人才，帮助企业提高应对能力。2002 年 7 月开始实施 WTO 事务人才培训工程，用 3 年时间为全市包括政府部门、大型国有企业、专业服务机构和行业协会培养了 100 名精通 WTO 事务的高级专业人才。加快制定和修订质量、卫生、防疫、环保、安全等方面的市场准入标准。努力降低商务成本，规范行政事业性收费，进一步营造良好的投资环境，提高上海城市和企业的国际竞争力。

其次，加快服务贸易领域的开放和发展。按照中央金融工作会议精神，配合国家金融监管部门，逐步扩大证券、货币、保险市场的对外开放，积极吸引外资进入金融领域，促进中外合资的商业银行、保险公司、证券公司和基金管理公司的建立。推动金融创新，积极探索开展离岸金融业务和建立货币经纪公司，建设全国银行卡中心，形成各类金融机构的集聚效应，加快上海国际金融中心建设的步伐。

第三，依托海港、空港、信息港，高起点规划建设外高桥、浦东空港、西北等三大综合物流园区，引进世界著名物流企业，积极发展第三方物流，加快物流资源整合，促进上海尽快成为现代物流产业的重要基地。扩大信息服务、外贸、商业、旅游、会展等领域的对外开放，完善钻石、黄金等市场功能，积极引进国际知名中介机构，促进高增值服务业发展，增强上海服务全国、面向世界的辐射能力。

第四，积极面对国际经济环境的严峻挑战，千方百计促进外贸出口。继续推进市场多元化战略，在努力保持传统出口市场的同时，积极拓展俄罗斯、东欧、拉美、南亚等新兴市场。加快出口产品结构调整，积极鼓励机电产品和高新技术产品出口。推进"大通关"工程，继续扩大"直通式"和"快速通关"试点。积极落实外贸出口的鼓励政策，完善出口退税机制。贯彻落实国家"走出去"战略，扩大在海外市场的直接投资和工程承包业务，带动外贸出口。

第五，继续在体制创新、产业升级、扩大开放、深化改革等方面保持浦东开发开放的先发优势。把浦东新区作为全市行政审批制度改革的突破口，提高办事效率，改善投资环境。继续鼓励中外资金融机构和要素市场向浦东集聚，大力吸引跨国公司投资建设研究开发基地、生产制造基地和区域性营运管理基地，增强浦东新区的示范、辐射和带动作用。

2003 年至 2007 年是我国入世效应继续深入显现、我国入世承诺全面履行、我国经济贸易进一步融入 WTO 多边贸易体系的重要过渡时期。为抢抓机遇、主动出击、迎接挑战、做好加入 WTO 过渡期的各项应对工作，上海市根据 WTO 规则、我国对外承诺和法制统一原则的要求，编制颁布了《关于中国加入 WTO 上海行动计划纲要》，出台《进一步改善上海投资环境的若干意见》《关于本市实施国家知识产权战略的若干意见》，从降低外商投资成本，减轻企业税费负担；全面清理各类收费项目，取消不合理收费，减少外商对投资成本控制的不确定性；提高开发区规划管理水平，加强区域配套能力；简化政府部门办事程序，制定行政审批电子监察办法、非行政许可审批管理办法、网上办理行政审批工作规程、监督检查行政审批工作规程等提高工作效率；建设社会诚信体系，加大知识产权保护工作等多方面，系统改善外商投资环境。

充分发挥浦东开发开放的示范、辐射和带动作用，国务院批准浦东综合配套改革试点后，国家 14 个部门先后在浦东开展 21 项改革试点，上海拟定浦东综合配套改革试点三年行动计划，明确 6 个方面 60 个具体改革事项，主要包括政府体制、市场体制、企业体制、中介组织体制、公共部门体制、科技创新体制、人力资源开发体制、城乡统筹发展体制、涉外经济体制、社会保障体制等，为全国改革开放探索前进方向。

为适应公平贸易争议增加的情况，市外经贸委设公平贸易处，与条法处（WTO 处）合署办公，2004 年定名为公平贸易（法规）处，公平贸易工作被提高到更加重要地位。上海按照商务部要求，建立应对国际贸易摩擦"四体联动"机制（商务部、地方主管部门、行业协会、企业）。2005 年，在相关部门的工作层面，初步建立和运行上海市公平贸易工作例会制度，形成一个覆盖全市的信息互通、反应快速、联合应对的体现政府、商会协会、企业联动的工作机制。同时，以公平贸易例会制度作为基础，构筑工作体系，加强对市政府各有关职能部门指导、服务和协调，推动区县配备专门力量，充分发挥行业组织在案件应诉中的组织、协调作用，确立涉案企业的应诉主体地位，增强其维权意识和能力。2010年，市商务委员会公布了将市进出口商会和集成电路、纸业、日用化学品、化工、钢管、内衣、木材、铝业、仪器仪表、重型装备、计算机、汽车、生物医药等15家行业协会，列为第一批上海进出口公平贸易工作站。帮助涉案企业，做好贸易摩擦大案要案应诉工作。

在进一步扩大对外开放方面，根据《国务院关于推进资本市场改革开放和稳定发展的若干意见》，印发《关于本市推进资本市场改革开放和稳定发展的实施意见》，按照努力建成规范、高效，适合国内外投资者共同参与、具有国际影响力的资本市场体系要求，积极推进资本市场对外开放。印发《关于促进上海服务外包发展的若干意见》，主动承接跨国公司内部的离岸外包，提升上海服务外包能级；培育若干个知名的本土服务外包企业，使之成为国际离岸服务外包总承接商和对内服务外包总发包商。2007年起，我国对内外资企业所得税实行统一标准进行征收，制定并实施《劳动合同法》《反垄断法》，旨在营造公平竞争的投资环境。但一些外资企业原来享受的特殊优惠待遇被取消了。为了鼓励外商继续在上海投资发展，上海支持外商投资在浦东新区跨行业经营，打破外商投资企业一个企业只能从事单一行业经营的惯例。

上海成为我国"入世"更大范围、更广领域、更高层次上参与国际竞争和合作的一个缩影。"入世"引发的巨大物流、资金流、信息流和人才流，促使上海整个城市的经济结构发生重大变化，成为推动上海建设国际经济、金融、贸易、航运"四个中心"强有力的加速器。上海利用外资结构继续优化，2003年到2007年上海外商直接投资实际到位金额年均增长10.5%，五年累计342.7亿美元；总部经济加快发展，全市累计有外商投资法人企业34218家，外国（地区）企业常驻代表机构 12007 家，形成十多个总部经济集聚区。现代服务业吸收外资快速增长，有 12 家外资银行和 2 家外资保险公司分公司获准改制；进入中国内地市场的近 30 个世界顶级时尚品牌中，95% 选择在静安区南京西路开设专卖店或专柜。对外贸易快速增长，口岸功能显著增强，2007 年上海口岸进出口总额完成 5209 亿美元，比 2002 年增长 2.7 倍。国际航运中心建设取得重大进展，洋山深水港开港运营，洋山保税港区封关运作，上海港集装箱吞吐量达到 2615.2 万标准箱，跃居世界第二。全球排名前 20 位的大集装箱班轮公司全部入驻上海。上海企业走出去的步伐加快。上海外向型经济在规模扩大的同时，质量和水平都获得了较大提升。上海的国际影响力和竞争力进一步增强，上海合作组织峰会、全球扶贫大会等重大国际性会议在上海成功举办。

第二节　推动外贸可持续发展

经过 20 世纪 90 年代的发展，对外经济贸易已成为推动上海国民经济增长、促进产业结构调整、扩大就业、增加税收的重要动力之一。"入世"后，为更好地发挥外贸对经济发展的拉动作用，上海坚持口岸对外贸易和本地对外贸易并举、出口贸易和进口贸易并举、货物贸易和服务贸易并举，推动外贸增长方式发生转变。2008 年起，为积极应对外部需求减弱的影响，上海按照稳中求进的总基调，以自贸区建设为突破口，着力提能级、强功能、补短板，促进外贸提质增效升级。

一、培育外贸竞争新优势

经过改革开放 20 多年的发展，上海外贸进出口规模大幅度增长；贸易结构得到优化，一般贸易和加工贸易得到均衡发展；贸易主体呈现多元化；出口商品的技术含量不断提高。但存在着地区结构过于集中；服务贸易规模小、领域少，对上海经济的贡献程度不够大等不足。进入 21 世纪，上海为了能在中国加入 WTO 后，抓住新机遇，迎接新挑战，尽快学会在国际规则中争优惠，必须重视发挥外贸对经济发展的拉动作用。为此，上海大力推动外贸体制与世界贸易体系接轨，积极培育外贸竞争新优势，努力实现上海外贸增长方式的转变。

一直以来，上海外贸的重头是货物贸易，服务贸易比重很小，内容以传统的运输和旅游两大项目为主，1997 年以后非传统意义上的服务贸易虽有所新发展，但总体上规模小、领域少。这不符合世界贸易发展趋势，因为，随着现代科技革命与信息技术进步、经济全球化发展、国际产业结构调整，服务业与服务贸易的发展水平已成为衡量一个国家（地区）现代化水平的重要标志之一。加之服务贸易附加值高、摩擦少、解决就业多、对环境友好，符合可持续增长和包容性增长的新理念和新趋势，更适合上海这样生产资源短缺的地区重点发展。

为了加快服务贸易领域的开放和发展，2002 年，上海市第八次党代会提出了"以服务贸易为重点，进一步拓展对外开放领域，扩大金融市场、信息服务、商旅、旅游、会展、中介服务等领域的对外开放"的发展服务业和服务贸易的指导思想。上海开始改变过去抓外贸工作主要抓货物贸易出口的状况，把服务贸易放在了与货物贸易同等重要的位置上。

上海积极履行中国加入世贸组织的承诺，改革外贸经营权审批制度，放宽内资企业申请进出口经营权的资质条件，规定凡是在浦东新区的内资生产企业、商贸企业，只要注册资金分别达到 50 万元和 100 万元，都可以申请外贸进出口经营权。利用上海先试先行的政策优势，增大在一般商品批发零售及物流配送、会计审计类、高等教育机构、电影院建设及经营、音像制品分销、电信增值及服务、公路货物运输等七大领域的对外资开放力度，引进一批国际跨国公司来沪投资；在外商投资物流、研发、房地产、金融、国际贸易等行业上引进一批第三产业外资项目；依托上海大口岸优势，形成洋山深水港、外高桥、浦东空港、西北等物流园区，引进国内外著名物流企业，发展第三方物流，以适应上海国际航运中心、国际采购中心的建设。同时，推进外经贸系统国际货运相关企业向国际物流方向融合和转化。顺应一些跨国企业在中国的采购额已经占其全球采购总额一半的发展状况，建立上海跨国采购促进中心和上海跨国采购服务有限公司，通过常年展示和网上采购"两个平台"，为跨国公司驻上海的全球采购分支机构的建立和营运提供支持和服务，协助国内外企业产品直接进入跨国公司全球采购网络等，加快商贸领域的对外开放。

2003 年 10 月召开的党的十六届三中全会通过《中共中央关于完善社会主义市场经济体制若干问题的决定》，明确指出"提高出口产品质量、档次和附加值，扩大高新技术产品出口，发展服务贸易，全面提高出口竞争力"，把扩大高新技术产品出口和发展服务贸易作为提高出口竞争力的重要抓手之一。

对此，上海牢牢把握加入世贸组织和实施《内地与香港关于建立更紧密经贸关系的安排》的契机，确定与香港重点加强航空港、港口航运及物流、旅游会展、投资和商贸、教育卫生和体育事业、金融服务、专业人才交流与合作、世博会等八个领域的合作，大力引进国际大型跨国服务企业和香港著名的专业服务企业。2004 年批准港澳到沪投资的货运物流公司达到 72 家，占全市外商投资物流企业合同外资的 23.1%；商业分销服务企业 11 家；会议展览服务企业 1 家。截至 2005 年，上海的服务贸易进出口对上海市外贸的贡献率进一步提升，服务贸易进出口额占本市国际贸易总额的比重从 2000 年的 12.6% 上升到 2005 年的 14.8%；贸易结构向主要领域集中，运输、旅游、咨询仍然是本市服务贸易规模最大的三类项目，个人劳务、专利权利使用费和特许费、计算机和信息服务三项构成"第二梯队"的比重不断增加；服务贸易对外开放进一步扩大，外商直接投资加快向商贸、物流、广告、金融等现代服务业领域拓展；积极承接国际服务外包业务成为本市服务贸易发展的最大亮点之一。

2006 年，我国进入实施全面建成小康社会的"十一五"时期，国家层面提出要在更大范围、更广领域、更高层次上参与国际经济技术合作和竞争，以更好地促进国内发展与改革。其中，发展服务贸易是重要的抓手之一。这是国家宏观考虑国际国内发展形势作出的重大战略选择，因为在国际上服务贸易不仅逐年快速增长，服务贸易自身的结构也发生了很大的改变，已形成由传统服务贸易向现代服务贸易转型的结构格局。而服务贸易能够弥补资源不足、扩大发展空间、提高附加值等优点，必然越来越引起国家的关注。为此，国家商务部专门设立了服务贸易司，以加强对全国服务贸易发展的指导。上海按照中央提出的"四个率先"要求，加快推进形成以服务经济为主的产业结构，特别优先发展现代服务业。这有利于上海服务贸易的大发展，反过来，服务贸易的发展会进一步推动现代服务业的发展。这一年，上海重点探索推动了服务外包业务的发展。

服务外包是指企业将信息服务、应用管理和商业流程等业务，发包给企业外第三方服务提供者，以降低成本、优化产业链、提升企业核心竞争力。它是以跨国公司为主体的国际服务业转移的新形式，也是上海生产性服务业快速发展的新增长点。市政府制定发布《关于促进上海服务外包发展若干意见的通知》，重点突出服务外包发展工作，鼓励企业承接呼叫中心、软件开发、研发设计、电信网络服务、人力资源系统开发管理、金融分析、结算中心、交易处理、采购等外包业务。2006 年 10 月，上海被正式批准为我国首批 10 个服务外包基地之一。随后不久，上海向浦东新区、卢湾区、长宁区和漕河泾经济技术开发区授牌，确认它们为我国第一批服务外包示范区。2007 年，"中国服务外包基地城市""中国服务外包基地上海示范区"在上海浦东揭牌，我国首个国家级外包实训基地也在上海张江正式投入使用。赛科斯、IBM、埃森哲、韩威特、普华永道等国际外包知名企业纷纷落户上海。上海的信息技术外包、业务流程外包快速发展起来。

2007 年党的十七大召开，明确提出要"大力发展服务贸易"。会后，国务院及相关贸易主管部门研究制定了一系列鼓励和扶持政策，以真正引导推动服务贸易作为转变外贸增长方式、提升对外开放水平的重要内容落实落地。商务部还正式发布了我国服务贸易领域的第一个发展规划——《服务贸易发展"十一五"规划纲要》，重点推进服务外包、文化、会计专业服务、软件、技术等服务贸易领域扩大出口。上海根据自身服务业的发展特点，在 2008 年 7 月和商务部共同签署了《商务部和上海市人民政府关于共同推进上海市服务贸易发展的合作协议》，明确了将优先发展包括文化贸易在内的六个重点领域的服务贸易，支持上海市重点文化出口企业和项目扩大出口。

2009 年，美国次贷危机引发的国际金融危机对上海经济的影响不断显现，上半年，上海经济出现了近 20 年来前所未有的大幅度下滑，经济发展由以往回落慢于全国、回升快于全国，转变为回落大于全国、回升滞后于全国，迫切需要构建以服务经济为基础的新增长动力。国务院特别下发了《关于推进上海加快发展现代服务业和先进制造业建设国际金融中心和国际航运中心意见的实施意见》，努力推进上海率先实现产业结构优化和升级，率先实现经济发展方式的转变，包括外贸增长方式的转变。5 月，上海市政府经过研究制定了贯彻实施意见，决定稳步推进金融对外开放和航运对外开放。上海对外贸易快速回升，服务贸易进出口额突破 1000 亿美元，同比增长 25% 以上，在全国的占比超过四分之一。上海服务贸易的结构进一步由以传统服务贸易领域为主向大力发展新兴服务贸易领域转变。运输和旅游服务出口占上海服务贸易出口总额的比例由 2005 年的 41.7% 及 19.9%，下降至 2010 年的 30.6% 及 13.7%。计算机和信息服务、金融、文化音像等新兴服务贸易领域的出口增长迅速，高于运输、旅游等传统服务贸易领域的增长速度。

2011 年，针对世界经济复苏乏力、贸易保护主义抬头、主要大国将精力转向区域贸易安排、国际贸易摩擦进入高发期的状况，上海在制定的《上海建设国际贸易中心"十二五"规划》中，提出要加强贸易流通对产业结构调整带动作用，主要措施包括促进服务贸易发展，改善服务贸易逆差状况；促进服务外包发展，建设服务外包示范城市；促进电子商务发展，提高转口贸易比重，发挥进口对经济发展的作用。外高桥保税区被授予全国首个"国家进口贸易促进创新示范区"，崇明县成为全国首批十二家"国家船舶出口基地"之一，大虹桥服装服饰出口创新基地升级为国家外贸转型升级示范基地。特别是商务部与上海市政府合作共建的"中国博览会会展综合体"的开工，商务部、科技部、国家知识产权局和上海市政府共同组建的"上海市国际技术进出口促进中心"的挂牌，以及"中国（上海）网上国际贸易中心平台"的开通，不仅标志着上海国际贸易中心建设进入功能突破的新阶段，也成为推动我国贸易转型的重要举措。

培育外贸发展新优势，不是说单一发展服务贸易。传统的贸易优势可以通过提升能级，发展成为新的外贸优势。对上海来说，加工贸易总量大、占比高，自 20 世纪 90 年代以来就一直占据上海本地外贸出口的半壁江山。另外，加工贸易以外资企业为主体，机电产品是大头，大约占加工贸易出口的 80% 以上。进入 21 世纪，为了进一步巩固提高这一优势，上海围绕提升能级，把加工贸易向先进制造方向延伸，向产业链两端延伸，着力把加工贸易打造成上海外贸新优势。上海以"大通关"工程的建设为契机，推动加工贸易的电子联网管理，通过"网上申报、网上把关、网上报核"等管理模式，使传统加工贸易管理模式中效率低下的问题得以缓解；推动金桥、闵行、松江、漕河泾、青浦、嘉定等出口加工区拓展保税物流及检测、研发、维修功能，支持企业的新型生产、管理、营销方式，从而吸引更多的先进的物流企业、配送中心、研发中心入区经营；推进加工贸易企业扩大内销，注重先进制造业及高端制造业的引进，提高技术含量，提高产品的档次和附加值。

二、提高贸易便利化水平

贸易便利化是顺应经济全球化趋势，促进国际贸易发展的一个重要因素，属于 WTO 规则体系，是推进贸易可持续发展的重要手段之一。由于历史原因，上海的口岸布局很不合理，港区和监管场所点多分散，基础设施陈旧落后，分拣、理货、分拨人工作业，效率低下。最棘手的是，口岸管理部门众多，通关手续繁杂，服务意识差，造成诸多人为的阻滞。据 2001 年年初的统计，上海口岸进口货物平均通关时间需 103 小时，出口货物平均通关时间 35 小时。与发达国家的口岸管理水平有较大差距，已成为制约上海口岸对外贸易发展的"瓶颈"之一。入世后，上海以此为突破口，通过实施"大通关"，着力改革通关模式，来进一步改善贸易环境。

"大通关"是"提高口岸工作效率工程"的简称，主要目标是通过运用现代管理、信息化和高科技手段，优化单证流、货物流、旅客流、资金流、信息流的作业流程和通关环境，提高口岸工作效率和进出口货物、出入境旅客的通关速度。早在 2000 年 6 月，上海基于建设国际经济、金融、贸易和航运中心、提升城市综合竞争力的目标，及更好地为全国服务的角度，启动"大通关"改革。由于"大通关"，涉及海关、出入境检验检疫、空港、海港、船务代理、货运代理、报关公司、海事、边防、通信、银行、运输、仓储、税务等诸多部门，要通过运用现代管理和信息化手段，改革现行的口岸货物通关流程，建立统一的口岸数据平台，规范、畅通口岸进出口货物的信息流、单证流、货物流和资金流，工程庞大而复杂。上海在 2001 年 2 月，专门成立了由市长任组长的"大通关"工作领导小组。[①]10 月，国务院下发《关于进一步提高口岸工作效率的通知》后，上海按照通知精神，再次加强上海口岸管理机构建设，调整充实上海口岸管理委员会。新的工作机制一经确立，工作的整体合力开始发挥作用。虹桥机场周围的 56 处分散货物仓库被清理整顿，实行集中监管；遍布全市的 127 家海运监管场所被压缩至 18 家，124 家寄售维修型保税仓库压缩至 85 家，并集中至 9 个监管点进行集约式管理；新成立的国际航运服务中心，将涉及通关的 12 家单位和部门集中在交易所内现场进行"集中、便利、经济、高效"的"一站式"联合办公；投资 1.86 亿元整合原来独立运行的"上海经贸网""港航信息网""航运商务网"，实现"三网合一"，建立起口岸物流信息以及电子商务的统一大平台。上海口岸管理部门多、手续复杂的局面得到改善。

2001 年 11 月起，上海海关对所有进口货物实施"提前报检、提前报关、实货发行"的通关新模式，实现海关作业环节的前置；试点实施 EDI 无纸通关，实现海关通关的无纸化；针对松江出口加工区和外高桥保税区内高新技术企业、大型跨国公司新型生产经营模式对通关方面的特殊要求，实施了"提前报关、卡口核放、舱单后核、签单后置""空运直通式"的通关方式，实现快速通关。海运和空运进口舱单提前传输率分别达 99.5% 和 80% 以上，企业提取海运货物和空运货

---

① 鲁培军：《积极推进"大通关"建立上海严密高效的海关通关模式》，《上海改革》2003 年第 8 期。

物的时间分别提前 1 天和 1—4 小时。2002 年，国务院在上海召开"提高口岸工作效率现场会"，明确要求各地政府加强对"大通关"工作的统一领导，并确定对全国开放口岸实行分类管理。上海被列为重点建设和发展的 8 大海港和 3 大空港口岸之一，"大通关"制度建设进入巩固推进阶段。2003 年 8 月，上海印发《关于进一步深化上海口岸"大通关"工作的若干意见》（以下简称《若干意见》）。在《若干意见》的指导下，上海口岸在 10 月份率先在全国启动"5+2 天"通关工作制，即在对进出口货物实行每周 5 天工作的基础上，双休日和节假日按照与平日同样的工作模式、操作规程和工作标准，为所有进出口企业提供集中报检报关服务和口岸现场查验放行通关。"5+2 天"通关工作制实现了365 天，天天能通关，不仅满足了中外高新技术企业 7×24 小时运转，产品快进快出对通关时间和效率的特殊需要，而且满足了上海及其他省区市企业通过上海口岸进出口的需要，成为体现上海口岸竞争力和服务功能的一张新的"城市名片"。

"大通关"的推进还与先进信息化技术的应用密不可分。对此，《若干意见》提出要加快建设联网范围广、服务功能全的电子平台，实施"一点接入"。2004 年 10 月，上海与海关总署签署协议，在原有的上海口岸物流信息数据交换平台——"亿通网"基础上，成立了中国电子口岸数据中心上海分中心，联合共建上海电子口岸。电子口岸包括门户网站、通关服务平台、物流服务平台、增值服务平台、呼叫中心等。它的正式启用，有利于实现上海通关物流信息服务全口岸、全流程、大范围的应用，标志着上海口岸信息化建设迈出新步伐。

2005 年，上海口岸建设进入历史性转变阶段，洋山深水港开港，国务院批准设立的国家第一个保税港区——洋山保税港区通关国家验收，建设亚太地区航空枢纽港方案启动，"大口岸"硬件建设不断加速，对深化"大通关"制度建设提出更加迫切的需要。6 月 28 日，上海按照政府牵头协调的要求，成立上海口岸工作领导小组办公室，同时，撤销上海市空港管理委员会及其办公室，进一步完善口岸管理体制机制。在新的口岸管理体制机制下，上海重点在外高桥港区实行港区联动，探索打破港口和保税区分离现状，简化海关监管手续，促进物流顺畅。经海关总署批准，上海设立了外高桥保税物流园区主管海关，集成口岸海关和保税区海关的管理职能，减少通关环节，提高通关效率和降低企业商务成本。物流园区实行"一次申报、一次查验、一次放行"，开辟园区和港区之间的海运直通。在物流园区实现了政府主管部门、港口、海关、检验检疫、税务、外汇、银行、企业、代理公司之间的电子联网、信息共享，并采用区域监控和GPS物流监控相结合、报关信息和物流动态信息相结合的监控方式，在加快物流速度的同时，提高了监管服务的有效性。2006年上海启动建设集"口岸通关综合协调服务""通关信息及电子数据""网上交易""一门式报检报关""航运综合服务"等功能为一体的上海国际航运服务中心；按照手续前推后移、加快实货验放的要求，试行长三角区域通关改革，对提前报关转关申报等实行计算机自动审核放行，使跨关区企业在向当地海关报关后，可直接由上海口岸海关实施验放，大大加快了企业的通关速度。2007年12月，上海海关又在出口报关单量占全关90%以上的浦江海关驻航运交易所报关点启动通关无纸化改革试点，使不涉税、不需查验的货物的通关从电子审查到放行，平均仅需5分钟。

2009年，上海针对外贸面临的严峻形势，为更好地服务企业开展进出口业务，进一步提高贸易便利化水平，制定出台《上海市贸易便利化工作规程》，成立负责协调解决上海市贸易便利化工作中重要问题的上海市贸易便利化联席会议，发布《上海市贸易便利化指标框架》，涉及工商注册登记、外贸经营权备案、外汇管理、出口退税等方面共13项指标，来衡量上海推进贸易便利化的工作效率。2012年，上海贸易便利化工作又有新进展。上海出入境检验检疫局与上海海关举行合作备忘录签约仪式，实施"一单两报""一机两屏"等贸易便利化措施；上海海事局与上海海关共同签署了《上海海关—上海海事局合作备忘录》，发挥海事部门"船舶自动识别系统（AIS）"信息完备、数据齐全、安全可靠的优势，探索实现双方在船舶实时监控、历史信息查询等功能方面的信息共享，共同推进上海地方电子口岸建设。

三、加快保税区的转型升级

保税区是在港口作业区和与之相连的特定区域内，具有国际中转、国际采购、国际配送、国际转口贸易、商品展示、出口加工、口岸等功能的特殊经济区，具有进出口加工、国际贸易、保税仓储商品展示等功能，是中国与世界进行交流的口岸。早在 1990 年 6 月，国务院就批准上海我国规模最大、启动最早的保税区——外高桥保税区，允许保税区给予区内进行国际贸易、出口加工、保税仓储经营的公司以专门的优惠政策。经过 10 多年的发展，截至 2001 年年底，外高桥保税区累计批准投资项目 5022 个，吸引投资总额 65.61 亿美元，投资者来自世界 58 个国家和地区。世界 500 强的跨国公司中已有 85 家进驻保税区。保税区投资企业共与世界上 116 个国家和地区建立了进出口贸易往来，是上海国际贸易中的一支重要力量。

但随着我国加入 WTO，最初赋予保税区的许多优惠政策优势不复存在。如何继续发挥保税区体制创新优势和示范辐射作用，以及拉动上海开放型经济发展和沟通国内外两个市场的作用，成为 21 世纪上海保税区必须加以解决的紧迫问题。上海首先从缓解保税区企业在海关作业制度改革后货物通关仍需要较长时间的矛盾出发，在外高桥保税区试行"空运进口直通式"，即通过空运的零部件直接从机场以海关监管直通方式进入保税区。"空运直通式"在缩短进口货物通关时间的同时，使保税区与港口之间的联动更加紧密，成为上海探索保税区转型的开端。

为进一步探索实现保税区、物流业、港口联动发展之路，上海提出了通过建立连接保税区和港区的物流园区，进一步拓展保税区"国际中转、国际配送、国际采购和国际转口贸易"四大功能，增强上海港的物流集聚效应和辐射作用的设想，得到海关总署的认可。2003 年 1 月，上海外高桥保税区被选定为我国第一个"区港联动"试点。12 月，国务院正式批复同意了上海的试点建设方案，外高桥保税区和港区联动试点项目正式启动。试点以发展国际物流为主，具有国际中转、国际配送、国际采购、国际转口贸易四大功能。与保税区相比，其功能"加二减一"，即增加国际中转和国际采购，减少生产加工功能。一般以保税物流园区命名，保税区和港区之间开辟直通道、拓展港区功能。海关通过区域化、网络化、电子化通关管理，简化相关手续，满足企业对货物快速流通和海关有效监管的要求，吸引物流企业投资，从而推动保税区和港区物流的发展，在功能上实现"境内关外"的自由贸易区功能：即"一线放开，二线管住，区内自由，入区退税"。2004 年 4 月，我国第一个保税物流园区——上海外高桥保税物流园区，顺利通过国家海关总署、财政部、国土资源部、商务部、税收总局的联合验收，封关运行，标志着我国探索保税区向自由贸易区（港）转型的改革迈出了实质性的第一步。

国际中转是世界各大自由港的主体功能产业，也是上海外高桥保税区实施"港区联动"、推动保税区转型需要增强的"四大功能"之一。为进一步增强上海港的国际中转功能，上海在总结外高桥保税区"港区联动"经验的基础上，大力推动位于国际中转港的洋山港建设。2005年 12 月，洋山深水港开港，我国第一个集物流园区和港口为一体的洋山保税港区封关启用。港口与物流园区合为一体，实现了保税区与港口的合一，更加有利于保税区与港口的国际中转、国际采购、国际配送、转口贸易、商品展示、出口加工等功能的整合；实施保税区政策和出口加工区政策，更加有利于做到进口货物入港保税、出口货物入港退税，更加有利于促进保税区向自由贸易区（自由港）转型。除拓展港口功能，推动保税区经济的持续、快速发展外，实施"港区联动"更重要的目的是推动发展现代物流。外高桥保税物流园区和洋山保税港区充分利用保税区的政策优势和港区的区位优势，吸引了许多国际知名航运公司和国际物流企业入驻，聚集了一批面向全球市场的采购、中转、分拨、配送等物流企业，在较高的起点上形成了上海现代物流产业的规模和质量，在扩大出口、转口、放大物流网络、提升我国现代国际物流产业竞争力上发挥独特作用。截至 2007 年年底，英国空运、日本大通、荷兰TNT、德国邮政、美国 APL 和中国香港嘉里物流等知名物流企业在外高桥保税物流园区和洋山保税港区投资落户。

2009 年 7 月，为应对国际金融危机带来的挑战，推动保税区转型升级，国务院批准设立上海浦东机场综合保税区，作为上海国际航运中心和金融中心建设的重要组成部分。其功能定位，是重点形成"一个枢纽，五大功能"。"一个枢纽"就是结合把浦东机场建成亚太核心枢纽港的目标，建设与之相配套的保税物流平台，把浦东机场综合保税区建成亚太地区一流的国际空港物流核心枢纽；"五大功能"则是国际快递中心功能、国际中转中心功能、物流增值服务功能、国际贸易及展示功能、国际商务功能。至此，上海保税区已有三个，即外高桥保税区、洋山港保税区和浦东机场综合保税区（简称"三区"）。为加强对"三区"发展的统一管理，上海在 11 月成立上海综合保税区管委会，作为政府派出机构，统一管理"三区"。

2010 年 4 月浦东机场综合保税区通过国家十部委组成的联合验收，于 9 月 28 日正式运作后，上海的保税区进入协同政策、资源、产业和功能上的联动、互补，发挥更大的集聚效应阶段。"三区"以探索

建立国际航运发展综合试验区为核心，全面构建现代航运服务体系；以
国际贸易示范区为载体，大力推动国际贸易产业能级提升；以资源优化
整合为基础，加快形成三区联动发展整体格局。其中，外高桥保税区依
托"上海外高桥国际贸易示范区"建设，步入"创新驱动、转型发展"
的新阶段：以营运中心为载体的实体性总部经济得到发展；形成了以保
税交易为核心、以进口为主体的专业化要素市场，建成了酒类、钟表、
汽车、工程机械、机床、医疗器械、医药分销、健康产品、化妆品、文
化产品十大专业化贸易平台；贸易发展方式开始转变，贸易产业链得到
延伸和完善，正在从传统进出口贸易功能向高端的贸易控制功能转型升
级。洋山保税港区重点引进跨国公司面向亚太的分拨配送中心、面向国
内的进口分销基地、第三方物流枢纽型企业和重点航运企业；吸引一批
有色金属类贸易运营商入驻区内，打造全国有色金属类大宗商品集散平
台；开展期货保税交割业务、融资租赁业务试点；以培育航运物流型营
运中心为抓手，促进大型跨国物流企业和重点航运企业开展一体化的物
流增值业务，提升企业生产与经营能级；引导符合条件的航运物流企业
参加营运中心的资格申报。在"三区"联动方面，大力拓展"三区"出
口集拼和中转集拼功能；建立上海综合保税区货物调拨体系，实现三区
间货物流动无缝衔接；搭建"三区"统一的企业经营资质平台，鼓励已
在外高区保税区注册的企业可以直接或以分公司的形式在洋山或空港开
展业务。

　　2011 年，上海综合保税区重点推进国际贸易结算中心试点工作、
融资租赁业务多元化发展工作、期货保税交割试点全流程运作和水水中
转集拼功能稳步推进等。综合保税区的中转功能极大增强。中转货物的
货源地北起大连、青岛，南至厦门、福州，中到武汉、南京，初步覆盖
沿江沿海经济腹地。为了培育离岸、保税特征的服务贸易产业，综合保
税区与检验检疫局签订《创新实践推动产业发展合作备忘录》，积极拓

展两头在外的检测、维修功能，年内引进了美国药典、上海标检、东方公估行等标准检验鉴定机构，推动宇达电脑等保税维修企业试点集团内部第三方维修业务，支持卡特皮勒再制造项目开展保税物流运作。同时，积极发展离岸数据中心产业，11月22日"云海数据中心"在洋山保税港区正式揭牌启动。12月21日，交通部海事局批复上海海事局，统一在洋山保税港区以"中国洋山港"作为新的船籍港开展船舶登记业务。到了2012年，综保区以贸易、航运物流为主的第三产业增速持续快于加工制造业，所占比重超过90%。完成商品销售额11000亿元，同比增长13%，其中与消费相关的商品行业增幅超过30%；完成物流业务营业收入800亿元，增长15%，在全国海关特殊监管区域中继续发挥领头羊作用，商品销售额和工商税收在全国110个海关特殊监管区域中的比重超过50%；洋山保税港区、外高桥保税区、外高桥保税物流园区的进出口额在全国同类区域中的比重分别达到29%、39%、55%。

第三节　优化利用外资结构

利用外资是我国对外开放基本国策的重要内容。改革开放以来，上海积极吸引外商投资，促进了产业升级和技术进步，外商投资企业已成为上海国民经济的重要组成部分，渐渐形成了自己的特点，一是大型跨国企业纷纷投资上海；二是外资大项目多；三是技术含量高的企业多；四是吸收外资有力推动上海产业机构升级和"四个中心"建设；五是外资企业运营情况良好，处于全国领先地位。入世后，为更好地发挥外资对推动上海科技创新、产业升级、区域协调发展等方面的积极作用，上海通过发展总部经济、扩大高新技术产业和新兴领域利用外资，着力优化利用外资结构，把引进、消化、吸收和自主创新结合起来，提高全方位利用外资的水平。

一、大力发展总部经济

总部经济是指通过吸引国内外跨国公司、大公司的总部、职能总部（如研发中心）或区域性总部，发挥这些机构的辐射、带动作用，并以此来带动本国或本地区经济发展的一种经济形态。其具有的知识型、辐射性特点能很好地带动服务业的发展，促进城市产业升级功能提升。鼓励和支持跨国公司设立地区总部是上海积极利用外资、扩大对外开放的重大举措。上海早在20世纪90年代后期，为推动技术进步，增强经济发展后劲，就提出了"吸引海外金融机构、跨国公司和著名企业集团将地区总部迁至上海"的提高利用外资水平新要求。

进入21世纪，为更好地吸引跨国公司在上海设立地区总部，发展总部经济，上海在2002年出台《鼓励外国跨国公司设立地区总部的暂行规定》，率先在全国开展了吸引跨国公司地区总部的试点工作，赋予跨国公司总部投资经营决策、市场营销服务、资金运作与财务管理、技术支持和研究开发、信息服务等经营、管理和服务活动权，对跨国公司在上海设立地区总部起到了积极的促进作用。2003年，上海市政府首次将"降低综合商务成本"写入《政府工作报告》，以增强上海在吸引企业总部中的区位竞争优势。但制约跨国公司地区总部功能发挥的重要瓶颈性因素——"要求企业的物流与资金流必须严格捆绑在一起，每发生一笔交易，各下属企业都必须在所在地办理收付汇"的国内外汇管理体制依然存在。8月，经国家外汇管理局同意，上海等地率先开展跨国公司地区总部外汇资金管理方式改革试点，实施《跨国公司经常项目外汇管理改革试点办法》，推出允许跨国公司对境内成员公司的外汇进行集中管理，在境内银行开设离岸账户、从事境外放款、集中办理与境外母公司资金管理中心的进出口收付汇手续等 9 项措施，为外资总部集聚上海提供资金运作上的便利条件。2004 年，国家商务部修订出台《关于外商投资举办投资性公司的规定》，鼓励支持外国投资者在中国设立投资性公司，明确将地区总部作为跨国公司在华设立的投资性公司发展的高级阶段，明确将"地区总部"概念列入《规定》，为跨国公司在华设立地区总部提出了可遵循的规范。上海吸引的外资功能性项目每年都上一个新台阶，阿尔卡特、联合利华、通用电气、柯达、强生、拜耳等著名跨国公司都在上海设立了地区总部。

2005 年 6 月，国务院批准浦东进行综合配套改革试点，对上海利用外资、先试先行、拓展外商投资新领域提供了新一轮发展的好机会。浦东新区先行先试，出台《进一步改进部分外商投资企业审批登记试行办法》，对属于上海市浦东新区审批权限内且不涉及基本建设、环境影响评价、前置审批的外商投资企业设立、变更登记，实行"一口同步受理，一次核发证照"。积极争取国家外汇管理局等部门的支持，率先开展跨国公司地区总部外汇资金管理方式改革试点，探索解决跨国公司地区总部在中国国内无法对内部资金进行统一管理、总部功能无法发挥的瓶颈。2006 年，国家外汇管理局出台《关于调整经常项目外汇管理政策的通知》，将浦东新区"简化非贸易售付汇手续"试点内容推广至全国。

越来越多的跨国公司把地区总部设立在浦东，设立在上海，越来越多的跨国公司不断提高他们在上海设立研发中心的水平和档次，越来越多的跨国公司开始在上海设立具有销售、管理、研发、资金管理、支持服务等各种综合功能的营运中心。截至 2007 年年底，上海吸收的外资总部经济机构达到 593 家，其中跨国公司地区总部 184 家、投资性公司 165 家、研发中心 244 家。有 16 家投资性公司被商务部认证为国家级地区总部，占全国国家级地区总部总数的近一半。世界 500 强企业有 56 家在上海设立了地区总部，3M 公司、思科、飞利浦、本田、英特尔、索尼等众多跨国公司在上海设立了研发中心。英特尔、ABB 和霍尼韦尔公司把他们的部分全球总部迁到上海。作为新型业态的服务外包跨国公司地区总部也在上海出现，印度"四大软件巨头"印孚瑟斯（Infosys）、萨蒂扬（Satyam）、塔塔咨询服务公司（TCS）、威普罗（WIPro）均已在上海落地生根，全球"六大服务外包企业"中的 IBM、惠普、EDS 三家已在上海设立地区总部。此外，汇丰、花旗等十多家国际金融机构的地区总部也已落户陆家嘴金融贸易区。

随着总部企业入驻的增加，上海开始出现一批总部相对集聚的楼宇或园区。为更好地发挥总部集聚区域的集聚效应和辐射作用，促进资源消耗少、附加值高、辐射能力强的总部经济健康发展，上海成立总部经济促进中心，作为配合市有关部门及各区县积极为中央大企业、民营企业、上市公司以及跨国公司在上海设立各类总部做好服务，实现政府服务机构与各类企业总部沟通、交流和服务的综合性平台。2006 年 4 月，总部经济促进中心发布上海首张总部经济地图，宣布将对浦东新区的陆家嘴金融贸易区和民营企业上海总部基地、静安区的南京西路跨国公司总部楼宇区、原卢湾区的淮海路总部楼宇区、徐汇区的徐家汇总部楼宇区、长宁区的国际商务花园、普陀区的中发总部经济园、青浦区的文体产业城和西郊总部经济园、松江区的大业领地——企业总部花园、闵行区的紫竹科学园区和浦江智谷、原闸北区的东方环球企业中心和市北国际协会聚集区、宝山区的钢铁总部基地、嘉定区的西郊生产性服务业集聚区等 16 家总部经济基地予以重点扶持。海尔、长虹、希望、均瑶等众多国内企业集团在跨国公司将区域性总部和研发中心设立在上海的影响带动下，也纷纷将总部设在上海。截至 2007 年年底，上海已聚集中央大企业总部 8 家和中央大企业地区总部、重要生产基地或营运部门 100 多家，以及 31 家"民营企业 500 强"企业总部。

2008年，面对国际金融危机的影响和经济发展转型的实际需要，上海把发展总部经济作为加快上海产业转型和"四个中心"建设的重要抓手，出台了一系列新的政策和措施。其中，最重要的是《上海市鼓励跨国公司设立地区总部的规定》及其《实施意见》。该规定进一步放低地区总部的准入门槛，扩大了跨国公司地区总部的经营、管理和服务活动范围，增加了资助奖励办法。2009年，上海通过下放鼓励类、允许类外资项目审批权限，鼓励支持发展总部经济。2010年，上海抓住商务部下放外商投资审批权限的政策机遇和举办世博会外商云集的机会，开发启动青浦工业园区总部基地建设，启用上海国际研发总部基地，采取点片融合，促使更多总部落地。2011年进入后国际金融危机时期，跨国公司的发展出现了一些值得关注的新动向，主要有在调整全球布局过程中，将战略重心进一步转向中国等新兴市场国家；跨国公司积极实施产业转型，在中国大陆的业务进入整合阶段。这给上海吸引跨国公司地区总部提供了前所未有的良机。对此，上海市政府再次修订发布《上海市鼓励跨国公司设立地区总部的规定》，鼓励在上海的跨国公司地区总部进一步集聚实体业务、拓展功能、提升能级。2012年6月，中国首个总部经济共享服务中心在上海浦东成立，落户浦东的企业总部通过此平台可享有海关、检验检疫、工商等14项改革试点措施。上海总部经济发展突飞猛进。到2012年年底，跨国公司地区总部达403家、外商投资性公司达265家、外资研发中心351家，跨国公司总部机构总数达到了1019家，上海总部经济发展迈入"千时代"，显示了上海对跨国公司的吸引力在不断增强。

二、扩大高新技术产业和新兴领域利用外资

经过20世纪90年代的发展，外资已成为上海经济发展的重要生

力军，不仅数量多、领域宽，而且质量较好。但也遇到了一些问题和发展瓶颈，主要包括土地资源短缺，发展空间受限；商务成本偏高，面临发展压力；虽然上海外商投资第三产业已过七成，但发展现代服务业尚需持续努力；国家级经济技术开发区发展竞争力下降；利用外资促进自主创新还不够。针对上述问题，上海以中国加入世界贸易组织为契机，在继续加强制造业吸引外资的同时，更加注重现代服务业领域吸收外资，更加注重利用外资提高自主创新能力。

为了鼓励外商投资技术密集型和知识密集型项目，上海重新修订《上海市外商投资企业享受技术密集型、知识密集型项目优惠待遇的办法》，在 2003 年制定出台《上海市外商投资产业导向》《上海市外商投资布局导向》《关于外资并购本市国有企业若干意见的实施细则》《关于鼓励外商投资研究开发机构的若干意见》等文件，着眼于上海最需要发展的重点产业，其中涉及制造业的包括现代生物与医药、新材料、电子及通信设备制造业、汽车、船舶、装备、石化、精品钢材八个方面，金融、物流、分销、社会事业（教育、文化、卫生、体育）、科学研究和综合技术服务、房地产、旅游、信息咨询服务等 8 类服务行业。在高新技术成果转化、外汇管理、出入境签证、人才引进、研发样品的通检通关、知识产权保护等方面进一步支持外资研发中心的发展。上海吸收外资在很多领域（新行业）不断实现零的突破，主要有金融培训，不良资产管理，肿瘤诊疗，蜡像馆，航空电子精密仪器仪表翻新、维修和检测，体育赛事组织、承办、管理，经营性语言培训，人才中介，乐器培训，货币经纪，第三方物流企业，保险经纪等。

2005 年，上海首次明确利用外资将不定具体的增长目标，只提"有所增长"。上海利用外资进入转型调整期——即从单纯追求引资规模和数量转向注重引资质量和引资方向，由"引资"转入"选资"新阶段。一是重点发展先进制造业和现代服务业利用外资。上海利用现有的工业园区，充分利用土地资源，引导不同的企业向具有特色的园区集中，特别是六大产业基地，以形成产业集群。围绕电子产业的上下游领域进行招商，逐步完善微电子产业链。推动临港装备产业基地建设，促进装备产业升级。加快上海国际汽车城建设，延伸汽车产业链。继续推进钢铁行业新技术、新工艺、新设备的研究开发项目的落地，提升钢铁精品基地建设水平。精细化工、电气机械、通信设备、计算机等部分先进制造业吸收合同外资保持较高增幅。现代服务业方面，保险业在2004年年底结束入世过渡期后，率先在金融领域基本实现全面对外开放。2006年11月，英国劳合社（中国）有限公司在上海成立，成为带动上海再保险和大额财险市场发展的示范。在沪外资银行在《中华人民共和国外资银行管理条例》颁布实施后，分行纷纷转制。2008年，上海成为全国首批被允许办理个人本外币兑换特许业务的试点地区，标志着人民币自由兑换进程又向前迈进了一步，进一步扩大了金融领域的对外开放。2008年一季度上海引进外资首次出现第三产业超过70%的新格局，这表明上海由过去的工业重镇向国际经济、金融、贸易、航运中心的城市转型又迈出了一大步。

二是鼓励发展外资研发机构。鼓励外资在上海设立高水平研发中心。鼓励国有和民营企业与跨国公司建立共同研发中心，逐步在上海开发核心技术和自主知识产权。扩大外资研发机构与本地大学、研究机构及企业开展广泛的技术交流与合作科研。大力引进能源、资源、农业、信息、生物医药技术等领域的关键技术和关键设备。促进引进外资与自主创新相融合。鼓励外商投资新技术领域和企业技术创新领域。促进外资制造企业向技术设计和研发以及技术服务延伸，探索外资在集成创新和引进消化吸收再创新上积极发挥作用。鼓励外商转让关键和核心技术。鼓励外资参与国内科技研究合作项目，促进产学研结合。

2008年为了更好地应对国际金融危机对利用外资的影响，上海按照"抓大项目、保规模"的目标要求，发布《目标外商目标企业》招商手册，推动招商由"坐商"向"行商"转变，积极发挥吸收外资在产业结构升级、自主创新和区域协调发展等方面的积极作用。到2011年，先进制造业成为上海利用外资重要的增长点，利用外资向化工、通用设备制造、专业设备制造、汽车制造、电气机械制造、电子设备制造等新兴产业领域行业集聚。现代服务业方面，金融服务业、航运服务业利用外资发展较快，吸引了一批股权投资管理企业、融资租赁企业落户上海，首次引进克拉克森航运经纪（上海）有限公司等6家国际航运经纪公司，填补了我国内地航运经纪领域的空白。战略新兴产业利用外资成为新的增长点。新设外资新能源项目，涉及太阳能、风电、核电、氢能等多个产业；信息技术方面，引进了日月光集成电路制造（中国）有限公司；节能环保方面，吸引美国最大的垃圾处理公司——美国废物管理公司收购上海环境集团有限公司40%股权。上海外资逐步形成了以总部经济、服务经济、研发经济为升级动力的利用外资新格局。

三、实施"走出去"战略

"引进来"和"走出去"，是对外开放方针紧密联系、相互促进的两个方面，缺一不可。随着我国入世步伐加快，"走出去"有利于增强我国经济发展动力和后劲的重要性日益凸显。对此，早在2000年，江泽民总书记在向中央政治局通报"三讲"情况的讲话中，首次把"走出去"上升到关系我国发展全局和前途的重大战略之举的高度。较早启动"走出去"战略的上海，更加意识到只有大胆适时地"走出去"，才能不断提高自身的国际竞争力。而国家陆续出台的调整外汇管理、简化项目审批程序、加大信贷支持等政策，则为上海进一步实施"走出去"战略提供了更为宽松的环境。这一年，上海制定出台《上海加快实施"走出去"战略的指导意见》，是全国第一个省市级指导"走出去"战略实施的文件。

2002年，上海针对"走出去"普遍存在的企业数量少、经济效益低、成交规模小、融资渠道有限、投资区域集中在亚洲等问题，提出"启动培育一批资产多元化、管理科学化、经营国际化的跨国企业，加大对外投资方式的创新力度，提升对外工程承包水平，探索'引进来'与'走出去'相结合的"的"走出去"新要求。3月，《上海市私营企业申办境外企业管理办法（试行）》发布实施，民营企业对外投资开始启动。6月，上海海欣集团就成功收购了北美具有70年历史的GLENOIT公司的纺织分部，并得到46个可永久使用的品牌商标，从亚洲毛绒生产大企业一跃成为世界毛纺生产巨头之一，在占全球60%服装市场的北美占有一席之地。与此同时，上海实业在市政府及有关职能部门的支持下，联合上海广电集团、纺织控股集团、仪电控股集团、物资集团、汇丽公司、兰生集团、丝绸集团、华联集团、申宏公司等10家大企业、大集团联合投资，在俄罗斯成立上海（圣彼得堡）贸易中心，启动"波罗的海明珠"项目，不仅成为支持上海企业"走出去"的新平台，而且开辟了上海企业共同"走出去"的新模式。

2003年，上海进一步改革审核登记程序，简化手续，取消"可行性研究报告""企业章程"，采取审核程序规范化、审核材料表格化，使项目累计审核时间由原来的14天缩短为7天，方便了民营企业"走出去"。2005年民营企业海外投资项目从原来的几乎为零发展到占当年上海企业"走出去"投资项目的半壁江山，创历史纪录。2004年，上海制定出台《关于上海进一步推进实施"走出去"战略的若干意见》和鼓励企业实施"走出去"战略三年行动方案（2005—2007），明确提出实施"走出去"的四个重点是，重点鼓励开发国际原材料、能源等资源类项目，重点鼓励开展境外工程总承包项目，重点鼓励收购兼并带有研发中心和品牌的国际制造业项目，重点鼓励拓展海外销售、服务网络项目；明确实施"走出去"的一个优先是，优先支持能带动上海产品、设备、工程和劳务等出口的项目，特别是装备类产品出口的战略方针。上海企业"走出去"的步伐开始进一步加快。

2004年10月，上汽集团以5亿美元成功收购韩国双龙汽车公司48.92%的股权，获得了利用双龙汽车技术加快实现自主品牌汽车生产和利用双龙品牌开拓国际市场的机会，开启了我国汽车企业并购国外同行的先河。2005年7月，上工申贝完成收购德国杜普克·阿德勒公司94.98%的股权，获得了实现公司的国际化战略、产品结构调整和技术升级的机会，开启了我国企业到欧洲发达国家通过资本运作来进行市场兼并收购的先河。10月，为加强和发挥外经集团的引领优势，扩大上海"走出去"平台的作用，上海上实（集团）有限公司、上海久事公司、上海电气（集团）总公司、上海城建（集团）公司和上海大盛资产有限公司等五家本市各具行业优势和雄厚经济实力的股东出资近8亿元人民币重组外经集团，为从根本上解决外经集团因加速和扩大对外发展造成的资金紧缺和国内支撑乏力的问题铺平了道路。重组后的上海外经集团，很快就携手上海城建集团，拿下越南胡志明市地铁四号线（一期）工程，总承包额10亿美元。

这一时期，上海企业还开始把"走出去"与海外资源开发结合起来，通过开拓海外资源基地，缓解上海自身能源、资源缺乏的状况。先后有丰佳集团在罗马尼亚投资2785万美元设立木材加工企业，锦和公司在老挝投资开采铜矿，三盛集团在澳大利亚开采煤矿，上海安信地板有限公司在巴西投资开发森林资源。此外，还有不少上海企业走出去设立研发中心，利用国际先进技术来提升自身的技术水平，如上海新致软件公司、上海杰得微电子公司在日本、美国设立IT产品研发机构，上海曦龙生物医药公司与新西兰科研机构合作研制抗癌药物，并取得美国

FDA 的资质认可，复旦光华信息科技公司等企业在中国香港地区、澳大利亚设立 IT 产品研发机构和软件开发中心等。

2008 年世界金融危机爆发，对上海实施"走出去"战略既有挑战，也是机遇。为进一步支持鼓励企业"走出去"，上海拟定了《关于境外投资核准工作的实施细则（试行）》，大大简化项目核准手续，在资料齐全情况下，3 个工作日即可完成核准，提高了企业对外直接投资的积极性。同时，加大财政、税收、信贷和保险等各方面的政策支持力度，鼓励企业通过兼并、收购、参股等形式"走出去"，鼓励企业并购境外能源、资源类项目，并购国外研发机构、著名品牌和营销网络。2010 年，上海推动银企合作，积极尝试开展人民币境外直接投资，助推企业"走出去"。市商务委与人民银行上海分行联合下发了《上海市关于企业开展人民币境外直接投资的试行办法》，帮助上海电气集团股份有限公司、上海鹏欣（集团）有限公司、上海维鲨国际贸易有限公司、上海太船国际贸易有限公司等四家企业成功办理了人民币对外直接投资业务。同年，上海对台投资迈出第一步。市长亲自带队在台湾举办了"上海企业赴台投资说明会"，促成了第一批赴台投资项目的获批，第一个对台地区投资分公司——上海航空股份有限公司台湾分公司，第一个对台投资全资子公司——欧华德电气国际股份有限公司。国有企业和私营企业对外投资的积极性得到调动，在上海对外投资中各占半壁江山，且呈现出重大项目引领对外投资增长、并购类项目占据主导地位的特点。

第四节　加强国内区域合作

构建开放型经济体制，必须坚持统筹国内发展和参与全球治理相互促进。上海作为我国对外开放的窗口，积极应对我国加入世贸组织的新形势，继续扩大对内对外开放，充分发挥对接国际、辐射国内的"两个扇面"作用，充分发挥中心城市综合服务功能，服务好长江三角洲地区、服务好长江流域、服务好全国。

一、参与推进长三角和长江流域发展

21 世纪，我国进入全面建设小康社会，加快推进社会主义现代化的新的发展阶段。为了建立完善的社会主义市场经济体制，中央更加关注区域协调发展问题。为此，沪苏浙三省市在 2001 年发起成立了由常务副省（市）长参加的"沪苏浙经济合作与发展座谈会"制度，长三角区域合作进入了一个着眼于建立长期性、战略性、整体性区域合作框架的新阶段。

2004 年 7 月，胡锦涛总书记到上海考察工作时，指出上海要服务长三角，服务长江流域。这是增强上海经济中心城市带动辐射功能的必然要求，也是增强上海城市国际竞争力的必然要求。同年，沪苏浙三省市主要领导座谈会制度启动。2007 年 5 月，长江三角洲地区经济社会发展座谈会在上海召开，强调推进长江三角洲地区实现率先发展具有全局性意义，要在新的更高起点上谋划长江三角洲地区的更好更大发展，视野要宽，思路要更新，起点要高，看得更远，想得更深。9 月，上海市第九次党代会报告指出，必须把上海未来发展放在中央对上海发展的战略定位上，放在经济全球化的大趋势下，放在全国发展的大格局中，放在国家对长江三角洲区域发展的总体部署中思考和谋划。积极实施国家区域发展总体战略，充分发挥中心城市综合服务功能，更好地服务长江三角洲地区、服务长江流域、服务全国。进一步推动长江三角洲地区联动发展。

2008 年 9 月，国务院印发《关于进一步推进长江三角洲地区改革开放和经济社会发展的指导意见》，"泛长三角"首次被写入中央文件，还首提推进长江三角洲地区一体化发展，要把长江三角洲地区建设成为亚太地区重要的国际门户、全球重要的先进制造业基地、具有较强国际竞争力的世界级城市群。此时，由美国次贷危机引发的金融危机影响到长江三角洲地区，长江三角洲地区的实体经济受到严重冲击。长江三角洲地区必须联手应对世界金融危机的挑战，进一步增强区域发展的抗风险能力、可持续发展能力和国际竞争力。12月，在宁波召开的长江三角洲地区主要领导座谈会，讨论通过了《长三角地区贯彻国务院〈指导意见〉共同推进若干重要事项的意见》，在联手扩大内需，联手推进自主创新，联手加快经济转型升级，联手推动金融创新，联手促进中小企业发展，联手建设统一开放的市场体系，推进长三角地区一体化发展方面达成共识。从2009年开始，安徽省作为长三角地区的正式一员出席会议。2010年5月，国务院批准下发由国家发改委制定出台的长三角区域规划，提出要在长三角建设"一核九带"，即以上海为核心，沿沪宁和沪杭甬线、沿江、沿湾、沿海、沿宁湖杭线、沿湖、沿东陇海线、沿运河、沿温丽金衢线为发展带的空间格局。

根据中央要求，上海积极参与长三角一体化进程。2009年4月，市委、市政府要求上海切实增强合作意识，积极推动长三角区域合作与协调发展，并借助举办世博会契机，积极推动长三角地区在旅游、港口、物流、园区、会展等方面开展合作。在世博会筹备期间，上海带头引领长三角地区旅游城市共同形成长三角旅游集散中心公共服务平台，积极开展"世博之旅"专题合作。在世博会举办期间，上海旅游集散中心与长三角24个地级市合作，圆满完成接待世博会游客任务，不仅提升了各城市的品牌效应，而且还直接吸引优质客源，共享世博会利好。与此同时，长三角地区"大通关"协作取得良好效果，长三角园区合作成效显著。目前园区联盟已经发展到100多个成员，影响力已经溢出长三角范围。

2010年国务院正式批准实施《长江三角洲地区区域规划》后，上海在2011年制定了《关于本市贯彻〈长江三角洲地区区域规划〉实施方案》，提出构筑区域协调发展新格局、形成以服务经济为主的产业结构、推进创新型区域建设、提高区域基础设施网络化水平、建设"两型"（资源节约型、环境友好型）社会、推动区域社会事业联动发展、深化体制改革、形成全方位开放格局等8个方面的任务。2012年，上海和苏浙皖三省政府共同出资成立了长三角合作与发展共同促进基金。该基金的目的是研究解决和协调推进长三角合作与发展中的关键环节、共性问题和主要瓶颈，以提高区域资源配置效率，提升区域整体竞争力，加快推进长三角一体化发展。2013年，上海与浙江、江苏、安徽的港航管理部门召开长三角内河集装箱运输发展联席会议第一次会议。会议通过《关于促进长三角内河集装箱运输联动发展倡议书（草案稿）》和《长三角内河集装箱运输发展合作联席会议章程（草案稿）》，标志着长三角地区区域内河集装箱运输协调机制建立，有助于加快航运基础设施联网建设，打通内河集装箱运输通道；有助于市场培育和成长，改善内河集运市场环境；有助于强化安全监督和管理，提升行业管理与服务水平，也有助于创新理念和技术，推动内河集运可持续发展。

二、继续做好东西部扶贫协作与对口支援

对口支援和东西部扶贫协作，是推动区域协调发展、协同发展、共同发展的大战略，是加强区域合作、优化产业布局、拓展对内对外开放新空间的大布局。经过多年的发展，上海与相关地区的对口支援，已从最初救助贫困、输血扶贫的政府行为发展成为发展经济、造血解困的政府推动和市场运作相结合的行为。进入21世纪，我国进入全面建设小康社会阶段，要逐步扭转地区差别扩大的趋势，对口支援工作必须持续

开展下去。对此，中央扶贫开发工作会议，专门指出对口支援工作要进一步扩大规模，提高水平。以此为指导，上海的对口支援工作按照中央的统一部署，坚持"立足大局、扩大开放、服务全国、互融共进"的指导方针，突出重点，注重实效，逐步探索形成政府主导、社会参与的对口支援模式。

在对口支援云南地区，上海从2001年起主要推进"温饱试点村"建设发展升级为由"7+8"温饱试点村、安居+温饱工程和脱贫奔小康试点工程等组成的"白玉兰温饱试点工程"，帮助贫困农民在获得必要的生产生活设施的同时，增强主动寻找致富门路的责任感、紧迫感；帮助对口帮扶的乡村发展特色种植业、养殖业，形成了"特色甜瓜村""生态环境村""养猪示范村""沼气普及村"等一批各具特色的乡村，得到当地群众和政府的一致认同。2004年，经与上海商议，云南请上海增补迪庆[①]的香格里拉、德钦、维西3个贫困县为对口帮扶重点地区。2005年12月，上海又与云南签署了对口帮扶德昂族发展的合作协议。沪滇帮扶合作发展为"4+1"的新模式，即思茅、红河、文山、迪庆4个州市和1个德昂族。上海积极行动，确定由嘉定、宝山2个区和2家大企业对口帮扶迪庆3个县。2006年4月对口帮扶德昂族发展项目在云南德宏州潞西市三台山德昂族乡正式启动。从2006年到2010年，上海按照"分批扶持，整村推进，重点突破"的帮扶思路，共投入帮扶资金3688.9万元，着重围绕解决德昂族群众基本生活、基本生产、基本教育、基本医疗问题，实施村内道路、人畜饮水、电力、安居工程、农村能源、农田水利、种植、养殖、文化、教育、科技培训等457个项目，[②]使受帮扶的德昂族地区的基础设施建设和生产生活条

---

① 即迪庆藏族自治州。

② 上海市人民政府发展研究中心编：《上海经济年鉴2011》，上海经济年鉴社2011年版，第165页。

件得到了较大改善，基本实现了通路、通电、通广播电视、通电话；有学校、有卫生室、有安全的人畜饮用水、有安居房、有稳定解决温饱的基本农田。2009 年 12 月，上海根据云南省的提议，正式参与帮扶怒江州独龙江乡独龙族加快发展。经过 3 年的对口支援，上海援助独龙族实施了安居温饱、基础设施、产业发展、社会事业、素质提高、生态环境保护与建设"六大工程"，超常规帮助独龙族群众摆脱困境。

在对口支援西藏地区方面，上海以 2001 年 6 月中央第四次西藏工作座谈会会议要求为开端，启动第三轮对口支援日喀则工作。上海主要通过"安康工程"，帮助对口支援西藏日喀则地区的江孜、拉孜、定日、亚东和萨迦 5 县加强农村基层政权建设、改善村委会办公条件、帮助农牧民发展多种经营、发放无息贷款、鼓励农牧民发展小型运输、小型加工业、家庭种养殖业、旅游服务业等，拓宽农牧民增收渠道。为更好地发挥已形成的切实有效的帮扶方式方法的叠加效应，2004 年至 2010 年，上海进一步加大"安康工程"建设力度，扩大"安康工程"覆盖面，拓展"安康工程"内涵。按照"五通五室"①"一村一品"② 等标准，建成新农村示范点、村委会示范点共 100 个，对新建安居房的农牧民实施资金补贴 16001 户，使之成为农牧民增收、农牧业增效的一个有效途径。进一步增强对科技的投入。帮助建立亚东鱼养殖、江孜蔬菜种植、拉孜特色瓜果种植、定日藏鸡养殖等示范基地。还创造性地依托上海农科院的技术支持，采用"公司＋农户"的方式，带动农户种植亚东木耳，拓展创业致富途径。进一步加大对教育和培训的投入，特别重视对农牧民进行实用技术的培训。开设"白玉兰"远程教育网接收点，积极发挥"白玉兰"远程教育网在智力援助方面的作用。进一步加强对城

① "五通"指通电、通路、通水、通电话、通广播电视，"五室"指村委会办公室、综合活动室、电化教育室、科技文化阅览室、卫生室。
② 指帮助每个村子培育一个特色产业。

镇基础设施和软环境建设的投入。援建了上海宾馆二期工程、桑珠孜宗堡工程、珠穆朗玛上海大酒店、地区人民医院病房大楼、江孜和定日县城供水工程等，特别是日喀则宗山博物馆项目，对保护和弘扬西藏历史文化意义重大。进一步扶持支柱产业和特色经济发展。协调上海有关企业投资开发新唐卡、丝绸哈达、陶瓷面具、温泉浴盐等民族特色产品，开发矿泉水等。进一步加强环保和可持续发展，建设了江孜上海公园、拉孜上海生态林、定日白坝苗圃基地、定日协白公路绿化带、定日植树造林 1000 亩林带等。

在对口支援新疆地区方面，上海主要对口支援阿克苏地区的阿克苏市、温宿县、阿瓦提县。为了让农牧民直接得实惠，上海坚持将援助资金和项目向贫困人口聚焦、向农牧民下移、向贫苦乡村倾斜的方针，援建 9 个白玉兰扶贫村项目，成为阿克苏地区新农村建设的示范村，村庄内部三区分离，通路、通水、通电、通电话、通广播电视，水利、农户庭院经济等基础设施初步完善，2293 户农牧民受益。安排对口支援阿克苏地区人力资源开发扶贫培训工程项目，以 233 个扶贫开发工作重点村为基本单元，对村干部、村技术人员、有外出务工意愿的贫困农民等进行培训，平均每村培训 8 人左右，为阿克苏地区贫苦农牧民学习掌握实用技能、脱贫致富取得了新的经验。2008 年起，上海根据阿克苏地区的发展变化，提出了援建项目要重点放在基层、放在农牧民生活改善上、要帮助农牧民致富的帮扶要求，筹措援助资金 2.57 亿元在阿克苏地区实施 150 个第六批援疆项目，其中投资 3440 多万元用于阿克苏地区 45 个自然村的整村推进建设。抓住国家、自治区将阿克苏建成"棉纺织工业城"的战略机遇，联络、协调上海棉纺专家、企业到阿克苏地区考察。在上海建立阿克苏农产品直销店和网络，拓宽阿克苏农产品的销售市场。大力推动阿克苏旅游资源开发利用，联系促成上海经停乌鲁木齐直飞阿克苏的航班，便利了两地企业、游客合作交流。2010

年 3 月全国对口支持新疆工作会议对对口支援新疆工作作出新的部署，即举全国之力最大范围"反哺"新疆，以汶川灾区重建模式实施 19 省市对口支援。上海对口支援喀什地区的巴楚县、莎车县、泽普县、叶城县。上海对口支援阿克苏地区的工作时间因此提前至 2010 年 11 月结束。经过 13 年的对口支援，上海共向阿克苏地区投入无偿援助资金、物资合计 5.75 亿元，实施援助项目 662 个。

在对口支援三峡库区方面，上海一方面针对库区搬迁企业结构调整、生态农业和社会发展等领域等现状，继续组织中外企业到库区开展经济合作；输出现代农业技术，帮助对口地区调整产业结构，引导农村移民走科技致富道路；援建就业基地，帮助库区加强对富余劳动力的岗位技能培训；实施家家富工程、广播电视村村通工程、希望工程与健康工程，援建"培训中心"和"科技中心"，做好就地援助工作。一方面，按照中央提出的截至 2003 年前安置好库区外迁移民的要求，做好三峡库区 5000 名移民的异地安置工作。经过认真研究，上海确定了"相对集中，分散安置，整建制迁移""迁得进，稳得住，逐步能致富""促进移民与当地农民融通、融合、融化"的安置原则，按照一个乡镇安置移民 13—14 户，一个村 2—3 户的规模，采取"规定额度，财政贴息，移民分期还贷"的办法为 150 户 600 名移民委托建房（公建）150 栋①。在基本生活用品配套上，为移民家庭准备了液化气焖和一个月口粮，社会各界赠送了电饭锅、电风扇等生活必备用品，乡村干部帮助移民在自留地上种上了蔬菜，满足了移民的基本需求。为帮助两批移民实现"迁得进，稳得住，逐步能致富"的目标，上海实施"五个一"的帮扶举措，为每户移民落实 1 亩致富田，帮助种上经济作物，使移民有了比较稳定的生活来源；给每户移民一本生产、生活指南小册子；提供

---

① 安置移民住房标准分三类：3 人以下（含 3 人）建筑面积为 120 平方米，4 人以上为 150 平方米，6 人以上为 180 平方米，每建筑平方米造价为 550 元。

一项技能培训，增强移民自身的生存能力；提供一份社会保障，凡是移民收入低于扶贫线的给予补助，移民子女入学两年内减免部分费用；力争为每户移民联系一人外出打工，通过外出打工增加移民家庭收入。2004年，在第一批三峡库区移民两年过渡期满后，市政府又制定了完善结对帮扶工作机制、落实移民帮扶解困资金、拓宽移民非农就业渠道、给予移民困难家庭子女教育费用减免优惠、给予移民困难家庭合作医疗补贴、切实维护移民合法权益等6项政策措施，加强对三峡库区来沪安置移民的帮扶。

在对口支援都江堰市地震灾后重建方面，上海按照中央提出的三年帮助地震灾区基本实现灾后恢复重建规划目标的要求，建立地震灾后恢复重建资金，坚持"硬件"与"软件"相结合、"输血"与"造血"相结合、当前和长远相结合，提出"521"的布局，"5"即"五个体系"，分别是教育支撑骨干体系、医疗卫生服务体系、城乡安居房基础体系、城乡用水治污框架体系、支农惠农保障体系；"2"即"两个支撑"，也就是公共服务设施支撑和产业发展提升支撑；"1"即"一系列软件援助和智力支持"。到2010年8月，上海签约投资82.5亿元启动的五批117个对口支援都江堰市的援建项目全部竣工。6.1万户农村住房、3.88万户城镇住房全面建成；65所中小学校及幼儿园重建完成，464个医疗、计生服务机构和站点，以及体育场、青少年活动中心、社会福利院、应急避难场所等一大批公共设施建成。"五纵五横一轨"的路网体系也全面形成，建成城市西区20万吨自来水厂一期工程、青城山污水处理工程和13个乡镇污水处理站，天然气调峰站全面投入使用，改善了都江堰市的生产生活条件。此外，上海还帮助编制都江堰灾后重建总体规划、城镇体系规划、产业发展规划、综合交通规划、古城区旅游规划等五个规划。组织八批1118名医疗队伍、两批127名教师、两批210名公安干警开展支医、支教、支警援助；帮助都江堰359名教师赴沪进行为期两个月的培训及 1193 名职业高中生在沪就读；帮助 2525 名都江堰市卫生、教育、农业、科技、商务、旅游等各类专业技术和管理人员进行培训。

2011 年，我国经济进入依靠内需拉动的发展阶段，国家促进区域协调发展战略进入全面推进和转型发展阶段，扶贫开发工作也进入新阶段。国家决定将六盘山区等 11 个连片特困地区和西藏及四川、云南、甘肃、青海四省藏区，新疆南疆三地州作为扶贫攻坚的主战场，并在武陵山片区率先开展区域发展与扶贫攻坚试点，明确积极推进东中部地区支援西藏、新疆的经济社会发展，继续完善对口帮扶的制度和措施。上海对口支援的地区也有了新的发展变化，除了原来已有的新疆喀什地区、西藏日喀则地区、云南四州（市）、湖北宜昌夷陵区、重庆万州区等外，新增青海果洛藏族自治州和贵州遵义市。面对繁重的对口支援任务，进入转变经济发展方式关键阶段的上海，牢固树立"两个大局"的思想，以促进上海创新发展、转型发展、合作发展为主线，把对口支援和自身发展结合起来，坚持落实中央要求与符合对口地区实际需求相结合，坚持政府推动与社会参与相结合，坚持统筹协调与分工负责相结合，发挥上海优势，动员社会参与，创新援建模式，"输血"与"造血"并举，改善民生与发展经济并重，加大资金支持和经济合作力度，增强人力资源培训的针对性和有效性的对口支援新思路，推动上海对口支援工作再上新台阶。"十二五"期间，上海对口支援投入资金是"十一五"期间的 6 倍多，在 10 个对口地区累计投入财政援助资金 135 亿余元，实施项目 3423 个；选派干部 330 人次、技术人才 2300 多人次，组织实施人力资源培训约 7.5 万人次。新增贵州省遵义市为对口帮扶地区，对云南迪庆按藏区标准加大援助力度，启动对新疆克拉玛依干部人才支援工作，深化了对独龙族的帮扶工作。在新疆喀什，投入资金 92.34 亿元，援建"安居富民"和定居兴牧房等项目 772 个；在西藏日喀则，投入资金 15.08 亿元，援建移民安居工程及相关配套建设等项目 462 个；在青海果洛，投入资金 9.36 亿元，援建高原特色农牧业扶持等项目 239 个；在云南文山、红河、普洱、迪庆四州市，投入资金 13.42 亿元，援建以水、电、路、气、房为主的新农村建设等项目 1624 个；在贵州遵义，投入 1.62 亿元，援建新农村和民生示范帮扶等项目 103 个；在重庆万州和湖北宜昌夷陵，投入 3.23 亿元，援建促进移民安稳致富的产业和民生等项目 223 个。2016 年，上海对口支援干部进入轮换之年，上海在做好各项交接工作的同时，制定鼓励社会力量参与东西部扶贫协作、对口支援工作的 11 条《实施细则》，聚焦精准扶贫、精准脱贫，加大财政投入、调整优化区县结对帮扶关系、大力引导企业和社会力量参与对口支援工作、制定实施鼓励性政策和考核办法等一系列举措，进一步形成全市对口支援的合力。

三、服务西部大开发等国家战略

坚持区域经济协调发展，是党中央为正确处理建立区域经济与发挥各省区市积极性的关系，正确处理地区与地区之间的关系，引导各个地区形成若干各具特色的经济区域，以逐步缩小地区发展差距，最终实现共同富裕作出的重要战略决策。在该战略决策的指导下，我国在 1999 年首先启动西部大开发战略。作为与西部地区有着紧密对口支援关系的上海，迅速作出反应，派出了由市委、市人大、市政府、市政协主要领导率队的代表团，到陕西、宁夏、内蒙古、新疆、甘肃、青海等地考察，成立了由市领导挂帅的上海市服务参与西部大开发工作协调小组，并制定了不同于传统意义的区域经济发展和扶贫帮困的合作指导性文件——《上海市服务参与西部大开发的实施意见》，明确每年拿出 5000 万元资金，用于鼓励技术、人才和企业大举"西进"。上海开始有重点、有步骤地扩大对西部地区的投资规模和范围，扩大各领域的交流协调。

2001年至2005年，上海组团参加西部地区举办的重要区域性经贸展示洽谈会，签订合作项目1507个，总金额达到1534.7亿元，帮助宁夏银川进行的多层楼房"平改坡"改造试点工程，无偿援建西宁市的标志性建筑——南山凤凰台；在呼和浩特开展呼和浩特生活垃圾处理项目；投资参与新疆荒山绿化开发；通过国有资产划转、购买经营权、参股、合资、特许加盟、融资租赁等方式，参与西部地方企业的改革和结构调整；输出上海的技术，在西部建立农业基地；鼓励各类人才以不迁户口、不变身份、不转关系等柔性流动形式参与西部建设。同时，组织离退休专家、学者，采用技术咨询、项目论证、项目攻关等多种形式为西部开发建设服务。2007年起，上海根据国务院《关于进一步推进西部大开发的若干意见》和国务院西开办《关于促进西部地区特色优势产业发展的意见》，着重推动上海产业、技术、管理优势与西部地区资源等优势的结合。合建了一批当地特色资源的开发及深加工项目；扩散了一批支柱产业项目，促进了当地的经济结构调整；推进了一批高新技术合作项目，促进科研成果的转让；实施了一批名牌产品"销地产"项目；转移了一批有市场与有效益的传统工业项目；培育了一批"头脑"在沪而生产基地在西部的项目。发挥上海"种源农业""设施农业""服务农业"的优势，帮助西部地区发展特色农业和高效农业，合作开发绿色农产品进入国内外市场。利用上海技术、管理、信息和体制等的优势，携手设计、建设、装备、监理等单位形成规模优势，参与当地基础设施建设。鼓励金融、中介服务、连锁商业、连锁酒店、旅行社等企业和机构进入西部地区布设网点，发挥上海金融、资本市场的功能，帮助西部优势企业进行资本运作，在拓展市场的同时促进共同发展。2010年6月，党中央、国务院颁布《关于深入实施西部大开发战略的若干意见》，对深入推进后10年西部大开发作出重大战略部署，明确要广泛动员社会各界支持和参与西部大开发。上海从做好加快自身发展和主动服务全国两篇大文章的要求出发，继续大力参与支持西部大开发，特别加强了在能源资源、现代农业、制造业、服务业等重点领域的合作，同时深化科技创新合作，加强人才交流与培训。

　　东北老工业基地振兴战略是我国继实施西部大开发战略之后，启动的又一个推动区域经济发展的国家性战略。不同于实施西部大开发战略的西部地区，东北地区等老工业基地除了拥有丰富的自然资源外，还有着巨大的存量资产、良好的产业基地、明显的科教优势、众多的技术人才和较为完备的基础条件，与上海的发展有着很强的互补性。参与推进东北地区等老工业基地振兴，更有利于实现双方的优势互补、共进共赢。为此，上海从 2004 年以来，重点在经贸、产业、农产品、资源等领域加强与东北老工业基地开展合作。积极推进上海装备、汽车、化工、钢铁、能源、医药、科技、新材料等行业与东北地区国有企业开展多种形式的合作，促进产业结构优化升级。发挥上海各类要素市场和中介机构的作用，为当地改造传统制造业、发展现代服务业、调整产业结构、加快企业资产重组提供市场服务。注重发挥上海作为粮食主销区和东北地区作为粮食主产区的独特优势，加强粮食和农副产品的产销合作，与吉林、黑龙江省签订粮食产销合作协议，延长产业链。推进在东北地区建立一批粮食、乳业、肉类、木材等资源基地。继续实施"振兴东北老工业基地科技合作专项"，形成一批具有自主知识产权的关键技术和名牌产品。建立上海科技企业服务基地，促进增强企业自主开发能力。联合开展对外贸易，合作建立一批以轻工、电子、纺织品为主的出口加工基地，共同开拓东北亚市场。推进"中中外"合作，开发利用东北亚森林、矿产和能源等资源。

　　2006 年 4 月，党中央、国务院颁布《关于促进中部地区崛起的若干意见》，正式实施中部地区崛起战略。这是国家为形成东、中、西优势互动，相互促进，共同发展新格局作出的又一重大战略决策。积极参与中部地区崛起，不仅有利于拓展上海城市服务半径，而且是上海服务"全国一盘棋"的重要内容。参与服务中部地区崛起，上海从这一区域要建成我国重要的粮食生产基地、能源原材料基地、装备制造业基地和综合交通运输枢纽的目标出发，加强在煤、电等能源方面的合作和原材料基地建设，在中部地区建设了一批市外能源基地和原材料基地。加强在汽车、纺织、连锁业等方面的产业合作，与中部地区汽车集团开展合作与互动，有计划、有步骤地转移上海纺织初级加工能力。支持和鼓励上海连锁商业、金融机构在中部地区扩大网点布局，输出先进业态。发挥比较优势，加大在农业特色产品开发、农业经济技术合作、农村剩余劳动力培训等方面的合作力度。

2011年起，上海更加注重从促进中西部地区经济良性互动的角度出发，以落实政府间合作框架协议为抓手，以适应签约省区相关地区的产业特色和上海的发展需求为重点，加强与中西部地区和东北地区尤其是黑龙江、山西、安徽、内蒙古、吉林、广西等省区的合作，组团参加经贸合作项目会，推进科创平台建设等，加强与各地在经济与科技等领域的合作，建立战略合作关系，服务西部大开发、东北老工业基地振兴、中部地区崛起等国家战略。

第五节　举办成功精彩难忘的世博会

上海世博会是我国继北京奥运会之后举办的又一次世界性盛会，是第一次在发展中国家举办的注册类世博会，也是新中国成立以来我国举办的规模最大、持续时间最长的国际活动。在党中央、国务院的坚强领导下，在国际社会的积极帮助、共同参与下，依靠全国各地区各部门各单位和全国各族人民的大力支持、共同努力，上海从申博到办博，历经十多年的时间，实现了中华民族的百年世博梦想。上海作为新兴的国际大都市被世界认可。上海市民的精气神得到一次大的提振。上海世博会精神成为上海城市精神的重要组成部分。

一、世博会与上海新一轮发展大讨论

世界博览会，是一项由主办国政府组织或政府委托有关部门举办的有较大影响和悠久历史的国际性博览活动，被誉为世界经济、科技、文化的"奥林匹克"盛会。在世博会一百多年的历史上，举办世博会的国家或地区，都通过世博会推动了产业发展，让世界更好地了解这个举办国或地区，增强了举办地区的竞争力、凝聚力、辐射力和吸引力。特别是世博会对加快城市建设、提高城市影响力有直接推动作用。早在 100 多年前的 1893 年，清末维新派代表人物兼实业家郑观应在写的《盛世危言》一书中，呼吁向西方学习，特别提出在中国举办世博会的设想，"故欲富华民，必兴商务；欲兴商务，必开会场。欲筹赛会之区，必自上海始……"但在贫穷落后的半封建半殖民地的旧中国，这是不可能实现的。

1949 年新中国成立后，特别是改革开放后，中国人再次燃起了举办世博会的激情。20 世纪 80 年代，上海市市长汪道涵提出上海申办世博会的战略设想，并组织开展关于上海举办世博会的预可行性研究。1993 年 5 月，我国着手申办世博会，被国际展览局接纳为第 46 个成员国。1999 年上海市人民政府决定申请承办 2010 年世博会，中共中央政治局委员、上海市委书记黄菊和市长徐匡迪在市外经贸委呈报的《世界各城市申办 2010 年世界综合性博览会的情况》专报上批示："争取承办 2010 年世博会。"随后，上海市成立了 2010 年世博会申办工作筹备小组，并向国务院提出申办请示。国务院批复了上海市人民政府申办 2010 年世博会的请示。12 月，中国政府代表在国际展览局代表大会上宣布，中国政府支持上海作为申办城市申办 2010 年世博会。

2000 年 3 月，国务院办公厅发出关于成立 2010 年上海世界博览会申办委员会的通知，同意成立 2010 年上海世界博览会申办委员会，上海开启了众志成城、全力申博的过程。2000 年 10 月，经过深入调研，上海市政府常务会议，确定"Better City, Better Life"为申博的英文主题，后又以祈使句的形式将中文主题确定为"城市，让生活更美好"。2001 年 2 月，上海市市长徐匡迪向各国驻沪总领事、领事介绍中国申办 2010 年上海世博会的情况。5 月，中国第一个向国际展览局递交 2010 年世博会申请函，从此到 2002 年 12 月，经过 4 轮投票，上海最终以 54 票的绝对优势赢得 2010 年世博会的举办权。消息传回上海，全城沸腾。

这是中国第一次举办注册类世界博览会，也是在发展中国家首次举行的世界博览会。对上海来说更是意义非凡，是国家行为、中国机遇，将对上海的城市建设和城市形象产生巨大影响，将会成为上海城市形象塑造和传递的重要平台。为了凝聚全市人民，以举办世博会为契机，推动上海各方面工作不断上新台阶，促进上海新一轮大发展，2003 年 3 月上海市委、市政府召开"世博会与上海新一轮发展"大讨论动员会，决定从 3 月 20 日起启动"世博会与上海新一轮发展"大讨论，目的是进一步解放思想，拓宽视野，拓展思路，破解上海今后一段时期发展中的难题，实现上海发展新的跨越。

大讨论坚持思想务虚与工作实际相结合，坚持立足当前与谋划长远相结合、坚持集中讨论与广泛参与相结合，发动全市上下，就如何认清上海今后一个时期发展的阶段性特征以及面临的主要机遇和挑战；如何在融入全国、服务全国中加快上海自身发展；如何做到当前和长远两手抓，既走通"华山天险一条路"，又切实把商务成本降下来；如何根据新的发展要求及时调整城市规划和城市布局；如何在产业结构调整中把握好高新产业发展与传统产业改造的关系；如何在大规模城市建设中提高城市的管理水平；如何把 2010 年上海世博会办成一届最成功、最精彩、最难忘的世博会；如何培育和塑造上海城市精神等八个事关上海新一轮发展全局的重大问题开展讨论。

讨论历时半年，社会各界广泛参与，各方决策研究力量协同配合，形成了 4 个研究报告、7 个行动纲要等一系列研究成果。7 个行动纲要分别是《上海制造业战略升级行动纲要》《上海加速发展现代服务业行动纲要》《上海信息化持续发展行动纲要》《上海加快人才新高地建设行动纲要》《上海郊区加快推进"三个集中"行动纲要》《上海加强现代化城市管理行动纲要》《上海教育"三个转变，三个推进"行动纲要》。4 个研究报告分别是由上海社科院牵头着重从理论创新和思路创新入手，以世界城市为主线，以国际化引领现代化为主题，提出上海新一轮发展中必须解决的主要问题与思路、对策的 B 方案；由上海财经大学牵头，主要从反证角度就上海新一轮发展中存在的主要问题提出对策思路与政策建议的 C 方案；由市科委牵头主要研究推进上海新一轮发展，实施科教兴市战略的具体抓手、载体和政策的 D 方案；由市委研究室在综合集成 B、C、D 方案、大讨论成果，吸收有关委办局 7 个行动纲要的基础上，形成的 A 方案。浦东、徐汇、长宁等 19 个区县也通过大讨论形成了自己的新一轮发展三年行动计划。

全市上下通过大讨论，对如何推进未来发展中的一些重大问题形成广泛共识，如在经济发展上，要着眼于提高国际竞争力，把握好产业结构战略升级大格局，始终坚持三、二、一产业发展方针，始终坚持二、三产业共同推动经济发展。要以优先发展现代服务业为重点加快第三产业结构升级，以优先发展先进制造业为重点加快第二产业结构升级。要抓住国际产业转移重要机遇，完善重大产业布局，继续抓好"东南西北"四大产业基地，抓紧造船、装备工业基地规划建设，同时继续推进工业园区建设，促进工业化、城市化互动结合。在城市发展上，要促进中心城区和郊区协调发展，拓展发展空间，提高空间结构效益。要以开阔的视野、科学的规划，使郊区成为科教兴市主战场，成为带动发展增长极；要按照增加公共绿地、增加公共空间、减少容积率、减少建筑总量的"双增双减"要求，做到功能、布局、环境和景观相协调，实现中心城区建设向精品时代战略性跨越。在科教兴市方面，认为核心是创新，包括科技创新、体制创新等全方位创新，其中体制创新尤为重要。

通过大讨论，世博主题深入人心。上海也实现了借世博题、谋发展路的目标。

二、中国开放的新名片

2003 年 10 月 30 日，上海世博会事务协调局成立。中国 2010 年上海世博会进入筹办阶段。2004 年 1 月 5 日，上海世博土地储备中心挂牌成立，标志着 2010 年上海世博会园区土地前期开发实质性启动。6 月，国家成立中国 2010 年上海世界博览会组织委员会和 2010 年上海世界博览会执行委员会。7 月 28 日，启动志愿者招募工作。11 月 29 日，上海世博会会徽揭晓。2006 年初，建立上海世博会国际招展机制。8 月 19 日，世博园区工程建设启动。

2007 年，世博会筹办工作进入关键阶段。中共中央总书记胡锦涛、国务院总理温家宝对办好上海世博会作出重要指示。以中央精神为指导，上海市委作出了要把上海世博会作为长三角地区合作的重要事项之一办好的要求，提出了"机遇共抓、资源共享、主题共演、活动共办、声势共造"的思路，打出的品牌是世界"第六大城市群"，并在硬件资源、旅游景观、人才、志愿者等各方面实现资源共享，全力以赴搭建世博会这个服务长三角、服务全国的大平台。年内，世博园区建设全面推进，重要场馆按节点相继开工。同时，世博会配套工程建设及园区周边道路和环境整治加快推进。需搬迁的 270 多家企事业单位超过 80% 的土地已经腾清。

2008 年 5 月市委、市政府就全市制定实施《迎世博 600 天行动计划》提出指导意见。"指导意见"指出，要在党中央、国务院和世博会组委会领导下，紧紧抓住世博会筹办这一重要契机，突出更好地服务长江三角洲地区、服务长江流域、服务全国，突出改善市民生活环境、提高市民生活质量，全市动员、全民参与，市区联动，区县为主，围绕"五个明显"（市容市貌明显改观、各项窗口服务明显优化、城市管理明显改善、城市文明程度明显提高、市民文明素质和精神面貌明显提升）的工作目标，全面推动各方面工作上水平、上台阶，让全市人民亲身体验"城市，让生活更美好"的世博主题。"迎世博 600 天行动计划"分三个实施阶段：第一阶段，从 2008 年 4 月到 8 月底，全市各区县、各部门、各单位制定计划、分解任务。第二阶段，从 2008 年 9 月到 2009 年 12 月，全市各区县、各部门、各单位按照行动计划，认真组织实施，落实各项工作。第三阶段，从 2010 年 1 月到 4 月底，全市各区县、各部门、各单位紧紧围绕世博会会期举办工作，全面检查，防漏补缺，巩固成果，交流推广，不断提高，为迎接世博会作好全面充分的准备。

2010 年 4 月 30 日，经过八年筹办的中国 2010 年上海世博会开幕，5 月 1 日开园，10 月 31 日闭园，共举办 184 天，7308.44 万人次入园参观，其中外国游客 400 多万人次。上海世博会占地面积 5.28 平方公里，其中围栏区面积 3.28 平方公里，配套服务区面积 2 平方公里，横跨黄浦江两岸，230 多个展馆等公共建筑面积达 250 万平方米，参加的国家和国际组织共 246 个。上海世博会秉承"理解、沟通、欢聚、合作"的理念，通过展示、活动、论坛三种形式成功诠释和表达了"城市，让生活更美好"（Better City, Better Life）的主题。上海共接待进园区参观境外贵宾 5470 批 10.7 万多人次，重要贵宾团组 872 批，其中外国国家元首、政府首脑 100 人，副总统、副总理、议长、王室成员、政府部长、政党领袖 360 多人。

上海世博会因此创造了许多"第一"：第一次在特大型城市的中心城区举办，第一次以"城市"为主题的世博会，第一次设城市最佳实践区，第一次开辟网上世博会，园区面积第一，参展规模第一，游客规模第一等。并形成了自己的特色，如始终坚持依法办博的理念，围绕参展者的主体登记和税收优惠两大难题，制定一系列优惠和便利政策，最大限度地便利参展者参展；大力推进《参展合同》签署工作，构筑组织者与各类参展者的法律纽带；制定特殊规章，丰富完善组织者与参与者的行为准则。坚持科技办博理念，实现上海世博会园区的"低碳排放"，实现世博园区内客运交通工具"零排放"，以及园区内建筑和照明二氧化碳排放减少 30%；实现上海世博园区生态和谐和资源综合利用；实现上海世博园区管理运营的便捷高效和安全；实现中国馆、主题馆、网上世博会等展览展示的精彩、互动和创新。始终坚持勤俭办博，把勤俭、廉洁的要求落实到办博工作的各个环节，严格执行招投标管理、预算管理、监察审计等制度，加强监督，加强对重点岗位和人员的廉政教育。

上海也在这次世界盛会的举办过程中，收获了丰富的物质、精神财富。上海的城市基础设施建设，特别是海、陆、空港设施建设全面提速。两大机场、两大火车站、多处越江桥隧工程建设联通；城市轨道交通网络，从 2005 年至 2010 年世博会开幕前的五年间，迅速提高到 11 条线路共 425 公里长度，一举奠定了上海轨道交通网络格局，大大改善了城市公交出行的服务水平。1.8 万户居民在世博会筹办过程中告别了危房简屋。人民群众的生活得到了进一步改善。上海的自主创新能力得到进一步提升。在世博筹办期间，上海各行业各领域积极参与，科技创新成果被广泛应用到世博场馆建设和世博筹办各个领域，借助世博会的推动力，全社会逐步形成崇尚自主创新的氛围，自主创新的能力和水平得到提高，形成了一批丰富的成果。市民的先进理念得到养成，促进了城市文明程度和市民综合素质的提高。"迎世博，百万家庭学礼仪"活动的开展，帮助市民养成文明行为习惯；通过参观世博会，市民进一步开阔了视野，增长了见识，吸收和学习世界先进的文化和发展理念。通过办博，绿色世博、科技世博的理念深入人心，也极大地提升了上海市民的生态意识、科学精神和人文素养；世博志愿者活动，促进了市民志愿意识和志愿服务技能的培养。以人为本，绿色、低碳、可持续等许多引领未来城市发展的理念日渐深入人心。上海在世界上的知名度进一步提高，有力地促进了上海金融、文化、创意、旅游、会展等现代服务业的国际性聚集和全方位提升。

成功、精彩、难忘的上海世博会，荟萃了人类创造的物质文明，开阔了人们的眼界，而且为人类留下丰富的精神遗产，启迪了人们的心智，向世界展示了中国开放的新形象。2013年第68届联合国大会第二委员会通过决议，决定自2014年起，将每年的10月31日（即上海世博会的闭幕日）设为"世界城市日"，这也是联合国成立以来，唯一一个由中国人提出并成功设立的世界日。其后，上海市政府有关部门会同相关国家和国际组织举办全球城市论坛，作为每年"世界城市日"主题活动之一，探讨城市发展和治理共同面临的问题，为全球城市发展和治理提供新的思路。数年来，该论坛已取得一定成效，在国内外享有较好声誉，逐渐成为上海对外开放、吸引外资、开展文化交流的重要平台。

世博会地区按照"围绕顶级国际交流核心功能，形成文化博览创意、总部商务、高端会展、旅游休闲和生态人居为一体的上海21世纪标志性市级公共活动中心，成为功能多元、空间独特、环境宜人、交通便捷，体现低碳、创新，富有活力和吸引力的世界级新地标"的目标，进行进一步规划开发。于2011年3月组建上海世博发展（集团）有限公司（简称世博发展集团），负责实施世博园区的开发建设和管理。至2016年底，上海世博会地区初步实现开发建设基本框架的目标，市级公共活动中心功能初步显现。基本完成AB片区土地招商，中国商飞公司、中国铝业股份有限公司、中国中信集团公司、中国中化集团公司、中国华能集团公司、国家电网、招商局集团等企业11幢大楼入驻园区B片区。A片区"绿谷"项目全面完成地下空间主体结构施工，作为首个落户上海的国际金融组织——金砖国家新开发银行总部大楼开工选址世博园A片区，上海亚太示范电子口岸网络运行中心获得上海市民政局颁发的民办非企业单位登记证书，正式落户世博地区。C片区世博文化公园建设加快，白莲泾公园、世博公园、后滩公园建成公益开放式旅游休闲及户外文化活动中心，区域正在初步形成公园式体验、消费、娱乐综合体。奔驰文化中心、世博主题馆、世博中心等永久性场馆发挥出会议、文化、娱乐、会展等重要功能。越来越多的国际性赛事开始在世博会地区举办，如2015年7月举行的"上海国际游艇节"，吸引了"公主""博纳多""艾美斯顿""梅迪亚斯普""玛泽润"等国内外游艇品牌来参展；2019年世界人工智能大会在世博展览馆召开。

第五章

打造新发展格局下的全面开放

新高地

中国特色社会主义进入新时代，我国的发展站到了新的历史起点上，改革进入攻坚期和深水区，以开放促改革、促发展，依然是推动继续发展不停步的重要法宝。以习近平同志为核心的党中央深刻把握我国社会主要矛盾发展变化带来的新特征新要求，把建设上海自贸试验区、举办中国进口博览会等一系列彰显中国对外开放的大门不会关闭的重大战略任务交给上海，推动上海的开放，进入努力把上海打造成为全国新一轮全面开放新高地的新阶段。

第一节　新发展理念指导下的新谋划

党的十八大以来，党中央立足世界正经历百年未有之大变局的重大判断，应势而动、顺势而为，提出创新、协调、绿色、开放、共享的新发展理念。上海作为中国改革开放的前沿阵地，习近平总书记向上海提出了当好改革开放排头兵、创新发展先行者的要求。以此为指导，上海深入贯彻新发展理念，按照构建以国内大循环为主体、国内国际双循环相互促进的新发展格局的要求，对如何进一步扩大开放作出许多新的谋划和探索。

一、习近平总书记对上海对外开放的新要求

上海是吃改革饭、走开放路、打创新牌发展起来的，开放之于上海，上海开放之于中国，重要性不言而喻。进入新时代，随着世界上一些国家保护主义、单边主义盛行，加之肆虐全球的新冠肺炎疫情对世界各国和全球秩序造成的前所未有的冲击，一些人对中国是否坚持对外开放、怎么对外开放持观望怀疑态度。对此，习近平总书记反复强调经济全球化是不可逆转的历史潮流，中国开放的大门不会关闭，并从更好发

挥上海在全国对外开放大局中的作用出发，无论是参加全国人大会议上海代表团审议讲话，还是到上海考察、参加进博会发表主旨演讲，都对上海的对外开放作出重要指示，成为新时代上海对外开放的基本遵循，推动上海在新一轮的开放过程中始终走在前列。

"当好改革开放排头兵""大胆试、大胆闯、自主改"是习近平总书记对上海对外开放提出的总体要求。2012年至2017年，习近平总书记连续5年参加全国人大会议上海代表团审议时，反复要求上海要当好改革开放排头兵。这与中国将在更大范围、更宽领域、更深层次上提高开放型经济水平的目标任务密切相关。由于范围更大、领域更宽、层次更深，新一轮的中国对外开放势必遇到许多原来未曾遇到的问题和困难。为有效应对这些问题和困难，党中央按照稳中求进的主基调，在做好顶层设计的同时，需要上海这样的改革开放窗口地区、前沿阵地率先一步，积极探路，积累经验。2013年3月5日，习近平总书记参加十二届全国人大一次会议上海代表团审议时，希望上海的同志立足全局、突出重点，深入探索中国特色、时代特征、上海特点的科学发展之路，当好全国改革开放排头兵。因为我国改革已进入攻坚期和深水区，进一步深化改革，必须坚定信心、凝聚共识、统筹谋划、协调推进。要勇于冲破思想观念的障碍和利益固化的藩篱，敢于啃硬骨头，敢于涉险滩，更加尊重市场规律，更好发挥政府作用，以开放的最大优势谋求最大发展空间。[①]2017年3月5日，习近平总书记参加十二届全国人大五次会议上海代表团审议时，在继续强调上海应该当好改革开放排头兵的基础上，进一步就如何当好排头兵提出要求，那就是——大胆试、大胆闯、自主改，进一步彰显全面深化改革和扩大开放试验田的作用，亮

---

① 《两会授权发布：习近平在参加上海代表团审议时强调 坚定不移深化改革开放 加大创新驱动发展力度》，新华社，http://www.xinhuanet.com//2013lh/2013-03/05/c_124419938.htm。

明我国向世界全方位开放的鲜明态度。[①]至此，新时代上海对外开放的总体要求，可以概括为当好能够大胆试、大胆闯、自主改的改革开放排头兵。

建设上海自贸试验区、举办进博会、推动长三角一体化、服务"一带一路"等是习近平总书记交给上海新的对外开放战略任务。对于上海这个承担中国新一轮开放重任的城市，习近平总书记始终非常关注关心，不仅为新时代上海的开放把方向，还亲自为上海开放点题、交具体任务，引导上海的开放向着更高层次、更宽领域不断前进。关于自贸区建设，2014 年 5 月 23 日至 24 日，习近平总书记在上海考察时指出，建设中国上海自由贸易试验区是党中央作出的重大决策，是在新形势下推进改革开放的重大举措。强调上海自由贸易试验区是块大试验田，要播下良种，精心耕作，精心管护，期待有好收成，并且把培育良种的经验推广开来。希望试验区按照先行先试、风险可控、分步推进、逐步完善的原则，把扩大开放同改革体制结合起来，把培育功能同政策创新结合起来。2015 年 3 月 5 日，习近平总书记参加十二届全国人大三次会议上海代表团审议时强调，加快实施自由贸易区战略，是我国新一轮对外开放的重要内容。要进一步解放思想、大胆实践，重大改革要坚持摸着石头过河，披坚执锐、攻坚克难，加强整体谋划、系统创新。2016 年 3 月 5 日习近平总书记在参加十二届全国人大四次会议上海代表团审议时，希望上海坚持以自由贸易试验区建设为突破口，全面深化改革攻坚，使自由贸易试验区建设百尺竿头、更进一步。2017 年习近平总书记参加十二届全国人大五次会议上海代表团审议时强调，要努力把上海自由贸易试验区建设成为开放和创新融为一体的综合改革试验区，成为服务国家"一带一路"建设、推动市场主体走出去的桥头堡。2018

---

① 《习近平在参加上海代表团审议时强调：践行新发展理念 深化改革开放 加快建设现代化国际大都市》，央广网，http://china.cnr.cn/NewsFeeds/20170305/t20170305_523637543.shtml。

年，习近平主席出席首届进博会开幕式宣布，增设中国上海自由贸易试验区新片区，鼓励和支持上海在推进投资和贸易自由化便利化方面大胆创新探索，为全国积累更多可复制可推广经验。

关于举办中国国际进口博览会，是习近平总书记亲自部署、直接推动的事关中国着眼于推动新一轮高水平对外开放作出的重大决策，是中国主动向世界开放市场的重大举措。从 2018 年到 2021 年，习近平总书记连续四年发表进博会开幕演讲，在表达中国坚持对外开放基本国策的同时，也是对上海举办进博会的最大支持。

关于长三角一体化、服务"一带一路"、长江经济带发展等，习近平总书记要求上海发挥在长三角地区合作和交流的带头作用，按照国家统一规划、统一部署，围绕落实全国城镇化工作会议精神、参与丝绸之路经济带和海上丝绸之路建设、推动长江经济带建设等国家战略，继续完善长三角地区合作协调机制，加强专题合作、拓展合作内容，加强区域规划衔接和前瞻性研究，努力促进长三角地区率先发展、一体化发展。支持长江三角洲区域一体化发展并上升为国家战略，着力落实新发展理念，构建现代经济体系，推进更高起点的深化改革和更高层次的对外开放，同"一带一路"建设、京津冀协调发展、长江经济带发展、粤港澳大湾区建设相互配合，完善中国改革开放空间布局。

以开放促改革促发展促创新、制度型开放，既是习近平总书记对上海做好新时代外开放提出的目标任务，也是一种新理念和方法。2018年 11 月 5 日，习近平主席出席首届中国国际进口博览会发表主旨演讲指出，上海背靠长江，面向太平洋，长期领中国开放风气之先。上海之所以发展得这么好，同其开放品格、开放优势、开放作为紧密相连。开放、创新、包容已成为上海最鲜明的品格。这种品格是新时代中国发展进步的生动写照。11 月 6 日至 7 日，习近平总书记在上海考察时指出，要瞄准最高标准、最高水平，优化政务服务，打造国际一流营商环境。

要在更深层次、更宽领域、以更大力度推进全方位高水平开放，为长远发展夯实基础。

2019 年 11 月 2 日至 3 日，习近平在上海考察时强调，妥善应对国内外各种风险挑战，勇挑最重担子、敢啃最难啃的骨头，着力提升城市能级和核心竞争力，不断提高社会主义现代化国际大都市治理能力和治理水平。强化全球资源配置功能，积极配置全球资金、信息、技术、人才、货物等要素资源，以服务共建"一带一路"为切入点和突破口，加快提高上海金融市场国际化程度。要强化开放枢纽门户功能，坚持以开放促改革、促发展、促创新，勇敢跳到世界经济的汪洋大海中去搏击风浪、强筋壮骨。①

2020 年为适应新形势新要求，我们提出构建以国内大循环为主体、国内国际双循环相互促进的新发展格局。这绝不是封闭的国内循环，而是更加开放的国内国际双循环，不仅是中国自身发展需要，而且将更好造福各国人民。11 月 12 日，习近平在浦东开发开放 30 周年庆祝大会上的讲话指出，深入推进高水平制度型开放，增创国际合作和竞争新优势。浦东要着力推动规则、规制、管理、标准等制度型开放，提供高水平制度供给、高质量产品供给、高效率资金供给，更好参与国际合作和竞争。要更好发挥中国（上海）自由贸易试验区临港新片区作用，对标最高标准、最高水平，实行更大程度的压力测试，在若干重点领域率先实现突破。要加快同长三角共建辐射全球的航运枢纽，提升整体竞争力和影响力。要率先实行更加开放更加便利的人才引进政策，积极引进高层次人才、拔尖人才和团队特别是青年才俊。浦东开发开放30 年的历程，走的是一条解放思想、深化改革之路，是一条面向世界、

---

① 《深入学习贯彻党的十九届四中全会精神 提高社会主义现代化国际大都市治理能力和水平》，《人民日报》2019 年 11 月 4 日。

扩大开放之路，是一条打破常规、创新突破之路。[①]

二、全方位完善对外开放策略

经过多年的开放，上海基本形成了内外联动、"引进来"和"走出去"相结合、改革开放相促进、高水平的对外开放策略。但对照党的十八大以来习近平总书记对上海开放提出的新要求还有距离，特别是在开放型经济建设方面还有差距。对此，当习近平总书记向上海提出当好全国改革开放排头兵的总体要求后，上海市委进一步解放思想，从为中国经济升级版起到示范作用的高度，解放思想，大胆探索，为更好地扩大开放、创新开放，对已有的对外开放策略进行丰富完善。特别是2018年以来，面对中美贸易摩擦不断升级，经济发展的外部环境趋于复杂多变，不稳定、不确定性加大的情况，市委按照党的十九大提出的推动形成全面开放新格局的要求，形成了以《中国上海市委关于面向全球面向未来提升上海城市能级和核心竞争力的意见》和"上海扩大开放100条"为引领的一系列有利于加快形成重点突出、结构合理、安全高效、竞争包容的对外开放新局面的政策举措，以更好推动上海实现当好新时代全国改革开放排头兵这个总目标下的"全国新一轮全面开放的新高地""服务'一带一路'的桥头堡""配置全球资源的亚太门户""我国走近世界舞台中央的战略支撑"等具体目标。

2013年至2018年，上海为提高开放型经济发展水平，先后出台完善促进总部经济发展政策和投资环境，推动文化、卫生、教育等领域扩大利用外资。出台促进外贸稳增长、调结构的实施意见，积极培育技术贸易等服务贸易新的增长点。加强对外投资重点项目服务，鼓励支持民营企业扩大对外投资。研究制定鼓励跨国公司设立地区总部政策，支

---

① 《在浦东开发开放30周年庆祝大会上的讲话》，《人民日报》2020年11月12日。

持外资研发中心升级为全球研发中心和开放式创新平台。但这些政策还是单一的，就某个方面的问题提出的，系统性不够。2018年4月，习近平总书记在博鳌论坛开幕式上宣布扩大开放重大举措，并要求"尽快使之落地，宜早不宜迟，宜快不宜慢"，为上海进一步扩大对外开放坚定了信心和决心。

为落实中央新部署，市委在2018年6月出台《中共上海市委关于面向全球面向未来提升上海城市能级和核心竞争力的意见》，立足上海向"卓越的全球城市"进军，确立打造更高层次的对外开放新高地的主攻方向和重要任务：坚持引进来和走出去并重，加快构建开放型经济新体制，推进投资贸易自由化便利化，建设高质量外资集聚地和高水平对外投资策源地，加快形成面向全球的贸易、投融资、生产、服务网络；提高利用外资的质量和水平，引导外资更多投向高技术、高附加值产业，保护外资合法权益；按照中央部署，大幅度放宽市场准入，加大商务服务业、社会服务业、专业服务业等开放力度，全面放开制造业；创新对外投资方式，鼓励企业通过并购国际品牌、技术、市场网络渠道等方式向全球产业链、价值链、创新链上游进军，推动产品、设备、技术、标准和服务一体化走出去，提高在国际市场上的竞争力；全力打造"一带一路"桥头堡，加快搭建对外开放合作的新平台。

2018年7月市委、市政府制定出台《上海市贯彻落实国家进一步扩大开放重大举措加快建立开放型经济新体制行动方案》，简称"上海扩大开放100条"，可以说是"打造更高层次的对外开放新高地"任务的细化。"上海扩大开放100条"聚焦金融业开放合作、构筑更加开放的产业体系、建设知识产权保护高地、打造进口促进新平台、创造一流营商环境等5个方面，提出100条开放举措。其中在以更大力度开放合作提升上海国际金融中心能级方面提出，一是对国家宣布的开放措施作了具体展开；二是对部分开放部署，提出先行先试；三是突出上海的市场优势和功能特色。在构筑更加开放的现代服务业和先进制造业产业体系方面提出，一是体现上海开放的先发优势，二是体现上海服务业多层次开放优势，三是体现国际产业发展的新趋势。在建设开放共享、内外联动的高标准知识产权保护高地方面指出，一是提高知识产权保护的有效性，二是强化知识产权海外维权能力，三是提升知识产权服务功能。在打造更具国际市场影响力的进口促进新平台方面提出，一是在服务国家战略中争取先行先试；二是体现上海口岸贸易特色和优势，集中在药品、医疗器械、化妆品等进口，以及宝玉石交易、跨境电商等领域；三是协同推进货物贸易和服务贸易便利化。在创造一流的国际化、法治化、便利化营商环境方面，重点突出上海在外商投资负面清单管理、审批服务"一网通办"、"证照分离"等营商环境改革领域的特色，深化推进营商环境改革专项行动。

"上海扩大开放100条"是一个涉及对外开放很多方面的系统的方案，每部分都有开放的目标和细化的政策举措，是上海进一步开放的路线图和时间表。在开放布局上，旨在打造统筹对内开放和对外开放两个扇面的重要枢纽，强调对内对外一视同仁的开放，欢迎外资来，民营资本同样欢迎。在开放领域上，强调开放不只是产业领域的开放，而是在新起点上全方位的扩大开放，不仅是硬件上开放，更是在软环境上对外开放，也就是要推动市场、机构、业务、产品全链条贯通式开放。在开放网络上，既对增量开放，也对存量开放，即一方面积极鼓励引进更多高质量的外资，另一方面鼓励存量企业积极引进外国投资者，提高外资股比。在开放标准上，旨在探索建立服务国际惯例的制度体系，增强我国在国际经贸规则和标准制定上的话语权。

这之后，为更好地促进对外开放，上海又先后制定实施了外贸"稳预期、稳企业、稳订单"20条措施，"促进外商投资26条""支持总部经济发展30条""服务业扩大开放40条"等一系列政策举措。这些政策举措是"上海对外开放 100 条"的细化和补充，进一步丰富和完善了"上海对外开放 100 条"，使得新时代上海对外开放的决策形成体系。

第二节 推进中国（上海）自由贸易试验区建设

建设自贸试验区，是党中央、国务院从国内外发展大势出发、统筹国内国际两个大局，在新形势下推进改革开放的重大举措，也是上海推进转型发展的重大机遇。在党中央、国务院的关心指导下，在各方面的共同努力和积极参与下，2013 年 9 月 29 日，中国第一个自由贸易试验区——中国（上海）自由贸易试验区（简称自贸试验区）在浦东新区挂牌成立。从最初的 28 平方公里的先行试验区，到自贸区扩区确立"三区一堡"目标任务，再到临港新片区的成立，上海自贸试验区建设实现了在新形势下参与双多边以及区域合作经验的积累，逐步熟悉并进而增强国际经贸规则制定话语权和主导权，为探索和完善新的开放模式和制度安排提供借鉴，培育中国面向全球的竞争新优势，构建与各国合作发展的新平台，拓展经济增长的新空间等。浦东也结合实施自贸试验区建设等国家战略，实现新的发展和跨越，继续以高水平改革开放挺立时代潮头。

一、浦东转型提升、二次创业

20 世纪 90 年代浦东开发开放掀开了我国改革开放向纵深推进的新篇章，浦东在改革开放中实现了新发展，发挥了龙头带动作用，取得了举世瞩目的成绩。进入新时代，党的十八大、十九大继续对浦东开发开放提出明确要求，党中央把首个自由贸易试验区、首批综合性国家科学中心等一系列国家战略任务放在上海，落在浦东，不断为浦东开发开放注入新的时代内涵，推动浦东开发开放不断展现新气象。

牢牢抓住建设上海自由贸易试验区重大契机，全面推动浦东综改框架下的制度创新和先行先试。按照党中央提出的应对国际经济形势变化，进一步深化改革开放，建成具有国际水准的投资贸易便利、监管高效便捷、法制环境规范的自贸试验区，使之成为推进改革和提高开放型经济水平的"试验田"的要求，上海自贸试验区自挂牌之日起，推动涵盖上海外高桥保税区、上海外高桥保税物流园区、洋山保税港区和上海浦东机场综合保税区，规划总面积28.78平方公里的区域不断取得体制机制创新的突破。自贸试验区聚焦投资管理、贸易监管、金融监管、事中事后监管等领域，公布首份《中国（上海）自由贸易试验区外商投资准入特别管理措施（负面清单）》，对负面清单以外的领域，按照内外资一致的原则，将外商投资项目由核准制改为备案制，将外商投资企业合同章程审批改为备案管理；创新商事登记制度，实施注册资本认缴制等改革，同时借鉴国际通行证照样式，把企业营业执照样式由14种统一成一种；实施企业准入"单一窗口"制度，由"多个部门多头受理"转为"一个部门、一个窗口集中受理"，实现跨部门数据共享和部分事务网上办理。浦东新区作为自贸试验区建设的承载区，主动跨前一步、建立对接联动机制，委托下放一批审批事项，率先承接改革溢出效应，复制推广融资租赁兼营商业保理等创新业务，在外资准入上实行"一口受理""五证联办"；在全市率先实施市场监管体制改革，整合工商、质监、食药监等部门成立新区市场监管局，在此基础上进一步增加价格监督检查职能，初步构建覆盖生产、流通、消费全过程的市场监管体系；实施知识产权管理体制改革，建立专利、商标、版权"三合一"的行政管理和综合执法体制，在为自贸试验区提供更好的环境的同时，推动自身的进一步改革开放。

2014年12月，全国人大常委会授权国务院暂时调整有关法律规定，将上海自贸试验区扩展到陆家嘴金融片区、金桥开发区片区和张江高科技片区，总面积120.72平方公里。2015年4月，国务院批准并印发《进一步深化中国（上海）自由贸易试验区改革开放方案》（简称"深化方案"），要求上海自贸试验区在更广领域和更大空间积极探索以制度创新推动全面深化改革的新路径，同时明确中国（上海）自由贸易试验区管委会与浦东新区人民政府合署办公。上海自贸试验区和浦东新区的建设都进入一个新阶段。浦东新区认真落实主体责任，按照"放、管、服"的要求系统谋划和加快推进政府职能转变，坚持创新驱动、转型发展，各项改革创新工作取得新进展。负面清单也从2015年起升级为"全国版"，适用于上海、广东、天津、福建等多个自由贸易试验区。在工商总局的大力支持下，推出市场准入便利化"双十条"新举措，率先开展"一址多照"、集中登记住所改革，在国内率先推出"允许上海自贸试验区内律师事务所将其办公场所作为企业住所登记"新措施。试点"证照分离"改革、推行窗口无否决权制度、建设网上政务大厅，法治化、国际化、便利化的营商环境不断完善。

以自贸试验区扩区为契机，加强与"四个中心"和科技创新中心建设的联动发展，不断提升核心功能、做大产业规模。除自贸试验区建设的国家战略任务，浦东还是上海"四个中心"和科创中心建设任务的核心功能区。自贸区扩区为"四个中心"和科创中心建设增强集中度和显示度带来全新动力。在金融开放创新方面，自贸试验区金融改革30条细则、《进一步推进中国（上海）自由贸易试验区金融开放创新试点加快上海国际金融中心建设方案》（简称"新金改40条"）等政策的出台，推动自贸区加快探索资本项目可兑换和金融服务业开放为主要内容的金融制度创新框架体系。2015年4月自由贸易账户外币服务功能启动。金砖国家新开发银行等重量级功能性机构相继落户，5月上海首家民营银行——华瑞银行开业。人民币跨境支付系统（CIPS）一期在上海正式上线运行，跨境人民币结算基础设施不断完善。一批面向国际的金融交易平台正式运行，2016年，全球首个以人民币计价的黄金基准价格——"上海金"基准价发布，全国唯一的国家级、创新型保险要素交易平台——上海保险交易所挂牌成立，中国银监会批准设立并直接监管的全国唯一信托登记机构——中国信托登记有限责任公司揭牌。在科创中心建设方面，张江科学城建设规划落地实施；建立金融支持科技创新机制，率先开展"投、贷、保"联动业务试点。探索跨境科创空运通关监管服务便利化的新模式，张江跨境科创监管服务中心建设竣工。在服务业扩大开放方面，以国际贸易、金融服务、航运服务、专业服务和高端制造五大产业为导向，深化功能创新拓展，推动产业转型升级。国内首个跨境贸易电子商务服务平台"跨境通"于2013年12月28日上线运行。在森兰区域推出国内首个采取"前店后库"运作模式的进口高端消费品保税展示交易平台，启动运营澳大利亚进口商品国别中心、俄罗斯进口商品国别中心，平行进口汽车试点等；加快对外文化贸易基地建设，引进佳士得拍卖、华谊兄弟、中图集团、盛大网络等多家国内外文化行业龙头企业入驻文化贸易基地；发展新型贸易和服务贸易，外高桥试点运作首批混合型全球维修检测中心，上海波音整机维修项目、中外运—杰浦电子全球维修、曼恩船舶维修等项目启动运作。在航运中心建设方面，拓展国际中转集拼功能，中外运敦豪国际航运快递有限公司北亚枢纽在浦东机场启动航空快件国际中转集拼试点，在国内首创国际航空快件机坪直转和拆拼箱中转业务。完成洋泾国际航运创新区建设总体方案的设计，推进国际知名船舶管理企业入驻，带动航运保险、船舶维修、物料供应、船舶经纪、融资租赁、船员培训等相关产业链集聚发展，打造全球航运资源配置的节点之一。

临港等新兴重点区域开发建设有序推进，产业实现高质量发展。自贸区扩区后，浦东新区全境1/10的面积成为自贸试验区。浦东牢牢抓住自贸试验区带来的制度创新优势和制度红利，落实"双特机制"（特别机制、特殊政策），实施"南下战略"（浦东开发的四大主力公司陆家嘴、金桥、外高桥和张江南下开发临港），推动临港地区开发。以迪士尼为核心的国际旅游度假区，开发建设高质量、高标准推进。世博前滩地区，形态开发和功能集聚全面推进，一批基础设施、生态景观和综合体项目开工，世博源形成公园式体验、消费、娱乐综合体。制定促进产业高质量发展实施意见，推动硬核产业能级不断提升。六大硬核产业加快发展，如集成电路产业规模增长 14.5%，生物医药产业规模增长 14.6%，航空航天制造业产值增长 17.8%，高端装备制造产值增长 10.7%，软件信息服务业营业收入增长 12.9%。上海兆芯研制成功新一代 16 纳米国产 CPU 芯片，中芯国际 14 纳米工艺制程芯片实现量产。首个国产肿瘤免疫治疗药物获批上市。特斯拉超级工厂建成投产。首艘国产大型邮轮开工建造。启动建设全国首个人工智能创新应用先导区，成功举办世界人工智能大会。

到 2020 年，浦东新区经济实力实现跨越式发展，主要经济指标迈上整数平台，继续成为全市重要经济引擎，发挥了在全国改革开放中的先行先试和引领作用。据统计，截至 2020 年底，55 个扩大开放全国首创性项目在浦东落地，328 项制度创新向全国复制推广。浦东新区的持牌类金融机构累计达到 1110 家；离岸转手买卖实现规模化运作，"白名单"试点企业、收支金额分别超过全市 80% 和 90%；跨国公司地区总部累计 359 家，在全市占比达到 46.6%；浦东国际机场货邮吞吐量保持全球第三位，口岸出入境人次排名全国第一位；外高桥港和洋山港集装箱吞吐量占全市 90%，推动上海港连续 11 年成为全球第一大集装箱港；科创中心核心承载区框架体系基本形成，科技引领产业发展能力不断增强，经认定的孵化器和众创空间达到 170 家，外资研发中心达到 248 家，战略性新兴产业产值占规上工业总产值比重预计超过

48%；人民生活品质持续提升，社会民生投入保持在 45% 左右，居民人均可支配收入超过 7.4 万元。①

二、聚焦"三区一堡"目标任务

随着上海自贸试验区建设三年多来取得的重大进展总体达到预期目标，2017 年 3 月 5 日，习近平总书记参加十二届全国人大五次会议上海代表团审议时，向上海提出在深化自由贸易试验区改革上有新作为的要求。3 月 30 日，国务院印发《全面深化中国（上海）自由贸易试验区改革开放方案》，对照国际最高标准、最好水平的自由贸易区，对上海自贸试验区建设提出"三区一堡"新目标：即建设开放和创新融为一体的综合改革试验区、开放型经济体系的风险压力测试区、提升政府治理能力的先行区、服务国家"一带一路"建设和推动市场主体走出去的桥头堡。意在要求上海在新一轮改革开放中进一步发挥引领示范作用。上海自贸试验区建设进入 3.0 版。

上海自贸试验区按照习近平总书记"在深化自贸试验区改革上有新作为"的指示精神和《方案》的总体部署，更加注重改革系统集成、注重同国际通行规则相衔接、注重创新合作，在"三区一堡"建设和"三个联动"（即加强同上海国际金融中心建设的联动，加强与具有全球影响力的科技创新中心建设的联动，加强与浦东新区作为一级地方政府探索开放型经济新体制、打造提升政府治理能力再造区的联动）发展等方面取得新进展、新成效。

（一）建设开放和创新融为一体的综合改革试验区

进入新时代，改革开放依然是解决发展问题的关键一招，伴随着国

---

① 《浦东 2021 年预期目标是：地区生产总值增长 7% 以上》，《经济日报》2021 年 1 月 20 日。

内外发展环境的变化，改革开放都进入广泛涉及体制机制层面的阶段，不是单独对一两个领域进行改革开放可以解决的，需要增强改革的系统性、整体性和协同性。因此，国家向上海自贸试验区提出了聚焦建设开放和创新融为一体的综合改革试验区的目标要求，就是希望上海能在自贸区这块试验田上就开放促创新的体制机制改革方面探出新路。

五年来，上海自贸试验区围绕深化投资管理体制改革、优化贸易监管服务体系、完善创新促进机制，统筹各环节改革，增强各部门协同，完善改革举措的配套组合，有效破解束缚创新的瓶颈，更大程度地激发了市场活力。在前三年的实践基础上，不断完善市场准入制度，负面清单经四次修订后，从2013版的190条减少到2018版的45条，开放度和透明度进一步提高。商事登记制度继续改革，推出企业名称网上自主申报、可选用名称库等6项创新举措，开展企业登记"1+1+2"改革，推动名称登记透明化、自主化、智能化和便利化。实施"多评合一、多图联审、区域评估、联合验收"，推动各部门施工图全面审核、施工图审查备案、建设工程规划许可审批同步受理、依次发证，一次办成，提高项目开工审批效率。在推动贸易便利化方面，上线运行国际贸易"单一窗口"3.0版，对标CPTPP、RCEP等国际高标准经贸规则，启动原产地信用签证创新制度，信用企业可自助打印原产地证书，办理时间由一周左右缩短到一个小时。货物状态分类监管试点进一步扩大，采用信息围网技术，实现保税、非保税货物、口岸货物同仓存储、分类监管，保税区域所有符合条件的物流类企业全面开展货物状态分类监管试点，贸易类企业试点不断扩大，加工类企业试点启动运行。加强国际贸易"单一窗口"建设，2018年新增"进博专区"功能，覆盖22个口岸和贸易监管部门，实现与国家"单一窗口"标准版全面融合对接。全面加强知识产权服务。中国（浦东）知识产权保护中心获国家知识产权局授章启动运行，中国（上海）自贸区版权服务中心试运营，

213

探索开展版权快速登记。

加快推进上海自贸试验区和张江国家自主创新示范区联动发展（简称"双自联动"），是上海自贸试验区建设融开放与创新于一体的改革综合试验区的又一具有特色的探索实践。2015 年的上海自贸试验区面积 120.7 平方公里，张江国家自主创新示范区面积 531 平方公里，两大国家战略有约 65 平方公里的叠加区域。"双自"园区的交错融合，为创新政策叠加、体制机制共用、服务体系共建提供了机遇。11 月 25 日，市政府发布自贸试验区和国家自主创新示范区联动发展的"实施方案"，提出 10 项创新试点。此后，"双自联动"工作展开。通过在张江高科技园区设立跨境科创监管服务中心，使研发用进口试剂、样品和耗材的整体通关时间从原先的 2—3 天缩短为 6—10 小时。实行上市许可持有人制度，深入开展药品上市许可持有人试点（MAH），率先启动医疗器械注册人试点，全国首个医疗器械注册人制度试点产品上市时间比法定时间提前近一年，有效破解科技产业发展制度瓶颈。优化人才服务体系，推动公安部"双自"人才新政落地，颁发全国首张自贸试验区管委会推荐永久居留身份证和全国首张本科学历外国留学生工作许可证，挂牌成立全国首家海外人才局，率先启动持永久居留身份证外籍高层次人才创办科技型企业改革试点，推进海外人才离岸创业基地建设，为更好地促进支持科技创新提供人才保障体制。

（二）建设开放型经济体系的风险压力测试区

建设高水平开放型经济意味着更大范围、更宽领域、更深层次的开放，遇到的安全风险也会越多。这就需要在自贸区先进行局部的风险压力测试，从而不断完善适应经济更加开放要求的市场规则体系，进而形成新一轮高水平对外开放的有效模式和路径。

上海自贸试验区重点抓住金融领域的风险压力测试，坚持同步推进金融开放创新和金融风险防范。发布全国首张金融服务业对外开放负面清单指引，围绕银行业、证券业、金融市场对外开放等领域提出 25 条创新举措，进一步扩大金融服务业的开放度和透明度。开设自由贸易账户的主体资格从区内拓展至全市科技创新企业，深化国际金融服务平台建设，加快推进上海保险交易所、上海票据交易所等的建设，上海黄金交易所在国际市场首次上线期货合约产品，中国信托登记有限责任公司系统上线运行。加强金融综合监管协调，推动上海自贸试验区金融综合监管服务平台建设，加强风险预警和风险研判；成立上海金融法院，加强对跨境金融活动和跨行业、跨市场等复杂金融活动的监测和风险快速处置。

　　按照国际最高标准，上海自贸试验区在产业领域和服务业对外开放方面进行了系统试点。以不断促进已有服务业、制造业开放措施的落地和推广为重点，率先探索实施跨境服务贸易负面清单管理模式，在负面清单以外则按照境外服务及服务提供者与境内服务及服务提供者待遇一致的原则实施管理。实行《重点企业服务专员工作机制》，为重点企业提供"保姆式"服务，设立"一对一"服务专员，开辟服务直通车，为企业提供从设立到成长、从发展到壮大的全生命周期服务。提高与服务贸易相关的货物暂时进口便利，拓展暂时进口货物单证制度适用范围，延长单证册的有效期。启动上海自贸试验区服务贸易运行监测与促进体系建设项目，探索完善服务贸易统计体系。在风险可控的前提下，加快推进金融保险、文化旅游、教育卫生等高端服务领域的贸易便利化。吸引了包括金融服务企业、工程设计企业、旅行服务企业、文化服务企业、职业技能培训机构、独资国际船舶管理企业、首家资信调查和评级服务企业等的入驻。在探索数字产品贸易监管模式方面，上海自贸试验区建立数字内容和产品资源库，形成与国际标准相接轨的数字版权确权、估价和交易流程服务功能。至 2018 年底，3.0 版方案明确的 98

项重点改革任务中的 96 项已全部完成，上海自贸试验区实现了三年任务、两年基本完成的预期目标。

（三）打造提升政府治理能力的先行区

上海自贸试验区的试验最终要改变的是政府治理能力。为此，上海自贸试验区通过加强自贸试验区建设与浦东新区转变一级地方政府职能的联动，系统推进简政放权、放管结合、优化服务改革，在行政机构改革、管理体制创新、运行机制优化、服务方式转变等方面改革创新，全面提升开放环境下政府治理能力。

一是深入推进"证照分离"改革，2017 年首批 116 项试点经验在全国其他 10 个自贸试验区复制推广，同时，浦东新区在全面优化准入的基础上，对企业关注度较高、审批频次较高的 35 项事项加大自主改的力度，按照全覆盖要求，将国家、市、区三级企业市场准入审批事项纳入改革范围，并进一步优化改革方式，取消审批注重协同配套，改为备案注重当场办结，告知承诺注重创新方式，优化准入注重审管结合。

二是持续完善事中事后监管体系。印发《浦东新区"六个双"政府综合监管实施办法（暂行）》，即"双告知、双反馈、双跟踪"许可办理机制，"双随机、双评估、双公示"协同监管机制。制定《浦东新区守信联合激励和失信联合惩戒实施意见》和《实施细则》，将企业公共信用评估结果推送至企业服务中心、事中事后监管平台、部分政府财政扶持系统等审批、监管业务系统，推动试点应用。初步确立市场主体自律、业界自治、社会监督、政府监管"四位一体"的监管格局，实施精准监管、协同监管、分类监管、动态监管。

三是加快推进服务型政府建设。在全市率先实施"一网通办"，建立起"一窗受理、分类审批、一口发证"的综合审批服务模式。全面推进"三全工程"，在企业市场准入"全网通办"方面，104 项企业准入权事项全部实现"全网通办、一次办成";在个人社区事务"全区通办"方面,基本实现浦东新区社区事务受理服务事项的"全区通办";在政府政务信息"全域共享"方面,海关特殊监管区实现与口岸、金融等监管部门的信息共享,"互联网＋政务服务"模式基本建立。

(四)打造服务国家"一带一路"建设、推动市场主体走出去的桥头堡

"一带一路"是习近平总书记倡议的中国在新的历史条件下实行全方位对外开放的重大举措,是推动构建人类命运共同体的重要实践平台。上海自贸试验区作为我国新一轮对外开放的试验田,应该而且需要融入和服务"一带一路"建设。这也是上海自贸试验区成为我国首个被纳入"一带一路"愿景和行动计划的自贸试验区的缘由。

2017年以来,上海自贸试验区根据要打造成服务国家"一带一路"建设、推动市场主体走出去的桥头堡的要求,发挥自身先行先试的开放优势和制度优势,坚持"引进来"和"走出去"有机结合,积极搭建"一带一路"开放合作新平台。设立上海自贸试验区"一带一路"技术贸易措施企业服务中心,围绕在"一带一路"沿线国家建设第三方企业质量安全、信用等级评级中心,开展技术法规、产品标准、优惠原产地规则等领域的国内、国际交流与合作,为企业提供标准计量、检验检测、认证认可等方面的一站式服务等三个方面开展工作。在国家认证认可监督管理委员会的支持下,设立"一带一路"技术交流国际合作中心和中东海外分中心,并搭建与国外检验检测认证机构的沟通平台,推动检验检测结果采信与认证机构互认,帮助中国企业应对技术性贸易壁垒,为中国企业"走出去"提供支持,更好地拓展国际市场。

推进跨国孵化器建设,先后与以色列、俄罗斯、新加坡等"一带一路"沿线国家联合建立跨国孵化器,开展浦俄论坛、亚太科技创新展

览、芬兰成长期项目中国行等活动，搭建跨境项目交流平台，实施境内外创新资源的共建共享。完善上海自贸试验区境外投资服务平台，增设服务"一带一路"专栏，线上利用舆情技术从资讯报道、投资政策、投资环境和投资案例四个方面为中国企业投资"一带一路"国家提供综合信息支持，线下引入专业服务机构，提高在法律、商事、财务等方面提供跨境服务的能力。深化亚太示范电子口岸网络试点，其成员拓展到"一带一路"沿线十一个经济体的 19 个口岸，海运物流可视化、空运物流可视化、电子原产地证数据交换等项目取得明显进展。加快与境外人民币离岸市场战略合作，发行马来西亚、俄罗斯、匈牙利等国的"熊猫债"，推动上海证券交易所与莫斯科交易所启动市场数据合作，为"一带一路"框架内的互联互通提供投融资支持。试点离岸转手买卖业务结算"白名单"制度，支持"一带一路"离岸贸易结算发展，沃尔沃建筑设备中国总部的首单"一带一路"离岸贸易境内结算试点取得成功。

到 2018 年底，保税片区累计有各类总部企业 250 多家，实现营业收入增长 8%，其中，陆家嘴片区已集聚 9 家全球规模排名前 10 的资管机构、14 家外资独资资管公司，吸引全球 51 家国际知名金融机构，设立了 69 家资产管理机构，成立 99 家跨国公司地区总部。张江片区集聚外资研发中心 163 家，高新技术企业近 900 家。金桥片区工业产值经济密度达 200 亿元 / 平方公里，其中现代汽车、智能制造产业产值均占全市的 1/4。

三、加快建设临港新片区

2018 年 11 月 5 日，习近平总书记在首届中国国际进口博览会发表主旨演讲时，提出增设中国（上海）自由贸易试验区的新片区，鼓励和支持上海在推进投资和贸易自由化便利化方面大胆创新探索，为全国积累更多可复制可推广经验。李克强总理在 2019 年《政府工作报告》中也提出设立新片区的明确要求。经过商务部和上海市会同有关部门的实地调研、充分交流、反复论证，2019 年 8 月 6 日，国务院印发《中国（上海）自由贸易试验区临港新片区总体方案》。8 月 20 日，中国（上海）自由贸易试验区临港新片区正式挂牌成立，位于大治河以南、金汇港以东以及小洋山岛、浦东国际机场南侧区域，面积为 119.5 平方公里，标志着上海自贸试验区建设迈入新阶段。

自由、监管、产业是新片区的三个关键词，目的是通过打造特殊经济功能，促进经济高质量发展，其目标不仅仅是打造一个特殊的经济功能区，更是一个产城融合的现代化新城。为此，临港新片区按照习近平总书记提出的"五个重要"①的要求，对标国际上公认的竞争力最强的自由贸易园区、自由贸易港和高水平国际经贸规则，选择国家战略需要、国际市场需求大、对开放度要求高而其他地区尚不具备实施条件的重点领域，实施具有较强国际市场竞争力的开放政策和制度，加大开放型经济的风险压力测试，实现新片区与境外投资经营便利、货物自由进出、资金流动便利、运输高度开放、人员自由执业、信息快捷联通，打造更具国际市场影响力和竞争力的特殊经济功能区，主动服务和融入国家重大战略，更好地服务对外开放总体战略布局。

新片区按照到 2025 年，建立比较成熟的投资贸易自由化便利化制度体系，打造一批更高开放度的功能型平台，集聚一批世界一流企业，区域创造力和竞争力显著增强，经济实力和经济总量大幅跃升的目标，大胆探索，推进政策制度落实落地。

对照《中国（上海）自由贸易试验区临港新片区总体方案》《市委、

---

① 要努力成为集聚海内外人才开展国际创新协同的重要基地、统筹发展在岸业务和离岸业务的重要枢纽、企业走出去发展壮大的重要跳板、更好利用两个市场两种资源的重要通道、参与国际经济治理的重要试验田。

市政府关于促进中国（上海）自由贸易试验区临港新片区高质量发展实施特殊支持政策的若干意见》等文件明确的 176 项任务，重点围绕金融、产业、人才等领域推出 7 项扶持政策。

在金融领域方面，新片区着重在在岸业务与离岸业务两方面进行创新探索，在全国率先取消外商直接投资人民币资本金专户，率先开展境内贸易融资资产跨境转让、本外币合一跨境资金池、一次性外债登记、高新技术企业跨境融资便利化额度等试点。建设银行、中国银行等多家银行先后设立新片区分（支）行，16 家金融机构与临港新片区管委会签署了战略合作协议，一批新片区内首单业务迅速落地：建设银行搭建了新片区首个跨境双向人民币资金池，中国银行办理了新片区首单在线供应链融资业务，农业银行办理了首笔新片区境外银团 3500 万欧元贷款，浦银租赁与法国达飞轮船落地新片区首单 1.09 亿美元的跨境船舶租赁业务。2021 年 6 月，离岸贸易创新发展实践区、离岸贸易监测中心、离岸贸易服务中心、离岸贸易创新发展研究基地四大平台揭牌，临港离岸贸易与国际金融服务平台上线，标志着临港新片区离岸贸易发展进入全面提速、规模发展的新阶段。揭牌至今，纳入跨境结算便利化白名单企业已有 350 家，开工建设"滴水湖金融湾"，加快建设国际金融资产交易平台、大宗商品保税仓单注册登记中心，打造跨境金融服务新高地。

在加快接轨国际通行规则方面，新片区对标国际一流营商环境，加大"放管服"力度，推进"一网通办""一网统管"试点运行和完善优化，初步形成政府投资类工程建设"一张表格""一个流程"的优化方案。启用"临港新片区一体化信息管理服务平台"，将特斯拉项目"签约后 17 个月就投产"、新奥燃机项目"5 天 4 证"等"经典案例"，固化为可复制、可推广的标准模式，借助信息化流程方便企业办事，实现风险防范的精准监管和联防联控，为新片区打造"参与国际经济治理的重要试验田"提供有力的支撑，成为新片区经济贸易自由化发展的"防火墙"与"压舱石"。设立全国唯一的洋山特殊综合保税区，构建全新的"一线"放开、"二线"管住为核心的海关监管模式。国内首单跨关区国际中转集拼、首单国际铜保税标准仓单质押融资、首单飞机船舶跨境租赁、首单境外仓单离岸转手买卖等创新业务相继落地。

在产业发展方面，重大产业项目快速推进。国家重大项目高效低碳燃气轮机试验装置、中国科学院微小卫星二期、中航商发二期、中国移动IDC产业基地二期项目等开工建设，特斯拉新能源汽车研发与整车制造项目投产，华大半导体积塔项目实现厂房封顶，特斯拉配套工程陆续开工。科技创新平台不断培育，国家海底观测网数据中心开工，GE航空（中国）智能制造与再制造创新中心启用，清华大学智慧天网创新工程项目、国家工业互联网创新中心落户，无人驾驶示范基地4.2公里封闭测试道路和26.1公里开放测试道路基本完成。大力吸引新型贸易企业集聚，德国巴斯夫集团设立外商独资贸易公司；南非漠拓斯集团建设汽车零配件分拨中心，同时设立国际贸易公司，等等。此外，上海市报关协会在自贸试验区临港新片区设立跨境贸易服务分会，支持洋山特殊综合保税区内跨境电商等新型国际贸易企业开展业务。

在人才方面，率先探索电子口岸签证，推行更加开放便利的外籍人才长期及永久居留政策，放宽外国人来华工作许可条件限制，开设工作和居留许可"单一窗口"，实行境外专业人才执业备案、开放相关职业资格考试等政策。举办世界人工智能大会分论坛、世界顶尖科学家论坛，第二届"新时代·大航海·强国梦智能航运与创新发展"峰会，搭建人才发展平台。完善限价商品房、"先租后售"公共租赁房、人才公寓、人才租房补贴的"四位一体"人才住房保障体系，加强对重点机构、重大项目和核心人才的住房保障，满足人才不同类型居住需求。把人民城市理念落实到临港新片区特殊经济功能区和现代化新城建设当中，从综合交通体系、综合基础设施、生态环境、公共服务事业等方面着手，不断完善商文体旅功能，做实做强城市运行安全，有序推进社会事业。

截至2021年8月，临港新片区建设取得阶段性成果，累计签约项目765个，涉及投资额4478.31亿元；预计累计完成工业总产值3569.1亿元，全社会固定资产投资1223.9亿元。形成了"东方芯港""生命蓝湾""大飞机园"等特色品牌园区建设。与此同时，越来越多的企业利用临港这一跳板，投身全球市场。

第三节　办好进博会进一步扩大对外开放

2017年5月，国家主席习近平在首届"一带一路"国际合作高峰论坛上宣布，中国将从2018年起举办中国国际进口博览会。进博会是世界上第一个以进口为主题的国家级展会，旨在坚定支持自由贸易和经济全球化、主动向世界开放市场，是以习近平同志为核心的党中央着眼推进新一轮高水平对外开放作出的一项重大决策，是我国主动向世界开放市场的重大举措。把进博会放在上海举办，既是对上海的厚望，充分说明了上海在中国未来发展战略中的重要地位；也是对上海进一步对外开放的支持，极大地促进了上海营商环境的优化，有利于上海国际贸易中心的建设，有利于上海作为国内国际双循环城市节点的建立，有利于全面提升上海城市竞争力，有利于赋予上海更多的全球性内涵。

一、连续办好历届进博会

2017年5月习近平主席在"一带一路"国际合作高峰论坛上宣布举办进博会后，6月26日深改组通过《中国国际进口博览会总体方案》。2017年10月《中国国际进口博览会实施方案》经中央领导同志批准同意，注册地在上海的中国国际进口博览局正式启动运行，首届进博会紧锣密鼓地筹备起来。

2018年4月，首届中国国际进口博览会筹备委员会第二次会议在北京召开，会议提出要按照习近平总书记要求，着力在"不一般"三个字上下功夫，全力打造高水平的国际一流博览会。上海根据《中国国际进口博览会实施方案》，组建中国国际进口博览会城市保障领导小组，由市委、市政府主要领导担任双组长，举全市之力办好进口博览会。上海按照"冲刺100天，决胜进博会"誓师动员大会的要求和行动计划明确的任务，倒排工期，挂图作战，着力提升城市环境品质和窗口服务水平，作为进博会重要配套项目的国家会展中心（上海）二层步廊东延伸工程于9月完工，黄浦江20公里岸线景观照明全面提升，横跨浦江两岸的4座大桥集体换装，15条配套道路建成通车；浦东机场和虹桥机场为进博会推出176项服务提升项目，让各国来宾拥有良好的出行体验。充分发挥各级党组织战斗堡垒作用，广泛动员全社会力量自觉参与、服务奉献进口博览会，加强志愿者队伍建设，在公安部统一协调指挥下推进沪苏浙皖三省一市省级卡口查控一体化，牢牢坚守安全底线，全力确保社会和谐稳定。

为办好首届进博会，上海还进行了许多制度上的创新突破，在国家有关部门的大力支持下，先后为进口博览会量身打造20多项通关便利化政策，如允许展会展品提前备案、延长展品ATA单证册有效期至1年，展品展后结转进入保税监管场所或特殊监管区域，予以核销、支持车辆展品留购并给予展示交易便利措施、开展保税展示交易常态化制度创新等。市商务委员会等部门以"物流总仓"创新模式来保障进博会的食品供应，加强知识产权保护、行政执法、市场监管等现场联合监管服务，采取柔性监管方式及时妥善处置纠纷和突发事件；通信部门在展会区域率先应用"5G"技术；从上海的实际出发，构建"2+4+18"的交易组织体系（"2"指"6 天 +365 天"一站式交易服务线上和线下平台；"4"指大型零售商联盟、综合贸易服务商联盟、跨境电商联盟和展示展销服务联盟四大采购商联盟；"18"指 16 个区分团和国资分团、服务贸易分团），有效扩大成交，拓展展会功能。

2018 年 11 月 5 日至 10 日，以"新时代，共享未来"为主题的首届中国国际进口博览会在上海成功举办。习近平主席在首届进博会开幕式上发表了题为《共建创新包容的开放型世界经济》的主旨演讲，引发国际社会热烈反响。展会由国家贸易投资综合展和企业商业展组成。国家展主要展示各国形象和发展成就，只展示不成交；企业展分为七大展区，既有货物贸易展览，也有服务贸易展览。来自五大洲的 172 个国家、地区和国际组织参会，参展企业 3617 家，80 多万人进馆洽谈采购、参观体验，成交额达 578.3 亿美元。其中，与"一带一路"沿线国家累计意向成交 47.2 亿美元。累计有 5000 余件首次进入中国的展品，有 300 多项新产品、新技术发布。

2019 年，上海按照习近平总书记提出的进博会"不仅要年年办下去，而且要办出水平、办出成效、越办越好"的重要指示，提前谋划第二届进博会，于 1 月启动筹备工作。4 月，主会场的国家会展中心（上海）进行展览规模的提升工程启动。10 月，展览规模提升工程的 1、2 号馆完成由单层展馆改造成双层展馆的工作。国家会展中心地下人行通道东段、西段，国家会展中心下沉广场段和虹桥进口商品保税物流仓库、崧泽大道跨线桥人非设施工程等周边配套基础设施工程项目全部完工，进一步提升了展会周边的环境和交通。以新理念推动进博会安保，打造国家会展中心"智慧公安"升级版，加强区域警务合作，牵头沪苏浙皖四地公安机关共同签署进博会应急联勤指挥、警务大数据一体化等合作协议，加强长三角区域联防联控。为确保展品人员通关更便利，海关发布通关须知和支持进博会的 13 条便利措施，以跨境贸易管理大数据平台为驱动，提升海关监管数字化、集约化、便利化、智能化水平。设立"中国国际进口博览会贸易便利化政策咨询专窗"或"服务专窗"，提供全程政策咨询。新增 3 项支持措施包括设立保障进博会的专门机构——上海会展海关；进一步引入大数据理念，开发完善大数据平台，推动海关数据与贸易数据全面对接；授权上海海关办理食品境外生产企业临时注册，简化验核程序，提升展品通关数字化、便利化、智能化水平。

11 月 5 日至 10 日，第二届中国国际进口博览会（简称"第二届进博会"）在国家会展中心（上海）举办。11 月 5 日上午举行开幕式暨第二届虹桥国际经济论坛主论坛，国家主席习近平出席并发表题为《开放合作命运与共》的主旨演讲，强调各国要以更加开放的心态和举措，共建开放合作、开放创新、开放共享的世界经济，重申中国开放的大门只会越开越大，中国坚持以开放促改革、促发展、促创新，持续推进更高水平的对外开放。181 个国家、地区和国际组织参加，3800 多家企业参展，超过 50 万境内外采购商到会。此次展览面积为 36.6 万平方米。国家展新参展国家超过三分之一。二十国集团、金砖国家、上海合作组织的所有成员国，47 个最不发达国家中的 40 个国家的企业参展。参展的世界 500 强和龙头企业达 288 家，超过首届进博会，其中包括全球大型汽车制造商、世界知名药企、医疗器械公司等。各国"隐形冠军"企业和"小而精"的中小企业踊跃参加。各国（地区）参展企业和采购商积极洽谈对接，累计意向成交额 711.3 亿美元，比首届进博会增长 23%。新产品、新技术、新服务超过 400 项，很多是"全球首发、中国首展"。

2020 年，上海克服新冠肺炎疫情带来的影响，坚持"越办越好"要求，在疫情常态化防控下把安全放在首位，全力以赴筹办第三届进博会。聚焦技术创新与服务优化，推出一系列全新的便利化举措。首次实施展览品进境"无纸化通关"，让数据多跑路，让企业少跑腿，助进境再提速。财政部、海关总署、税务总局联合下发《关于中国国际进口博览会展期内销售的进口展品税收优惠政策的通知》，加大了税收支持力度。拓展进博会展览品展后处置途径，对于列入跨境电商零售进口商品清单的进境展览品，在展后转入海关特殊监管区域或保税物流中心（B型）的，符合条件的，可以按照跨境电商零售网购保税进口商品模式销售，促进展品变商品，进一步扩大进博会溢出效应。

2020 年 11 月 4 日，第三届中国国际进口博览会开幕式在上海举行，国家主席习近平通过视频发表主旨演讲。第三届进口博览会首次设置公共卫生、非银行金融等新题材，展示新产品、新技术、新服务 411项。在进博会发布平台上，42 家国际知名参展企业共发布 90 多项新品和服务，均为全球首发、亚洲首秀或中国首展，其中全球首发的占比最高。同时，首次开启"边招展、边对接"模式，帮助全球参展商和采购商更好对接。来自世界各地的 2600 多家参展企业、39 个交易团、近 600 个分团、40 万"专业观众"与会。

2021 年 11 月，第四届进博会如期举办，国家主席习近平在开幕式上发表了题为《让开放的春风温暖世界》的主旨演讲。首次在线上举办的国家展深受各方关注，企业商业展配套现场活动有力发挥进博会国际采购、投资促进、人文交流、开放合作的四大平台作用。进博会"朋友圈"进一步扩大，发达国家、发展中国家和最不发达国家企业均踊跃参展。参展的世界 500 强及行业龙头企业达 281 家，其中近 40 家为首次亮相的新朋友，更有 120 多家是连续四届参展的老朋友。为配合进博会的成功举办，上海在便利化方面进行了新的探索，开展"智慧旅检"，开设展品通关"专用通道"、"专用窗口"和进口冷链展品"专用冷库"，首次实施展品入境"无纸化通关"，实现监管作业"零等待"。

采用"一证三年、后台审核、用前激活、再行使用"的证件管理新模式，进一步提升参展客商办证的便利度和出入场馆的安全性。按一年计，第四届进博会累计意向成交 707.2 亿美元，展示新产品、新技术、新服务 422 项。进博会的举办展现了中国在坚定不移同世界共享市场机遇、推动高水平开放等方面的决心和担当，彰显了中国疫情防控和经济社会发展的重大成就，为共建开放型世界经济、维护世界共同利益注入强大正能量，为推动世界经济复苏和增长有力提振信心。

二、发挥溢出效应推动更大范围的开放

办好进博会，对上海来说不仅仅是完成一项中央交办的战略任务，更重要的是把进口博览会打造成上海对外贸易的增长极、营商环境的放大器、优质资源的引力场，在更大范围放大溢出和带动效应，进一步促进上海的开放。以此为指导，早在筹办首届进博会的时候，上海就提出了用足进博会平台功能、充分释放溢出效应，促进上海全面提升对外开放水平，并服务带动全国的高水平开放的设想。从筹办首届进博会开始，上海着力从加大外资引进、建设和发挥常年展示交易服务平台作用、建设虹桥国际开放枢纽等方面利用进博会溢出效应，有效促进和服务了全市的进一步开放。

建设进博会常年展示交易服务平台，是上海促进放大进博会溢出效应的重要抓手，旨在通过平台专业的服务，突破进博会展期只有 6 天的局限，帮助全球商品（服务、技术）顺利进入中国市场，促进中国国际进口博览会的可持续发展，打造永不落幕的博览会。由东浩兰生集团与上海市贸促会强强联手、出资成立的合资公司上海国际进口交易服务有限公司负责搭建的"6 天 +365 天"一站式交易服务平台，运用智能化手段提供在线展示、在线撮合、在线交易、在线支付等专业服务，促进供需匹配。同时，对全市具有常年展示交易功能的平台进行梳理整合、

授牌，形成了体系。这些平台分四大类，分别是综合服务平台，包括上海虹桥商务区进口商品展示交易中心、东浩兰生"一带一路"进口商品展销中心、上海五角世贸进口商品常年展销中心、东方国际Gracina Life进口商品展示中心、国家对外文化贸易基地（上海）等6家，旨在为展商提供综合性的产品技术常年展示交易服务；跨境电商平台，包括小红书、洋码头、上海嘉定区跨境电子商务一站式综合服务平台、西北物流园区跨境电商公共服务平台、上海青浦区跨境电子商务保税展示贸易物流中心、"紫荆谷跨境通"跨境贸易电子商务合作中心等8家，旨在通过线上渠道为消费者提供更多的海外特色优势产品；专业贸易平台，包括上海外高桥国际机床展示贸易中心、上海外高桥国际化妆品展示交易中心、上海外高桥国际酒类展示交易中心、上海自贸试验区平行进口汽车展示交易中心、优安天地进口食品商贸产业园、上海自贸区红酒交易中心、365me工业交易服务云平台、上海东浩兰生公用型保税仓库、上海西郊国际农产品交易中心、上海农产品中心批发市场等10家，致力于提供机床、酒类、化妆品、平行汽车、农产品等特定商品保税展示、检测认证等专业配套服务；国别商品中心，包括澳大利亚商品中心、智利商品中心、中东欧16国商品中心、意大利手工定制展示交易中心、东方国际进口商品国别展销中心、上海高岛屋日本进口品展示交易馆等6家，主要展示和交易特定国家的商品和服务。这些平台通过线上线下联动发展，实现推动更多参展国优质商品以上海为基地，走向长三角和全国市场。

建设虹桥国际开放枢纽是促进发挥进博会溢出效应扩大开放的又一创造性举措。虹桥国际开放枢纽的前身是位于上海西部的上海虹桥商务区，初始面积约86平方公里，是2010年起上海根据国务院公布的《长江三角洲地区区域规划》提出的"依托虹桥综合交通枢纽，构建面向长三角、服务全国的商务中心"要求开始发展起来的新型高端商务区。经过 2010 年至 2017 年的开发，商务区核心区总体建成。中国国际进口博览会选在商务区内的国际会展中心举办，为推动该区域实现快速发展创造了条件。上海围绕进博会的举办，要求商务区围绕"商"字下更大功夫，真正做强优势、做出特色、打响品牌。2019 年 12 月，中共中央、国务院印发《长江三角洲区域一体化发展规划纲要》后，虹桥商务区成为承接进博会和长三角一体化国家战略两大国家任务叠加的重要区域。为了更好发挥商务区的作用，市政府发布了《关于加快虹桥商务区建设打造国际开放枢纽的实施方案》，对商务区发展的定位、目标、要求进行了新谋划，提出到 2025 年基本建成服务长三角、联通国际的枢纽功能不断提升，成为总部企业、国际组织和专业机构首选地，成为国际商务资源集聚、贸易平台功能凸显、各类总部企业活跃的经济增长极的国际开放枢纽的目标要求。2021 年 2 月，国务院批复《虹桥国际开放枢纽建设总体方案》，站在更高的层面确定虹桥国际开放枢纽的区域范围为"一核两带"①，其中"一核"是上海虹桥商务区，主要承担国际化中央商务区、国际贸易中心新平台和综合交通枢纽等功能，意在在此区域形成全球高端资源要素配置新高地；促进长三角更高水平协同开放，形成开放型经济新体制；深度参与国际分工合作，提升资源配置效率和竞争能力，加快形成以国内大循环为主体、国内国际双循环相互促进的新发展格局。

从 2018 年至 2020 年，虹桥国际开放枢纽中央商务区作为国际开放枢纽的"核"，借力"进博会"溢出效应，瞄准国际会展、高端服务、总部经济等特色产业，加快构建完整生态圈，努力打造进博会成果的集中展示地。推动进博会通关监管、资金结算、投资便利等相关政策措施

---

① "两带"是以虹桥商务区为起点延伸的北向拓展带和南向拓展带。北向拓展带包括虹桥—长宁—嘉定—昆山—太仓—相城—苏州工业园区；南向拓展带包括虹桥—闵行—松江—金山—平湖—南湖—海盐—海宁。

常态化、制度化，并向上海全市复制推广。中国瑞士中心、丝绸之路国际总商会（香港）上海代表处、欧盟商业和创新中心、克罗地亚经济商会等一批贸易促进机构入驻虹桥海外贸易中心。闵行片区加快推进新虹桥国际医学中心建设，全球首家克利夫兰医学联合医院暨上海绿叶利兰医院项目签约落户。长宁片区建设世界领先的航空服务业创新试验区，航空产业集聚发展成效显著，入驻航空企业 250 多家。青浦片区集聚会展产业企业、会展行业协会等会展促进机构以及与会展相关的专业服务业企业等超过 200 多家。嘉定片区临洮路项目、今杰家居用品有限公司（原驴妈妈）、澳康达名车销售服务有限公司、华住酒店集团等一批重大项目启动。到 2020 年底，商务区共吸引国内外具有总部功能的企业 380 多家。[①]

促进投资、促进进口是进博会溢出效应促进上海对外开放的最直接表现。首届进博会召开时，上海的口岸贸易量就大大增加，上海口岸进口的服装占全国 69.1%，手表占 66.9%，医药品占 57.5%，医疗器械占 54.7%，化妆品占 47.7%，葡萄酒、钻石、乳品、汽车分别占比超过三分之一，实现全球更多优质商品和服务以上海为枢纽，更加便捷地进入中国市场。第二届进博会更是既促进贸易往来，又积极带动投资。各地面向各国（地区）代表团，组织开展形式多样的招商引资活动，一批世界 500 强和龙头企业举办合作签约。不少省、自治区、直辖市与有关国家的企业签署投资合作协议。进博会举办当月，上海离境购物退税业务量较上年同期增长近 50%。第三届进博会利用创新的海关制度和保税仓库，特别是"支持保税展示展销常态化，扩大展会溢出效应""支持跨境电商业务，推进线上线下融合"的创新条款，使得展商可以依托保税物流中心和品汇平台，实现保展互转，并以保税展示展

---

① 《从 86 到 7000 平方公里，"大虹桥"打造全新开放形态》，《第一财经》2021 年 3 月 3 日，https://www.yicai.com/news/100966192.html。

销的模式和跨境电商模式方便地实现"展品变商品"，真正实现线上、线下、保税仓联动，使进博会溢出效应最大化。跨境电商出口、进口再制造业务，跨境电商、外贸综合服务、汽车平行进口放量增长。世界百强商展超过十分之一落户上海，位列全球城市之首，国际展览业协会中国代表处落户上海，国际前十大展览公司在沪设立分支机构，国际展面积占总展比的 77.4%，展览规模居全球城市前列。上海吸收外资开放度提高，总部功能配套保障力度加大，上汽大众 MEB 项目、中俄联合宽体机研发、德国默克集团 OLED 中国应用中心、微软加速器等先进制造业项目相继落地。"走出去"水平提高，全市优势产业领域海外研发、生产基地延伸到上下游国际产业链，对外直接投资存量扩大。

此外，进博会溢出效应还体现在促进文化交流的方面。进博会坚持展览、论坛、外交、人文"四合一"，展现世界多元文明风貌，促进经济与人文有机结合，为增进各国人民友好交往搭建平台。

第四节 建设国际一流营商环境

良好的营商环境是一个国家或地区经济软实力的重要体现，是一个国家或地区提高综合竞争力的重要方面。改革开放以来，以开放促改革，上海在营商环境方面做了很多探索和实践，取得了巨大的成绩，但对标国际最高标准还有很大优化的空间。党的十八大以来，根据党中央提出的营造稳定公平透明的营商环境要求，上海围绕市场主体在准入、生产经营、退出等过程中涉及的政务环境、市场环境、法治环境、人文环境等有关外部因素和条件，简政放权、放管结合、优化服务，大力营造法治化、国际化、便利化的营商环境和公平、统一、高效的市场环境，全面建设以政府服务"一网通办"为重要标志的智慧政府，打造国际一流营商环境，助力我国在世行营商环境排名中达到世界前沿水平。

一、深化政府"放管服"改革

全面深化改革的重点是经济体制改革，核心问题是处理好政府和市场的关系。简政放权、放管结合、优化服务（简称"放管服"）是处理好政府与市场关系的重大改革之举。上海重点围绕简政放权，通过一轮轮行政审批制度改革，着力解决审批过多、过滥、过慢等问题，加快推进政府职能转变，尽可能减少政府对微观经济活动的干预，为经济社会发展创造良好环境。但与打造更具国际竞争力的投资发展环境，贸易投资最便利、行政效率最高、政府服务最规范、法治体系最完善的要求还有很大差距，特别是随着行政审批项目的不断取消调整，审批流程再造、审批服务创新、事中事后监管、行政审批标准化建设等配套环节没有及时跟进，使得"办证跑断腿、审批磨破嘴"现象依然存在。

2015 年 5 月，国务院召开全国推进简政放权放管结合职能转变工作电视电话会议，首次提出"放管服"改革的概念，在全国层面推动"放管服"改革三管齐下、全面推进。上海 2015 年、2016 年两年在继续大力取消和调整行政审批项目 738 项的同时，编制发布市级行政权力清单和行政责任清单，依法发布区乡镇街道行政权力清单和行政责任清单，建立完善权责清晰、程序严密、高效透明、制约有效的运行机制，打造服务型政府。探索实施区县、乡镇街道行政审批标准化管理，全面取消非行政许可审批，在全国率先完成行政审批评估评审清理。稳步推进事中事后监管，按市场、行业、领域等形成监管方案，逐项明确取消事项的后续监管举措。优化改进政府服务，规范办理内容、办事窗口、服务时间等环节。促进政府部门信息整合共享，加强诚信体系建设。

2017 年 7 月，习近平总书记主持召开中央财经领导小组第十六次会议强调，提出建设开放型经济新体制，一个重要目的就是通过开放促进我们自身加快制度建设、法规建设，改善营商环境和创新环境，降低市场运行成本，提高运行效率，提升国际竞争力。[①]上海作为我国第一个自贸试验区的实践所在地，必须而且有能力以自贸试验区的实践经验为基础把优化营商环境摆在更加突出的位置。12月22日，上海市委、市政府召开上海市优化营商环境推进大会，从全力打造上海更加优良的营商环境出发，提出要继续深化"放管服"改革，使市场在资源配置中起决定性作用，更好发挥政府作用，努力使审批更简、监管更强、服务更优。2017年以来，上海连续三年制定实施了《着力优化营商环境加快构建开放型经济新体制行动方案》（优化营商环境1.0版）、《上海市进一步优化营商环境实施计划》（优化营商环境2.0版）、《上海市全面深化国际一流营商环境建设实施方案》（优化营商环境3.0版）、《上海市加强改革系统集成 持续深化国际一流营商环境建设行动方案》（优化营商环境4.0版）《上海市营商环境创新试点实施方案》（优化营商环境5.0版）和《上海市加强集成创新持续优化营商环境行动方案》（优化营商环境6.0版），上海营商环境优化工作进入提速阶段。

一是发挥上海自贸试验区先行先试、长三角一体化发展示范区的改革集成、上海证券交易所设立科创板并试点注册制的带动作用，出台优化营商环境的一系列重大举措，如负面清单制度，与国际通行规则相衔接的投资、贸易、金融和事中事后监管规则体系建设等，推动全市形成综合性营商环境改革态势。在世界银行营商环境评价中，上海和北京都是中国的样本城市，其中上海的权重为55%，发挥了巨大的作用。为此，上海对世界银行营商环境评价的每个指标都成立分管市领导负责的多部门协同推进工作机制，对标先进经济体经验，实施营商环境对标改

---

① 《习近平：营造稳定公平透明的营商环境 加快建设开放型经济新体制》，新华社，2017年7月17日，http://www.xinhuanet.com/politics/2017-07/17/c_1121333722.htm。

革，借鉴国际上行之有效的营商环境治理先进理念和经验，坚持以企业办事便利为核心，改变从部门事权出发搞改革的方法，分类整合再造行政程序，优化制度性、体制性等"软环境"，让市场主体主动增加投入、带动就业。到2020年，在世界银行营商环境评价的开办企业、获得电力、施工许可、跨境贸易、登记财产等以地方事权为主的指标中，上海办事环节平均压缩41%，办事时间平均压缩59%，执行合同、获得电力等指标已达世界先进水平。①

二是全面实施"证照分离"改革。证照分离指工商部门颁发的营业执照和各相关行业主管部门颁发的经营许可证审批的改革，是推进"放管服"改革的重要举措。2015年12月国务院常务会议审议通过《关于上海市开展证照分离改革试点总体方案》，"证照分离"改革试点率先在上海浦东新区开展。改革试点聚焦办证环节，通过采取改革审批方式和加强综合监管，进一步完善市场准入，使企业办证更加快速便捷高效；在改革审批方式上，按照易操作、可管理的要求，从与企业经营活动密切相关的许可事项中，选择审批频次比较高、市场关注度比较高的110多项行政许可事项，先行开展改革试验。2018年国务院发出《关于在全国推开"证照分离"改革的通知》后，上海在全市范围全面推开"证照分离"，把"照后减证"作为提升市场主体办事感受度的重要方向，以"全覆盖、便民化、强监管"为抓手，对新技术、新产业、新模式、新产品和新业态，探索推行包容审慎的监管制度，发布实施《上海市行政审批告知承诺管理办法》，明确告知承诺的事项范围和事中事后监管措施，确保放开准入与严格监管相结合，推动"证照分离"改革全面深化，努力保持先行优势。2019年，浦东新区继续先行先试，探

---

① 《世界银行"点赞"中国营商环境改革成效，上海如何助力？》，《澎湃新闻》2020年7月27日，https://www.163.com/dy/article/FIINI6M30514R9P4.html。

索"一业一证"改革,将一个行业经营涉及的多张许可证,整合为一张"行业综合许可证",并试点人工智能辅助系统进行材料审核,解决企业"准入不准营"难点的同时进一步深化"证照分离"改革。

三是用"店小二"精神推进政府服务。推动政府管理和服务从"以部门为中心"向"以用户为中心"管理模式转变,推动实现用户从"找部门"到"找政府"的转变。注重倾听和回应企业诉求,把"12345"市民服务热线功能拓展到企业服务,做到市场和社会诉求"一号响应",建立企业和市民的统一政府咨询、投诉、建议平台,打造政府服务企业的"总客服"。多渠道提升企业服务水平,面向全规模、全所有制、全生命周期企业,上线全国首个实现包括一站式政策服务、一门式诉求服务、一网式专业服务、发展环境评估决策支撑系统在内的"三服务一评估支撑"功能的电子政商综合服务平台——上海市"企业服务云"。

2021年《上海市加强改革系统集成持续深化国际一流营商环境建设行动方案》,即优化营商环境4.0版方案出台。方案从优化政务环境、提升企业全生命周期管理服务、营造公平竞争市场环境、强化安商稳商企业服务、加强实施保障等5个方面提出31项任务,共207条举措,继续深化、细化、系统化各领域改革,加强地方事权系统集成,提升企业感受度。上海仍是跨国公司产业链布局的首选。根据联合国贸发会议报告,2020年全球外国直接投资规模下降42%,但上海吸引外资却实现了6.2%的逆势增长。跨国地区总部、外资研发中心分别累计达到771家和481家,聚集海外人才达到20万左右。在全球疫情蔓延的情况下,第三届进博会成交金额实现了2.1%的增长。这说明全球投资者持续看好中国、看好上海。

二、建设"一网通办"

"一网通办"是上海优化营商环境、深化"放管服"改革、便利企业和群众的重要抓手，是衡量政府职能转变的重要标尺。2018年3月，市委、市政府印发《全面推进"一网通办"加快建设智慧政府工作方案》，确定"两个基本实现和两个基本建成"基本目标，即基本实现政府政务服务工作以部门管理为中心向以用户服务为中心转变，基本实现企业和群众办事线上"一次登录、全网通办"，线下"只进一扇门、最多跑一次"；基本建成"一网通办"的框架体系和运作机制，基本建成整体协同、高效运行、精准服务、科学管理的智慧政府。4月12日，成立上海市大数据中心，作为推进"一网通办"工作的主体。7月1日，"一网通办"总门户上线试运行。10月17日，"一网通办"总门户上线开通。

2018年11月，习近平总书记在上海考察期间，对上海"一网通办"顶层设计和初步成效给予充分肯定，明确指出上海要优化政务服务，推进"一网通办"。上海按照制定的《上海市公共数据和一网通办管理办法》，聚焦"一网通办"应用涉及的重点环节，对数据采集、整合、共享、开放、应用、安全等作出全面规范，同步制定出台电子证照、电子印章、电子档案三个配套管理办法。以电子政务云为载体汇聚公共数据，实现数据基于政务云平台的物理汇集，为共享使用奠定基础。以"三清单一目录"为抓手共享数据，完成数据共享交换平台主体功能建设，实现与国家共享交换平台级联的同时，会同各区、各部门，以"一网通办"政务服务事项为主线，以部门需求为导向，梳理形成公共数据共享需求清单。到2018年底，"一网通办"制度架构及运行体制机制基本建立，初步建成"1+1+X"框架体系，即以市大数据中心为重要推进主体，以全流程一体化在线服务平台为总门户、总操作台、总数据库，依托在线服务平台的各个节点共同组成的框架体系，有个人实名用户超753万，占实有人口30%，法人用户达189万，移动端（"随申办"）用户超1000万。

　　2019 年，"一网通办"继续加快政务服务的革命性流程再造，以改革促发展、以创新促成效，增强平台功能，让办事的企业和群众感受到办事更便捷。至 2019 年，"一网通办"平台接入 2035 项政务服务事项，"随申办"应用程序接入 637 项高频的、适合在移动端办理的事项，全市各区推行"一窗受理、分类审批、一口发证"的综合服务窗口。同时，加快推动"双减半"（审批办理时限、申请材料较上年平均减少一半）和"双 100"（推进 100 件事业务流程优化再造、新增 100 项个人事项全市通办）改革，最大程度利企便民。至 2019 年，全市所有审批事项实现材料减少 50.5%，办理时间减少 59.8%，其中 100 个事项实现"零材料提交"，个人全市通办事项新增 177 项。打造长三角"一网通办"专栏，上线全国首个区域政务服务"一网通办"旗舰店，开通 18 个城市 164 个线下专窗办理点，实现 51 个事项跨省办理。

　　2020 年是上海"一网通办"改革的攻坚提升年。"一网通办"围绕实行"两个免于提交"①，推动"两转变"②，推动若干办件量大、涉及面广、办理难度大的"一件事"业务流程革命性再造落实落地。实现申请人"一表申请"办理营业执照、公章、税控设备和发票、就业参保登记等所有开办企业事项以及公积金涉企服务，增加电子营业执照登录认证、移动端亮证等功能。探索实施住所承诺制和名称登记告知承诺制，提高企业核名一次性通过率。全力推动工程建设项目相关政务服务事项在"一网通办"平台上一口进出，实现申请材料信息"一次提交、多次

---

① 两个免于提交：在开展政务服务和实施监管执法场景中，通过告知承诺、电子证照应用、数据共享核验、行政协助等方式，实行"凡是本市政府部门核发的材料，原则上一律免于提交；凡是能够提供电子证照的，原则上一律免于提交实体证照"，新增 100 项"零材料"事项。

② 两转变："一网通办"从"侧重行政权力事项"向"行政权力和公共服务事项并重"转变，从"能办"向"好办"转变，使个人办事更加方便、快速，法人办事更加高效、可预期。

复用"。全面升级改版"一网通办"总门户并试运行，群众和企业的满意度进一步提升。

2021年"一网通办"改革进入拓展新阶段。年初，市委常委会审议通过《深化"一网通办"改革构建全方位服务体系工作方案》，就推动"一网通办"从技术驱动向制度驱动转变、从政务服务向公共服务和便民服务转变、由以政府部门管理为中心向以用户为中心转变进行了规划。6月，市第十五届人民代表大会常务委员会第三十二次会议通过《上海市人民代表大会常务委员会关于进一步促进和保障"一网通办"改革的决定》，自2021年7月1日起施行。《决定》对"一网通办"改革的创新举措以人大立法的形式予以固化，破解改革瓶颈和制度性障碍，并明确下一步改革方向，为进一步探索更好的政务服务上海模式提供法制保障。

三年来，"一网通办"已累计实施357项改革举措，接入"一网通办"平台事项3197项，公共服务事项数量已超越行政权力事项，累计办件量1.5亿。开通国际版，上线长者版。2021年法人用户12.58万，累计实名注册个人用户超5401万（本市户籍用户1156万，外籍人士38.7万），企业用户227万。"一网通办"移动端"随申办"月活峰值超过1517万，推出"随申码"服务，累计使用超37亿次。市民主页和企业专属网页累计访问超80亿次，推送个性化政策服务超2.3亿次。"一网通办"实际办件网办比例已经超过70%，推进"两个免于提交"，电子证照库已归集604类高频证照，总数突破1.4亿张，调用量突破5.3亿次，提升办理效率，办理时限平均减少62%。企业和群众对"一网通办"满意度明显提升，好评率达99.96%。"一网通办"从"能办"到"办好"、从"好用"到"爱用"，成为提升上海营商环境的"金字招牌"，入选2020年联合国全球电子政务调查报告经典案例。

三、完善单一窗口功能

跨境贸易便利度是世界银行向全球发布的《营商环境报告》中的10个大类指标之一。上海要建设国际一流营商环境，不断提升跨境贸易便利度是题中应有之义。"单一窗口"是提高国际贸易便利化的重要措施，其实质就是贸易和运输企业通过一点接入一个信息平台、实现一次性递交满足监管部门要求的标准化单证和电子信息，监管部门处理状态（结果）通过单一平台反馈给申报人。建设国际贸易"单一窗口"，有利于解决重复申报和提交单证的问题，进而提高通关效率，降低企业成本。

2014年，上海抓住建设中国（上海）自由贸易试验区的机遇，在以往试点报关报检"一单两报"、关检合作一次申报、一次查验、一次放行"三个一"的基础上，依托上海电子口岸，由市口岸办牵头，联合海关、检验检疫、海事、边检等多部门在上海洋山保税港区开展国际贸易"单一窗口"建设试点。海关、检验检疫、海事、边检共同将准予船舶离港电子放行信息发送至上线试运行的国际贸易"单一窗口"平台，海事凭电子信息签发船舶出口岸许可证，实现船舶出口岸手续签注一体化。2015年6月，上海国际贸易单一窗口升级为1.0版，覆盖货物进出口申报、运输工具申报、支付结算等六大模块，参与单位扩大到海关、检验检疫、海事、商务、国税、外汇等17个口岸和贸易监管部门，初步具备了国际贸易单一窗口的基本架构和主要功能，在全国首创"口岸互联网＋"模式。2017年，上海制定出台《上海国际贸易单一窗口（2017—2020年）深化建设方案》，提出"到2020年，建设成为服务构建开放型经济新体制要求的具有国际先进水平的国际贸易单一窗口，全面覆盖口岸执法和贸易管理，全面纳入各类许可和资质证明，全面贯通口岸物流环节，全面实现信息互换共享，全面拓展服务贸易和自贸区功能创新业务，全面完善区域通关与物流应用功能，实现与国际上单一窗口互联互通，成为国际贸易网络的重要枢纽节点"的目标。上海国际贸易"单一窗口"从 1.0 版发展到 3.0 版，在 2.0 版实现口岸监管环节全覆盖，形成"监管 + 服务"的 9 个功能板块的基础上，参与其中的部门更加全覆盖，服务功能更加优化、更加开放和国际化。上海口岸建立起包括货物申报、运输工具申报、进博会专区等在内的 10 个板块，具有"通关 + 物流 + 支付"功能，对接 22 个政府部门的"单一窗口"。货物申报由 1 天到半小时，船舶申报由 2 天到 2 小时，成为全球业务处理规模最大的平台。

上海国际贸易单一窗口实现四个创新，即多部门平等共建协作机制的模式创新，在一个口岸、一个地方建设具有功能完备的单一窗口，在国际上是对单一窗口理论和实践的重大突破和贡献；传统口岸通关流程"一站式"整合的制度创新，将传统的"线下"和"串联式"口岸通关流程变为"线上"和"并联式"，将以往不同的、交叉的流程和手续办理优化整合成为一个流程链；连通监管部门间信息"孤岛"的技术创新，消除系统"堵点"，充分体现"互联网 +"和客户便利应用；大数据实现均等化政务管理的服务创新，为企业提供均等化的政务服务，为加强风险防控和协同监管提供数据支撑和网络通道。上海国际贸易单一窗口在世行"跨境贸易"测评中是最主要的得分点之一，也是世行点赞并向全球推荐的"上海服务"。

国际贸易单一窗口，不仅仅是搭建一个平台，更重要的是因其需要而带动的通关放行、港口作业、物流运输各环节的大并联改革，如在优化通关流程方面，采取取消海运提单换单环节、加快实现报检报关"串联"改"并联"、加大担保制度推广力度、推进跨部门一次性联合检查等措施；在简化单证手续方面，采取实现海运集装箱货物设备交接单及港口提箱作业信息电子化流转、推进口岸物流信息电子化、简化自动进口许可证申请办理、完善随附单证无纸化格式标准、应用电子委托代理取代纸质报关报检委托协议书、简化进口免予CCC认证证明工作流程、简化出口原产地证办理流程等措施；在降低口岸收费方面，采取规范和降低口岸检查检验服务性收费、治理口岸经营服务企业不合理收费、继续开展落实免除查验没有问题外贸企业（失信企业除外）吊装移位仓储费用等措施；在建立完善管理机制方面，采取建立口岸通关时效评估公开制度、建立口岸收费公示制度、建立口岸通关意见投诉反馈机制等措施，这些都有效地促进了贸易便利化。

2020年，上海口岸根据海关总署印发的《全面深化业务改革2020框架方案》确定改革现行审批制度，实施"两步申报"；改革风险防控方式，实现"两轮驱动"；改革监管作业方式，实行"两段准入"；改革寄递通关模式，形成"两类通关"；改革特定区域监管模式，推进"两区优化"等任务，发布简化报关单随附单证有关事项的公告，明确企业通过单一窗口申报时，进口环节无需提交合同、装箱清单、载货清单（舱单），出口环节无需提交合同、发票、装箱清单、载货清单（舱单）；对进口货物"入境"和"入市"实施分段监管，企业在网上申请，进口货物在口岸上完成入境检查后提离口岸，在口岸外实施入市检查，有效减少货物在口岸积压；推动"单一窗口"与"一网通办"平台的衔接，优化业务流程；推进风险防控一体化建设，丰富风险防控方法，提高人工分析布控有效性，促使企业感受度进一步提升。如有利于打通跨境贸易"堵点"的保税维修业务的试行，企业无需提交审批材料和海关三级审批，货物查验率由过去的100%骤减至5%；进境和出境各自只需1—2个工作日，压缩了2/3以上，而且无需缴纳保证金，境外采购维修用设备还可享受免税政策，极大地促进了该行业企业的发展。上海口岸在新冠肺炎疫情肆虐的大背景下，不但经受住了疫情的考验，还实现了逆势上涨，贸易便利化水平稳步提升，上海口岸集装箱吞吐量、上海市进出口总值双双创历史新高。

第五节　努力构建国内大循环中心节点

自 20 世纪 80 年代上海提出发挥两个扇面的作用起，上海一直不断探索实施对内对外全方位的双向开放，有效地促进了上海的经济循环从主要依靠国内资源和市场，转向依靠国内国外两个市场、两种资源。进入新时代，我国同世界经济的联系更加紧密的同时，保护主义上升、世界经济低迷、全球市场萎缩等外部环境对我国经济发展带来的风险和挑战增多，党中央提出了构建以国内大循环为主体、国内国际双循环相互促进的新发展格局的重大战略任务。上海作为我国对内对外开放两个扇面的重要枢纽，抓住长三角一体化上升为国家战略，立足畅通国内大循环，提出聚焦打造国内大循环的中心节点和国内国际双循环的战略链接、主动服务和融入新发展格局的重大决策。

一、实施长三角一体化国家战略

畅通国内大循环，需要打破地区分割形成统一市场，需要进一步培育和发挥一体化高质量发展。长三角地区是我国经济发展最活跃、开放程度最高、创新能力最强的区域之一，最有条件率先抓住"一体化"和"高质量"两个关键词，以高质量一体化为发展主线，融入国内国际双循环，在构建新发展格局中作出长三角应有的新贡献。上海作为长三角地区唯一的超大城市，按照中央提出的要发挥好龙头带动作用的要求，强化制度创新，深化区域合作，做好对内开放、对外开放两篇文章，推动长三角地区的优势互补和联动发展。

2014 年 5 月，习近平总书记到上海考察工作期间，强调继续完善长三角地区合作协调机制，努力促进长三角地区率先发展、一体化发展。以此为指导，上海积极会同长三角其他省份采取有力措施，努力促进长三角地区合作发展。三省一市主要领导在上海召开的区域大气污染防治协作第一次工作会议上，对大气污染防治重点工作进行协调部署；在杭州召开的长三角区域水污染防治协作小组第一次工作会议上，对水污染防治工作进行部署，推动大气污染和水污染联防联控取得明显成效。2016 年，上海与苏浙皖三省携手联动，在区域一体化交通运输体系建设、环境保护、产业科技等方面不断有新突破。2018 年 1 月上海和江苏、浙江、安徽三省一市抽调 15 人组建长三角区域合作办公室，在上海实现联合集中办公，进一步创新做实区域合作机制。6 月长三角区域主要领导座谈会在上海召开，审议通过了《长三角地区一体化发展三年行动计划（2018—2020 年）》，为长三角区域一体化发展明确任务书、时间表和路线图。

2018 年 11 月 5 日，习近平主席在首届中国国际进口博览会开幕式上宣布，支持长江三角洲区域一体化发展并将其发展上升为国家战略，为长三角区域一体化发展掀开崭新的篇章。12 月，习近平总书记在中央经济工作会议上强调，要制定长三角区域一体化发展规划，标志着国家层面启动顶层设计。

一批重大建设项目推进落实，上海盈淀路对接江苏昆山锦淀公路项目实现通车，杭黄铁路建成通车，沪通铁路二期、沪苏湖铁路等项目前期加快推进。淮南—南京—上海 1000 千伏特高压交流输电工程越江管廊工程贯通。三省一市政府与中国电信、中国移动、中国联通、中国铁塔公司签署合作协议，5G 在长三角地区先试先用。率先在全国探索区域性异地门诊费用直接结算，牵头研究发布《食品和食用农产品信息追溯》地方标准，并与三省就在区域内联合实施达成共识。推进轨道交通扫码便捷通行，上海、杭州、宁波实现互联互通。

一批重大合作计划推动促成，促进区域市场融合发展，三省一市落实国家工商、质检、食药监、价检"四合一"体制改革，共同起草并签署《长三角地区市场体系一体化建设合作备忘录》，推动建立统一开放、竞争有序的市场体系。加强金融创新和风险防范合作，证券方面，建立长三角区域资本市场服务基地等5家服务基地、1家服务站，重点扶持长三角地区优质新型企业上市，共助科创板和注册制试点落地。浙江自贸试验区与上海期货交易所签署战略合作协议，共批准舟山3家仓库为上海期货交易所燃料油指定交割仓库。债券方面，发布三省一市地方政府债指数、公司债指数、绿色债指数等长三角债数指数。基金方面，上海国际集团、太平洋保险、安徽省投资集团等共同发起人签署基金合伙协议，成立长三角协同优势产业基金，并实现首轮封闭。防风险方面，签署《长三角金融办防范区域金融风险合作协议》，实现区域金融风险联防、宣教联动、监管联手。

一批区域合作平台搭建起来，G60科创走廊建设进展顺利，九地市联合成立实体化运作的联席会议办公室推进"一网通办"、工业互联网协同发展等，促使科技资源集聚、产业生态更加完备、创新活力不断迸发。沪苏浙毗邻地区加强联动，青浦、昆山、吴江、嘉善共同打造环淀山湖战略协同区，嘉定、昆山、太仓打造协同创新圈，崇明东平镇、海门海永镇、启东启隆镇共建生态主导型城镇圈。开放型创新网络成效初显，上海光源、蛋白质研究中心等重大科技基础设施集群化发展、开放共享，实施脑科学和类脑研究等对接"国家2030"的重大项目，推动长三角科技资源共享平台、国家技术转移东部中心等建设，探索"创新券"区域内通用通兑机制，科技资源"牵手"壁垒正在打破。

2019年5月，党中央、国务院印发《长江三角洲区域一体化发展规划纲要》（简称《规划纲要》）。11月3日，习近平总书记在上海考察时，再次对长三角一体化发展作出重要指示，要求长三角三省一市要增强大局意识、全局观念，抓好《规划纲要》贯彻落实，聚焦重点领域、重点区域、重大项目、重大平台，把一体化发展的文章做好。上海市委、市政府认真贯彻落实习近平总书记重要指示精神、党中央决策部署和《规划纲要》要求，印发《上海市贯彻〈长江三角洲区域一体化发展规划纲要〉实施方案》，要求全市牢固树立"一体化"意识和"一盘棋"思想，紧扣"一体化"和"高质量"两个关键，围绕七个重点领域和三大重点区域，提出 65 项具体举措，勇担龙头带动之责，携手苏浙皖共同推动长三角实现更高质量一体化发展。

建设长三角生态绿色一体化发展示范区，是实施长三角一体化发展战略的先手棋和突破口，目的是在示范区内就一体化先在一些制度创新层面先行先试，然后复制推广。2019 年 10 月 25 日，国务院批复《长三角生态绿色一体化发展示范区总体方案》，拉开示范区建设的序幕。11 月 1 日，沪苏浙两省一市在沪共同召开示范区建设推进大会，示范区理事会、执委会揭牌。长三角生态绿色一体化发展示范区在范围上包括上海市青浦区、江苏省苏州市吴江区、浙江省嘉兴市嘉善县，面积约 2300 平方公里（含水域面积约 350 平方公里）。其中青浦区金泽镇、朱家角镇，吴江区黎里镇，嘉善县西塘镇、姚庄镇作为一体化示范区的先行启动区，面积约 660 平方公里。

经过两年建设，示范区青浦部分围绕建设长三角数字干线的战略目标，坚持数字引领，集聚了华为研发中心、市西软件信息园、北斗创新基地等重大功能平台，打造了快递物流、软件信息、绿色金融三大千亿级产业集群和会展商贸、卫星导航、民用航空、跨境电商等一批百亿级产业平台，形成了以集成电路、生物医药、人工智能为代表的先导产业体系。积极践行"绿水青山就是金山银山"重要理念，坚持打造绿色发展新样板，建成元荡生态岸线青浦段、水乡客厅江南圩田、环淀山湖高品质贯通工程、青浦新城环城水系公园等一批生态建设标志性项目。坚持改革集成，聚焦一体化制度创新这个"牛鼻子"，深化"一件事"改革，积极推动行政审批和民生服务互联互通，不断打通企业、人才、资金等要素自由流动的堵点。出台"青峰"系列人才政策，面向海内外吸引集聚人才，加快建设长三角人才港。制发全国首张跨区通办的营业执照、首张跨区域的海外人才居住证，实现住房公积金、医疗保险等无缝衔接，打造长三角最具制度竞争力和创新创业活力的营商环境。

整个长三角地区，都市圈加强联动，上海大都市圈空间规划协同工作领导小组成立，上海大都市圈空间协同规划启动编制。跨区域合作提质增速，长三角城市经济协调会实现 41 个地级以上城市全覆盖。中国人民银行上海总部发布金融支持 G60 科创走廊发展服务方案，科技部牵头制定 G60 科创走廊建设方案，共同打造跨区域合作平台。嘉（兴）昆（山）太（仓）共同构建协同创新核心圈，浙江温州与上海嘉定互设"双向飞地"，江苏南通与上海崇明共同建设长江口生态保护战略协同区，跨区域组团合作呈现良好态势。开通长三角科技资源共享服务平台，整合区域内 2420 家法人单位的 3.1 万台（套）大型科学仪器设施。国家技术转移东部中心建成 12 个长三角分中心。协同创新网络体系加快构建，产业合作与转移有序承接，临港集团与江苏大丰、浙江慈溪、安徽合肥等地开展跨省园区合作，一批项目落地签约。金融领域进一步开放创新。至 2019 年 12 月底，科创板全部上市企业中，长三角企业共有 33 家，占比达 47.1%。

区域间的互联互通加速，沪通铁路上海段开工建设，沪苏湖铁路等项目前期工作有序推进，高铁网络覆盖长三角区域内 90% 以上的设区市。省际公路通达能力明显提升，第一批 17 条省际断头路中，2 条通车，1 条贯通，其余 14 个项目 28 个路段中，23 个建成或已开工建设。当年新增省际毗邻地区公交客运线路 21 条，全面取消高速公路省界收费站。5G 建设和示范应用取得突破，建成 5G 基站超 3 万座，在工业互联网、智能制造等领域建设应用示范项目近 300 个，全球首个 5G 商用大飞机智能制造工厂、全球首个 5G 火车站等项目落户长三角地区。生态环境质量和公共服务供给持续优化。污染防治协作持续推进，加强太湖蓝藻水华和省际边界地区水葫芦联合防治，持续开展长江经济带饮用水水源地环境保护执法等专项行动。公共服务便利化水平不断提升，异地门诊费用直接结算全面覆盖长三角 41 个地级以上城市。至 2019 年底，联网医疗机构达 5173 家，门诊结算总量 64.6 万人次，长三角区域急救车辆转运信息共享平台投入使用，有效提高急救车辆使用效率。发起成立研究型大学联盟，围绕智库论坛等事项开展系列合作。统一市场体系建设稳步推进，规划建设虹桥国际开放枢纽，成功举办第二届进口博览会，上海市委、市政府出台《关于加快虹桥商务区建设打造国际开放枢纽的实施方案》。区域营商环境不断优化，《境内自然人在沪苏浙皖投资设立外商投资企业管理办法》发布实施。长三角"一网通办"正式开通，实现 51 个政务服务事项在 41 个城市实现跨省市通办。协同开放力度提升，沪苏浙联合签署自由贸易试验区联动发展战略合作框架协议。上海口岸与张家港口岸、安徽等地实现大通关物流数据信息共享。

根据 2020 年 31 个省份 GDP 总量排名，苏浙沪坐稳全国前十。其中，江苏 GDP 首次历史性突破 10 万亿元，排名跃居全国第二。浙江和上海分别排在全国第四和第十。安徽紧随其后，排在第十一位。跨入 GDP "万亿俱乐部"的长三角城市也增加到 8 个，分别是上海、苏州、杭州、南京、宁波、无锡、合肥、南通。其中，南通、合肥都是首次实现年度 GDP 超万亿元。

二、开展东西部扶贫协作与对口支援

东西部扶贫协作与对口支援是推动区域协调发展、协同发展、共同发展的重大战略，是实现先富帮后富、最终实现共同富裕目标的重大举措。上海做好东西部扶贫协作与对口支援不仅是政治任务，也是有利于上海建设国内大循环中心节点长远目标的实现，是上海对内开放的重要内容。2012年党的十八大发出确保到2020年实现全面建成小康社会宏伟目标的动员令后，市委高度重视脱贫攻坚工作，坚决贯彻习近平总书记关于打赢脱贫攻坚战的一系列重要指示要求和中央决策部署，坚决服从服务于全国发展大局，举全市之力助推对口帮扶地区打赢脱贫攻坚战。

上海先后出台《关于本市进一步做好东西部扶贫协作和对口支援工作的意见》《上海市助力对口地区打赢脱贫攻坚战三年行动计划》《关于上海市东西部扶贫协作和对口支援工作管理办法（试行）》等一系列政策文件。建立完善扶贫协作和对口支援工作制度机制，市对口支援与合作交流工作领导小组统筹推进全市对口帮扶工作；各区、各部门和各前方工作机构明确职责、加强协作，切实增强对口帮扶工作合力；深化全市"一盘棋"工作格局，动员社会各方力量投入脱贫攻坚工作。上海的对口帮扶工作按照习近平总书记提出的真扶贫、扶真贫、真脱贫，以及扶贫要让群众有感受度、扶贫要重视市场化等要求，继续坚持向基层倾斜、向民生倾斜、向农牧民倾斜，把上海自身优势与对口地区发展需要结合起来，坚持"民生为本、产业为重、规划为先、人才为要"的帮扶方针，聚焦精准扶贫、精准脱贫，全力助推帮扶地区打赢脱贫攻坚战，并注意在与乡村振兴战略结合上大胆探索、积累经验。

沪滇扶贫坚持"五个精准发力"，发挥好援建项目在扶贫开发中的引擎和助推作用，用8年时间持续在帮扶地区打造新纲要示范村项目，2019年起帮助实施美丽乡村示范点建设，极大改善了贫困村的村容村貌、改善了基层教育、卫生条件。注重引资"造血"，实施"沪企入滇"工程带动脱贫，帮助当地打造特色优势产业；积极发挥上海大市场、大流通平台优势，推进"云品入沪"工程，帮助提升产品产量、品质和标准。帮助发展"打工经济"促脱贫增收，一方面通过加强培训和服务，帮助贫困户提高就业能力，一方面创造性开展"云嫂入沪"项目，组织家政企业到云南吸纳贫困县富余劳动力到上海从事家政服务。发挥上海在教育、医疗、技术、人才方面的优势，为当地打造"带不走"的人才队伍，持续把上海的先进理念、人才、技术、经验等要素引入云南贫困地区。2020 年 11 月，上海对口帮扶的曲靖市会泽县、红河州屏边县、文山州广南县、普洱市澜沧县、丽江市宁蒗县宣布退出贫困县序列，上海对口帮扶的云南贫困地区全部脱贫摘帽。

沪遵扶贫紧密结合遵义所需，形成了产业发展"有厂开"、劳务就业"有活干"、消费扶贫"有货卖"、发展文旅"有地玩"、改善民生"有保障"的"五个有"特色做法。扶贫的同时助推遵义产业升级，注重拉长产业链，利用当地原材料，把农副产业接入工业生产中，并通过打通销售链，形成"接二连三"的产业链。坚持"抓培训、提技能、促就业"和"以就地就近就业为主，异地转移就业为辅"的方针，多措并举助推精准就业。通过实施消费扶贫，帮助遵义打通流通链，在着力解决产品能够卖得出的问题的同时，引导激励当地大力发展"有、优、特"农业产业，帮助当地变资源优势为发展优势。为确保"搬得出、稳得住、能致富"，着力帮助改善民生，发展社会公共事业配套，不断增强群众获得感。2017 年赤水市成为贵州省第一个脱贫摘帽的贫困县，2020 年 3 月正安县在贵州省深度贫困县中率先实现贫困人口全部脱贫，遵义市 8 个贫困县、871 个贫困村实现"清零"。

援藏扶贫，在 20 年对口援藏工作的基础上，探索形成深化完善配套、效益分红、创造就业、技能培训、金融杠杆、教育医疗等六大精准扶贫模式，注重扶贫模式创新和"造血"能力提升，切实增强对口地区的内生动力。以新农村建设为抓手，加大"交钥匙"工程建设力度，投入大量资金进行困难群众危旧住房修缮、村级配套基础设施建设、农田水利工程建设、安全饮水提升和生态环境保护、城市管理能力提升等民生项目，显著改善了受援地贫困农牧民群众的生产生活条件。帮助当地发展藏红花和青稞产业、唐卡和藏香民族手工业、藏鸡养殖业、亚东鲑鱼和木耳种养加工业、高原智慧农业等独具特色的高原产业。发挥上海医疗教育优势，精心打造组团式医疗教育扶贫"上海模式"。到2019年底，上海助力对口支援江孜、亚东、萨迦、拉孜、定日五县全部脱贫摘帽，对口援藏工作进入一个新阶段。上海积极使用新技术、新模式、新理念开展"智慧援藏"，借力5G、大数据等"新基建"，用好文旅直播、远程医疗、在线教育等新渠道新业态，加速西藏特色产品与上海等地的供需对接。

援疆扶贫，紧紧围绕中央要求结合当地实际精准发力，"输血"和"造血"并重，大力推进"龙头企业＋卫星工厂＋专业合作社＋农户"产业链发展模式，探索"双线九进"①农产品消费扶贫新模式，建立健全县乡村三级电商服务网络，提高农业发展质量；支持对口四县做好旅游园区规划、创建精品景区、完善旅游设施、加强人才培养、拓展客源，帮助农民增产增收。加大民生保障改善力度，实事求是推进安居富民项目和定居兴牧建设，加大对安居富民点的水、电、路、灯等基础设施配套的投入，帮助发展小果园、小藤架、小菜园、小禽舍、小棚圈"五小"致富项目，帮助提升基层医疗水平，让群众更好安居乐业。2018年泽普县在喀什地区率先脱贫摘帽，2019年巴楚县脱贫摘帽，2020年建档立卡贫困户在地区占比最大的莎车县、叶城县顺利脱贫摘帽。上海援疆进入聚焦巩固脱贫成果，提高帮扶综合效益；聚焦富民兴疆，增强内生发展动力和活力；聚焦保障改善民生，进一步增强老

---

① "双线"即线上销售和线下"推广＋宣传＋销售"；"九进"即进商圈、进社区、进菜场、进机关、进学校、进企业、进地铁、进宾馆、进银行。

百姓获得感；聚焦团结稳疆，促进广泛交往、全面交流、深度交融的新阶段。

援青扶贫，采取 6 个区分别对接果洛州 6 个县模式，形成经济、干部、人才、教育、科技软硬相结合和政府、企业、社会齐参与的全方位支援格局。聚焦脱贫攻坚，实施贫困人口教育、医疗保险救助、引导转移就业、发展特色产业、通过资产收益等"五项脱贫工程"，让定居下来的牧民有活干、住得下、稳得住、能致富。抓牢教育文化扶贫，创造性在西宁建设果洛第一所"易地学校"——西宁果洛中学，通过职教联盟开展"输血式"培训与"造血式"培养，发挥上海教育资源扶贫最大效应，推动果洛教育实现跨越发展。2019 年玛多县率先退出贫困县序列，2020 年其他 5 县全部脱贫摘帽，74 个贫困村退出贫困线，绝对贫困人口实现清零目标。在扶贫的同时着眼长远，努力推动果洛实现跨越式发展，带动了果洛干部群众的思想解放和观念转变。

援三峡扶贫，根据精准扶贫要求，切合受援地区实际需要主动转变思路，加大帮扶力度，形成"对口支援＋扶贫＋创新"的工作模式，不断增强库区自我发展能力和造血功能，帮助库区移民实现逐步致富的目标。实施移民小区综合帮扶，大力推进安全饮水、污水处理、扶贫攻坚公路硬化、环境整治等基础设施完善工作，改善移民基本生产生活条件；援建社区卫生服务中心、文化广场、社区公共服务中心、党员群众服务中心、农业技术综合服务中心等配套项目，解决群众住房难、饮水难、出行难等困难。发挥上海自身资金、人才、技术优势，帮助当地做强做优古红橘园、现代农业示范园、柑橘基地、中药材基地、茶业基地、猕猴桃基地，大力支持库区特色产业发展。2016 年万州摘掉贫困县帽子，2017 年夷陵区在宜昌市率先脱贫。为巩固脱贫成果，帮助三峡库区移民尽快走上致富发展之路，上海进一步优化帮扶体制机制，细化帮扶重点任务，花更大的精力做大消费帮扶、做强就业帮扶、做深文旅帮扶、做优智力帮扶，用上海理念帮助当地百姓找到致富方向。

到 2020 年，上海对口帮扶的三峡库（坝）区、西藏日喀则、新疆喀什、云南、青海果洛、贵州遵义 7 个省区市、20 个地州、101 个县（区、市）中的 98 个贫困县全部脱贫摘帽，特别是在 2020 年上海助推对口帮扶地区尚未脱贫的 5 个贫困县和近 40 万贫困人口全部如期脱贫摘帽。上海作为参与脱贫攻坚战的一员，始终立足当地所需，发挥上海优势，在圆满完成中央交予的任务的过程中，发挥自身在流通领域的排头兵和先行者作用，帮助中西部地区打造与消费市场需求对接的供应链体系，拉长和细化当地农产品的产业链，帮助帮扶地区产品融入国内大循环的同时，通过与对口帮扶地区的产业合作、消费合作，率先打通上海和这些地区的生产、分配、流通、消费等环节，进一步增强了上海打造国内大循环中心节点的优势。

三、加强与港澳台地区的交流合作

站在推进我国新一轮改革开放的背景下，发挥港澳台地区特殊优势，强化服务业开放合作，打造上海与港澳台地区经贸合作升级版，对上海构建国内大循环中心节点非常重要，对构建人类命运共同体也具有十分重要的意义。

长期以来，香港是上海境外投资特别是服务业境外投资的最大来源地。过去 20 年中，香港在沪投资规模已占上海吸引外资的 50% 以上。同时，香港也逐步成为上海企业"走出去"的重要窗口。新时代，上海和香港作为"一带一路"的重要基点城市，可以发挥各自优势进一步加强合作。2012 年，沪港经贸合作会议机制宣告建立，首次会议在香港举行。双方确定今后的合作重点为航空港、港口航运和物流、世博会、旅游会展、投资和商贸、教育卫生和体育事业、金融服务、专业人才等

8 个方面。两地合作开启新篇章，经贸关系持续深化，人员交流日益密切，合作领域不断拓展。

2014 年 1 月，汇丰银行上海自贸试验区支行正式挂牌，标志着这家总部位于香港、拥有百年历史的老牌外资银行在上海自贸试验区"安家落户"，为上海金融创新树立起一座新标杆。2014 年 11 月，"沪港通"开通，作为世界首创的资本市场双向开放模式，有利于加强两地资本市场联系，巩固香港国际金融中心地位，加快建设上海国际金融中心，有利于推动人民币国际化，提高跨境资本和金融交易可兑换程度。2015 年 11 月，香港国际仲裁中心在上海自贸试验区设立代表处，成为首个在沪设立机构的国际仲裁中心，该中心拥有丰厚的国际化视野与网络，有利于促进上海商事纠纷仲裁向国际化方向发展。在人文交流方面，2012 年沪港签署《关于沪港文化交流与合作协议书》后，两地开展了丰富多彩的交流活动，上海方面积极参加香港当地的艺术节、戏曲节以及进校园活动弘扬中华文化，香港方面带来各种有特色的文艺演出丰富了上海的文化市场。2021 年 8 月，沪港合作会议第五次会议举行，标志着沪港合作站上新的历史起点。双方就拓展内销、"一带一路"倡议，以及发展文化及创意产业等 13 个范畴的合作方向达成共识。

上海是台商投资中国大陆最为密集的地区之一，推动沪台交流合作向纵深发展，有利于两地共同发展，有利于巩固和深化两岸关系。2010 年 4 月，韩正市长应台北市长郝龙斌邀请，率上海市政府代表团赴台参加论坛及系列活动，加深了两城市民众间的情谊。此后，论坛轮流在上海、台北两城相继举办，走上机制化轨道，成为促进两座城市加强交流与合作的重要平台。上海认真落实促进沪台经贸合作的各项政策措施，进一步加强扶持，突出重点，促进沪台经贸合作良性互动。一如既往为台商倾情服务，帮助台资企业加快转型升级步伐，大力支持企业开展技术创新、品牌建设、总部发展和产业升级，积极扶持惠利台湾农渔民的入岛采购项目和沪台农渔业技术合作项目。同时,切实加强对台资企业和台胞权益的保障,上海在2015年出台大陆首部体现惠及台湾同胞投资权益的地方性法规——《上海市台湾同胞投资权益保护规定》。2018年,上海市政府为深入贯彻党的十九大确立的"逐步为台湾同胞在大陆学习、创业、就业、生活提供与大陆同胞同等待遇"的重大战略部署,制定《关于促进沪台经济文化交流合作的实施办法》,为台资企业在上海投资及经济合作领域给予与本市企业同等待遇,逐步为台湾同胞在上海学习、创业、就业、生活提供与大陆同胞同等的待遇。2019年,上海又和台北签订了《上海市与台北市智慧城市交流合作备忘录》《上海市青浦区与台北市万华区交流合作备忘录》《上海台北电子竞技运动交流合作备忘录》,进一步深化合作交流。

双城论坛举办十年以来,双方签订的30多项合作备忘录内容广泛,涵盖区政、教育、文化、体育、旅游、医疗、卫生、老年照护等领域。双方围绕青年创业、社区医疗、智慧城市、文化、青年交流、环保、民生服务、公共住宅及都市更新等领域展开合作交流,成果显著。台资企业积极到上海投资发展,截至2020年底,上海注册台资企业累计达到14455家,吸引合同台资累计436.90亿元。其中,自贸区累计批准台商投资企业1026家,合同台资23.78亿美元。在沪的台资总部企业59家,其中地区性总部10家、投资性公司10家、研发中心25家、地区性总部/投资性公司13家、地区性总部/投资性公司/研发中心1家。各类台资金融机构涉及银行、证券、保险、基金等多领域。

澳门是著名的国际自由港、世界旅游休闲中心。上海与澳门的地方合作、经贸往来、民间交往源远流长。在国家卫生部门和上海市政府大力支持下,上海曾派出经验丰富的专科和临床医生到澳门,发挥临床带教的作用。进入新时代,上海和澳门两地都面临重大机遇、肩负重要使命,合作前景更加广阔。上海按照中央部署要求,与澳门一起,紧紧抓住"一带一路"建设等机遇，聚焦金融、贸易、会展等领域在更大范围、更高水平、更深层次上开展合作。

两地于 2012 年签署《关于加强沪澳金融合作的备忘录》，加强了两地在上海自贸试验区金融开放创新和人民币国际化等方面的合作。2018 年沪澳两地此次又签署了《关于共同举办"沪澳合作主题年"的备忘录》《关于加强会展业合作的备忘录》《关于深化沪澳金融合作的备忘录》《关于青年和地区性青年组织合作交流的备忘录》，还成立了澳门上海联谊会。该会以爱国爱澳、团结乡亲、积极参与社会事务为宗旨，在加强澳门与内地的经济、文化、教育交流合作方面发挥作用。2019 年上海与澳门建立沪澳合作会议机制，2021 年沪澳合作会议第一次会议在上海召开，两地代表签署了《加强沪澳在新经济重点领域、智慧城市领域及中小企业创业创新服务合作交流合作框架协议》《上海市文化和旅游局与澳门特别行政区开展沪澳文化、旅游合作交流意向书》《沪澳体育与合作协议书》《上海市国际贸易促进委员会与澳门贸易投资促进局关于建立会展业合作的意向书》《上海国际问题研究院与澳门大学学术交流合作框架协议书》，精准对接"一带一路""粤港澳大湾区""长三角一体化"建设等国家战略，共同推动两地务实合作迈上新台阶，推进沪澳两地经济社会发展，惠及两地民生。

第六节　参与国际经济合作与竞争

新时代，随着我国对外贸易和外资流入在全球的比重不断提高，我国对外开放进入了商品和要素全面双向流动的新阶段，我国经济同世界经济的联系日益紧密。上海作为我国改革开放的重要窗口，要建设卓越的全球城市和具有世界影响力的社会主义现代化国际大都市，更好体现国家形象，代表国家水平，肩负着代表国家参与国际合作与竞争的职责和使命。党的十八大以来，上海着重通过服务"一带一路"国际合作，提高"走出去"的水平和质量；加快建设亚太供应链中心城市，提高参与国际竞争规则、标准制定的话语权；以实现上海国际贸易中心能级跃升为目标，全面提升防范应对风险能力，成为代表国家参与国际合作竞争的生力军。

一、服务参与共建"一带一路"

共建"一带一路"，是习近平总书记着眼时代大势、以大历史观对世界面临的"时代之问"作出的重大国际合作倡议。在"一带一路"沿线的亚欧区域，上海处于"一带一路"和长江经济带两大战略交汇点，具有独特的区位优势、制度创新优势、人才聚集优势和科技创新优势等。2014年8月，习近平总书记要求上海按照国家统一规划、统一部署，参与"丝绸之路经济带"和"21世纪海上丝绸之路"建设，推动长江经济带建设，这是上海的使命。更重要的是，服务参与共建"一带一路"，为上海更好地推进双向开放带来了机遇，为上海建设国际上重要的节点枢纽城市带来了机遇，为上海更好地到国际上参与制定标准和规则带来机遇，有利于上海更好地推动自贸试验区建设、办好进博会等国家战略的实施。

2015年3月28日，经国务院授权，国家发展和改革委员会、外交部、商务部联合发布《推动共建丝绸之路经济带和21世纪海上丝绸之路的愿景与行动》后，上海立即响应，制定印发了《上海参与建设丝绸之路经济带和21世纪海上丝绸之路实施方案》，成立由市长担任组长的推进"一带一路"建设工作领导小组，聚焦经贸投资、金融合作、基础设施、人文交流4个重点领域，精准发力，持续滚动实施。2016年，上海围绕重点方向、重点国家、重点项目，以基础设施互联互通为先导，以国际产能合作为核心，以境外经贸合作区建设为载体，以公共服务体系建设为支撑，以多方联动合作为纽带，以境外安全风险防范为保障，制定实施《关于推动本市企业参与"一带一路"建设工作方案》《关于推动装备走出去提速工程工作方案》，对"一带一路"沿线投资保持较快增长，成为上海企业"走出去"的新热点地区。一批重点项目在沿线国家（地区）落地生根。主要有上海华谊集团投资泰国的橡胶轮胎制造项目，上汽集团投资泰国的整车制造二期项目，上海纺织控股集团在孟加拉国的合作项目，上海电气集团的埃及燃煤电站项目，上海鼎信投资集团建设的印尼青山产业园项目等。

2017年5月国家推进"一带一路"领导小组办公室宣布《共建"一带一路"：理念、实践与中国的贡献》后，上海于10月出台《上海服务国家"一带一路"建设发挥桥头堡作用行动方案》，明确要以上海自贸试验区为制度创新载体，以经贸合作为突破口，以金融服务为支撑，以基础设施建设为重点，以人文交流和人才培训为纽带，以同全球友城和跨国公司合作为切入点，联动东中西发展，扩大对外开放的新枢纽，努力成为能集聚、能服务、能带动、能支撑、能保障的桥头堡。上海在原有的四个重点领域的基础上，又增加科技创新合作、智库建设两大重要内容。

在经贸投资方面，上海主要从三个方面加强与"一带一路"沿线国家的合作。一是发挥参与国际规则制定的作用，为国内企业和沿线国家提供专业服务。积极推广亚太示范电子口岸网络（APMEN），"一带一路"技术贸易措施企业服务中心落户上海。促进国产商用飞机配套检测平台对外出口，支持智能网联汽车产业计量测试中心建设，为"一带一路"相关国家汽车产业在计量、标准、检测与认证领域协同提供支撑。加大承担国际标准化技术委员会及国际标准制修订项目的支持力度。系统研究"一带一路"相关国家特种设备的法规标准体系、安全监管模式、产品认证程序等，有力促进电梯、锅炉、压力容器等特种设备产品出口。加强"一带一路"相关国别法律研究，成立东方域外法律查明服务中心，在上海国际经济贸易仲裁委员会设立金融、知识产权和国际航运 3 个专业仲裁院，成立中非联合仲裁上海中心，律师涉外法律服务能力显著提升。二是聚焦"服务 + 制造"，鼓励企业带动上下游产业链集群式"走出去"，推动对外投资方式从传统的对外劳务输出、对外工程承包向提升产业链、价值链水平转变。上海鼎信集团投资建设的印度尼西亚青山产业园被认定为国家级境外经贸合作区。中曼石油成为国际知名石油工程承办商和服务商，产品和服务遍及"一带一路"相关 20 多个国家或地区。上海电气收购意大利安萨尔多能源公司 40% 股权、签约迪拜 700 兆瓦光热电站项目。上港集团投资 2 亿美元获以色列海法新港 25 年特许经营权，拟将其打造成地中海枢纽港。2013 年至 2023 年，上海对共建"一带一路"国家累计投资额 336.73 亿美元。三是利用自贸试验区和进博会的平台作用，吸引更多的"一带一路"沿线国家到上海投资。上海自贸试验区"一带一路"国别（地区）中心达到 10 多家，森兰"一带一路"国别汇依托国别中心基地和森兰地块等，持续打造"一带一路国别汇、永不落幕进博会"的保税及非保税展示交易场所。2013 年至 2023 年，上海与共建"一带一路"国家货物贸易总额达到 1.5 万亿元。

在金融合作方面，上海以加强与国际金融中心建设联动为抓手，加快金融市场与"一带一路"相关国家的双向开放和互联互通，确立以自由贸易账户体系为基础的跨境金融服务制度。支持境外机构和企业在上海金融市场发行债券，如俄罗斯铝业联合公司在上海证券交易所发行了首单"一带一路"相关企业"熊猫债"，发行主体扩展至国际性金融组织、外国中央和地方政府、境外非金融企业。中国进出口银行通过中央国债登记结算公司上海总部发行"债券通"绿色金融债券，重点支持

"一带一路"相关国家清洁能源应用发展。上海黄金交易所与匈牙利布达佩斯证券交易所签署合作备忘录，授权对方挂牌以"上海金"计价的期货合约。上海证券交易所、德意志交易所集团、中国金融期货交易所合资在法兰克福成立中欧国际交易所。一批与"一带一路"建设有关的国际型、总部型、功能性的金融机构和组织相继在上海成立，主要有全球清算对手方协会、中国保险投资公司、国家开发银行上海总部及中债金融估值中心，金砖国家新开发银行总部等。

在基础设施互联互通方面，上海依托世界级航空和港口的枢纽地位，不断完善与全球城市枢纽节点地位相匹配的集疏运体系和航运服务体系。上海航运交易所发布中国首个"一带一路"航贸指数，为衡量贸易畅通、交通运输等方面成效提供量化标准。国际海事组织亚洲技术合作中心落户上海，进一步增强上海代表中国参与全球海事技术标准制定的话语权。上海海事法院成为国际海事司法上海基地。上海航运保险协会加入国际海上保险联盟（IUMI）。中国船东互保协会落户上海。全球航运智库联盟在沪成立，极大促进上海与"一带一路"沿线国家互联互通。通过上海机场进出中国的"一带一路"航空旅客占全国机场总量的三分之一，航空货邮占全国机场总量比重超过50%。在上海的港航企业加快全球布局，中远海运集团在"一带一路"沿线国家布局17个码头，开通巴拿马航线，开启国际航运发展新的里程碑。上港集团中标以色列海法港新港码头25年经营权。振华重工持续增加俄罗斯、土耳其、欧洲等市场份额，产品遍布全球约90个国家和200多个港口码头。

在人文交流合作方面，上海与"一带一路"相关国家建立国际艺术节、电影节、美术馆、博物馆、音乐创演等领域的五大合作机制，成立"一带一路"国际艺术节联盟，启动"一带一路"联合实验室建设项目。上海各类媒体积极做好"一带一路"对外宣传，提供更丰富和多样化的中国故事和视角。发挥在沪跨国企业对外宣传功能，建立驻沪跨国企业对外传播交流机制。中国—上海合作组织国际司法交流合作培训基地、"海上中医"海外中心建设顺利推进。打造地方政府合作交流品牌，积极推动"上海—日惹友谊之家"项目落地、完成"中俄媒体交流年"两地媒体人员交流、启动与澳大利亚昆士兰州在公务员研修和卫生领域的合作项目等。

2020 年暴发的新冠肺炎疫情对上海与"一带一路"合作冲击巨大。上海努力克服不利影响，立足国家需要和上海优势，结合强化"四大功能"和深化"五个中心"建设，秉持共商共建共享原则，坚持开放、绿色、廉洁理念，围绕高标准、惠民生、可持续目标，以高质量为工作核心，集中力量推动"一带一路"建设高质量发展。一是统筹推进疫情防控和境外项目建设，搭建上海市汽运海外（境外）项目疫情防控市级统一协调服务平台，印发《上海市海外（境外）企业新冠病毒肺炎疫情防控指引》《海外项目回国人员疫情防控实施指南》，指导企业建立境内外一体疫情联防联控机制。协调国家重大项目包机机制，帮助企业完成境外人员轮换。二是推动"健康丝绸之路"合作打开新局面，参与区域和全球公共卫生治理取得良好成效。在我国与世界卫生组织共同举办的"分享防治新冠肺炎中国经验国际通报会"上分享上海防治经验，向 88 个国际友城和地区捐赠防疫物资近 300 万件。选派医护人员赴意大利、伊朗等国抗疫。联合开展抗疫科研攻关，通过"一带一路"科技创新联盟召开疫情防控应急措施国际云会议，传递科学防疫的中国声音和上海经验。上海制作的纪录片《人世间：抗疫特别节目》国际版覆盖亚洲 17 个国家和地区，为全球团结抗疫汇聚精神力量。三是进一步提升经贸合作水平。上海与共建"一带一路"国家之间的海运航班数、集装箱吞吐量逐年增长，中欧班列—上海号初步实现中欧线、中俄线、中亚线去程和回程全覆盖。

二、加快建设亚太供应链管理中心城市

经过改革开放多年来的探索，上海供应链的建设从以外贸企业为主逐渐发展为比较完备的国际贸易中心核心功能框架的供应链中心。根据国际经验，像新加坡和中国香港两地既是国际金融中心、国际航运中心，也是亚太地区的长期供应链枢纽。上海要建成"五个中心"和全球城市，建设亚太供应链管理中心城市，是上海能够更好地参与国际合作与竞争的重要内容之一。2013 年以来，上海借助自贸试验区建设的重大机遇，重点在优化现代商贸流通体系，培育集聚具有全球竞争力的现代流通企业；推动供应链创新和应用，强化供应链物流支持；打造具有亚太影响力的大宗商品市场，提升大宗商品国际资源配置能力等三个方面促使上海建设亚太供应链管理中心城市的枢纽功能日益增强。

为促进内外贸一体化，上海先后发布《关于深化流通体制改革加快流通产业发展的实施意见》《上海市食用农产品批发和零售市场发展规划（2013 年—2020 年）》《关于加快上海商业转型升级提高商业综合竞争力的若干意见》《关于本市大力发展电子商务加快培育经济新动力的实施方案》等文件，实施城市共同配送、跨境电子商务、电子发票等改革试点，推动商贸业创新发展。以智慧商圈建设为抓手的实体商业转型促进机制，"三共三互"的区域市场一体化合作机制，全链条、跨区域的物流标准化体系，以商务信用为核心的现代流通治理模式等被在全国推广。百联集团、绿地集团、城市超市、经纬集团等各类型传统商业主体积极探索跨境电商实体店、社区店和 O2O 联动模式发展。电子商务示范园区基地建设引领全国，汇聚了一批电商龙头企业如饿了么、驴妈妈、携程、1 药网、洋码头等。上海成为全国消费领域新技术的试验点和孵化场，形成一批智能盒子、机器人餐厅、刷脸购物等首创型零售典型场景。

　　为构建高效便捷的配送网络体系，上海制定《上海市现代物流业发展"十三五"规划》，明确了到 2020 年，全面构建高效链接全球、服务辐射全国、线上线下联动的开放式、一体化物流业发展新格局，吸引一批全球运作的跨国公司物流总部、大型物流企业总部和物流研发中心集聚，形成体现"智慧互联、高效便捷、绿色低碳、高端增值"特征的物流业发展新模式的目标任务。依托海空港枢纽、陆路交通门户，重点建设对接国际的外高桥、深水港、浦东空港物流园区，以及连接长三角的西北综合、西南综合物流园区。聚焦农产品流通、快递、先进制造业、公路货运四个专业领域，打造农产品、快递、制造业、公路货运物流枢纽。支持国内外企业以上海为基地开展全球物流整合运作，吸引国际领先的航运企业、第三方物流企业、供应链管理企业、跨国公司采购分拨区域总部落户，培育一批具有亚太供应链运营功能的高能级物流总部；吸引培育一批具有管理决策、资金结算、信息处理、订单管理等功能的国内民营物流企业总部。鼓励本市港口、机场、物流园区与沿江和长三角地区开展物流合作，支持上海物流企业"走出去"，以资本、管理、技术输出等方式，构建跨区域物流网络。

　　我国是全球多种大宗商品的重要进口国和消费国，但在国际市场上缺乏一定的价格话语权。上海作为我国重要的金融中心，是要素市场最完备的城市之一，应凭借自身的优势，着力建设大宗商品市场，打造大宗商品"中国价格"，在全球大宗商品贸易中起到枢纽作用，掌握一定的国际话语权。2015 年 7 月，上海自贸试验区大宗商品现货市场在洋山保税港区正式启动。上海有色网金属交易中心、上海钢联金属矿产国际交易中心两家市场首批正式上线。与交易市场同步，上海清算所针对区内大宗商品现货交易制定的基于自由贸易账户（FT）体系建立的清算系统也上线运行。这也是自贸试验区面向国际的大宗商品现货市场迈出探索国际资源配置的重要一步，有助于进一步统筹国际国内两个市场、两种资源，进一步促进投资贸易便利化，推动人民币跨境使用，拓展大宗商品资源配置功能以及价格形成和发现功能，提升中国大宗商品国际竞争力和话语权。2015年10月，上海国际棉花交易中心正式上线；11月，上海自贸区液化品国际交易中心、上海华通白银国际交易中心上线运营。2017年，由宝钢资源、上海有色网等机构作为主发起人的8家大宗商品现货市场启动筹建。上海大宗商品市场迈入高质量、高能级、高层次的发展阶段。2020年11月，上海出台推进贸易高质量发展36条实施意见，其中特别提到要建设百亿级和千亿级大宗商品市场。截至2021年，上海期货交易所的多个品种交易量位居同类品种全球第一，上海原油期货市场已成为全球第三大原油期货市场。

三、提升外贸抗风险能力

提高外贸抗风险能力，是推进贸易高质量发展的必需，也是上海到2022年实现贸易结构更加优化、贸易功能更加完善、贸易效益显著提升、贸易实力进一步增强的重要保障。对此，上海主要从促进外贸创新，推进包括提高市场准入水平、加强知识产权保护、与高标准的国际通行规则对接改善国际营商环境等在内的更深层次改革、更高水平开放入手，不断提升上海外贸的抗风险能力。

外贸创新，包括贸易产品创新、模式创新、渠道创新、规则创新等，为中国由产业链中低端向高端发展提供强大支撑，能进一步削弱来自外部市场的"卡脖子"风险。上海针对服务贸易与发达国家（地区）和世界整体水平相比存在的差距，围绕上海加快推进"四个率先"和加快推进"四个中心"建设的重大战略，抓住国内外服务贸易加快发展的历史性机遇，充分利用后世博效应和中国（上海）自贸区建设，以市场机制为服务贸易资源配置的核心手段，以培育"上海制造""上海服务"品牌为战略举措，把提升服务能级作为"十三五"时期上海经济贸易发展的重点和推进国际贸易中心建设的重要环节，通过强化产业、金融、航运和科技支撑，培育综合竞争新优势，提升贸易能级。

加快培育服务贸易重点企业，推进国际货代行业发展，做好重点国际货代（物流）企业认定工作，积极打造国际物流服务品牌；支持推进专业服务贸易发展，会同有关行业主管部门认定第二批重点企业和单位，鼓励其积极开拓国际市场；重点培育服务外包示范区、专业园区和122家服务外包重点企业。研究制定了《上海市人民政府关于加快发展本市对外文化贸易的实施意见》，重点发展文化信息、数字出版、动漫服务贸易，加快发展演艺、影视、出版、印刷服务贸易。

发挥新型基础设施建设的支撑作用和进口的促进作用，持续推进产业创新、工业强基、设计引领和技术改造焕新等重大专项。2016年6月，上海市政府发布《关于本市促进加工贸易创新发展的实施方案》，提出要稳定加工贸易发展政策预期，在保持加工贸易一定规模的基础上，推动上海加工贸易加快转型升级，带动相关产业向全球价值链高端跃升。壮大新能源汽车、智能制造装备、高端医疗器械、船舶和海洋工程装备等战略性新兴产业，打造自主出口主导产业。加快汽车、钢铁、化工等重点产业的改造升级，提升出口优势。持续提升航空网络通达性，加强航空货运运力。支持开展航运融资、航运保险、航运结算、航材租赁、船舶交易和航运仲裁等高端航运服务，探索发展航运指数衍生品业务。完善邮轮运行保障体系，打造邮轮物资配送中心。

与商务部合作，打造一批服务贸易公共平台，主要有国家文化服务贸易翻译基地、中医药服务贸易平台、上海服务外包交易促进中心等。

完善总部经济支持政策，支持打造全球供应链管理中心，培育一批具有国际竞争力的本土跨国公司。支持企业建立多层次国际营销服务网络，实施"抱团出海"行动计划。支持企业通过参加海外展览开拓市场。鼓励加工贸易企业对现有设施、工艺条件及生产服务等进行技术改造，进入关键零部件和系统集成制造领域，向产业链上下游延伸，实现创新发展。推动贸易与双向投资互动。支持跨国企业通过跨国并购、联合投资等方式，优化资源、品牌和营销渠道，构建畅通的国际物流运输体系、资金结算支付体系和海外服务网络。

为营造法治化国际化便利化贸易环境，上海还不断加大制度创新，健全贸易生态服务体系。构建国际化商事争议解决平台，完善多元商事纠纷解决机制。聚集一批国内外顶尖的专业咨询机构，强化人才和智力支撑。发挥行业组织、贸易促进机构和进出口公平贸易工作站作用。优化国际航行船舶进出口岸联合审批，落实国际航行船舶联合登临检查机制。开展上海港出口直装、进口直提作业模式试点。推进集装箱放箱、封志发放电子化、集约化。优化跨境贸易营商环境。全面推广进口货物"两步申报"通关模式，外高桥港区全面实施出口货物"提前申报、运抵验放"模式。继续发挥"疑难报关单专窗"作用，解答疑难单证问题。完善国际贸易"单一窗口"功能，深化中国（上海）国际贸易"单一窗口"与政务服务"一网通办"平台对接，丰富地方特色功能。聚焦进口医疗器械等行业，归集贸易全链条信息数据，便利金融机构开展贸易背景审核。拓展区块链应用试点，便利中国国际进口博览会保税展示交易监管服务。开展长三角国际贸易"单一窗口"合作共建，整合收费查询和办理功能，加强数据共享。推进知识产权地方立法，制定面向 2035 年的上海知识产权战略纲要，提高知识产权密集型商品出口比例。深化国家知识产权运营公共服务平台国际运营（上海）试点平台建设。加强知识产权风险预警和海外维权援助，深化知识产权仲裁调解。优化知识产权资助政策，引导企业加强商标和专利布局。强化进出口环节知识产权保护。推进贸易信用体系建设。完善部门信息共享机制，实施失信联合惩戒。对外贸企业在外汇结汇、税收缴交等环节出现的非主观故意又可整改的行为，按照规定不纳入出口货物贸易人民币结算重点监管企业名单。优化企业报关"容错机制"，对企业主动披露的非主观原因造成的申报差错和违规行为，实施快速处置，依法从轻、减轻或者免予处罚。

四、高质量打造社会主义现代化建设引领区

为更好发挥浦东的龙头辐射作用，习近平总书记在出席庆祝浦东开发开放 30 周年大会时发表讲话，指出中央已作出赋予浦东新区改革开放新的重大任务，支持浦东新区高水平改革开放、打造社会主义现代化建设引领区的新举措，把浦东新的历史方位和使命，放在中华民族伟大复兴战略全局、世界百年未有之大变局这两个大局中加以谋划，放在构建以国内大循环为主体、国内国际双循环相互促进的新发展格局中予以考量和谋划，希望浦东勇于挑最重的担子、啃最硬的骨头，全力做强创新引擎，打造自主创新新高地；加强改革系统集成，激活高质量发展新动力；深入推进高水平制度型开放，增创国际合作和竞争新优势；增强全球资源配置能力，服务构建新发展格局；提高城市治理现代化水平，开创人民城市建设新局面，努力成为更高水平改革开放的开路先锋、全面建设社会主义现代化国家的排头兵、彰显"四个自信"的实践范例，更好向世界展示中国理念、中国精神、中国道路。

2021 年 4 月，中共中央、国务院印发《关于支持浦东新区高水平改革开放、打造社会主义现代化建设引领区的意见》，提出"到 2035 年，浦东现代化经济体系全面构建，现代化城区全面建成，现代化治理全面实现，城市发展能级和国际竞争力跃居世界前列。到 2050 年，浦东建设成为在全球具有强大吸引力、创造力、竞争力、影响力的城市重要承载区，城市治理能力和治理成效的全球典范，社会主义现代化强国的璀璨明珠的新目标"。7 月 19 日，市委、市政府召开推进浦东新区高水平改革开放打造社会主义现代化建设引领区动员大会，要求浦东在

创新发展上发挥引领作用、在集成改革上发挥引领作用、在制度开放上发挥引领作用、在功能打造上发挥引领作用、在城市治理上发挥引领作用，同时要求全市上下同频共振、协同发力，形成最大合力，放大整体效应。7月21日浦东召开区委全会进行全面部署，标志着浦东打造社会主义现代化建设引领区的大幕全面拉开。

浦东新区着重从抓好引领定位、核心功能、支撑保障着手，推动"四个重大"任务落实落地。一是抓好一批重大改革开放任务，比如，"一业一证"改革在31个行业全部落地的基础上，进一步深化告知承诺等浦东"自主改"举措；打通"营业执照""行业经营许可证"联办路径，将营业执照和"一业一证"合并办理，实现"一个窗口"一次性提交申请和材料，一次性办理企业注册、经营有关事项，进一步便利企业准入准营。二是抓好一批重大支持政策，比如在人才政策上，重点在"人才引进一件事""人才创业一件事"等方面强化系统集成。三是抓好一批重大功能平台，比如在科创上，推动李政道研究所、交大张江高等研究院等高能级研究机构建成运行，加快推进长三角国家技术创新中心、上海临床研究中心等一批科技创新基地建设；在金融上，推进国际金融资产交易平台、全国性大宗商品仓单注册登记中心、私募股权和创业投资股权份额转让平台等重要项目；在数据上，重点是积极推动建立数据交易所，探索建立分类分层的新型大数据综合交易机制。四是抓好一批重大工程项目，比如围绕品质城区、绿色城区、智慧城区等加大投入，推动科学之城、金色中环、五彩滨江、浦东枢纽等重点区域建设，努力形成精彩频现、亮点纷呈的新时代城市特色风貌。

尽管中央《中共中央　国务院关于支持浦东新区高水平改革开放　打造社会主义现代化建设引领区的意见》（以下简称《引领区意见》）出台在2021年，但浦东新区自2020年庆祝大会上习近平总书记明确将赋予浦东新区改革开放新的重大任务后，就立刻行动、主动考虑和思考相关思路和着力点，研究制定浦东的《实施方案》。经过近一年的实践，浦东新区的改革开放向纵深推进，"一业一证"改革31个试点行业全部落地，经济治理、社会治理、城市治理三大智能治理平台有效整合，57个智能应用场景投入运行。功能提升取得新突破，软X射线实现2.0纳米激光放大出光，原油期权挂牌上市，铜品种实现"期货现货联动、国内国际打通"。经济发展持续向好，2021年上半年浦东地区生产总值增长13.7%，规模以上工业总产值增长19.1%，社会消费品零售总额增长36%，商品销售总额增长30.3%，吸引实到外资超过50亿美元，新增14家跨国公司地区总部、15家持牌类金融机构，累计分别达到373家、1125家。

上海再次以建设浦东社会主义现代化引领区为新的王牌，继续走好解放思想、深化改革之路，面向世界、扩大开放之路，打破常规、创新突破之路，更好地代表国家参与国际合作与竞争。

结　语

上海改革开放以来走过的 40 多年，是广大干部群众思想认识得到充分解放、生活不断富裕安康的 40 多年，是整个城市功能不断提升、城市面貌日新月异的 40 多年，是中国特色社会主义事业在上海取得巨大成就的 40 多年，为今后的发展奠定了坚实的经济社会基础、积累了丰富的经验。在这过程中，对外开放起到了重要的动力引擎作用。没有对外开放的深入推进，就没有今日上海举世瞩目之成就。新时代上海落实国家发展战略，加快建设"五个中心"、卓越全球城市和具有世界影响力的社会主义现代化国际大都市，必然要继续坚定不移地吃改革饭、走开放路、打创新牌。

一、上海对外开放四个阶段的发展轨迹

回望改革开放 40 多年上海发展变迁的历程，从其对外开放面对的环境、承载的使命和发展的特征看，可以鲜明地分为四个不同的、逐步递进甚至跨越的历史阶段：

（一）上海对外开放的起步（1978—1991）

上海以其地理交通条件、腹地因素、劳动力、技术信息、资金等资源禀赋和中国最大经济中心城市的地位，在我国 20 世纪 80 年代的对外开放战略中拥有一席之地。然而，在改革开放初期，处于改革开放后卫位置的上海面临发展瓶颈，没有占得先发优势。加上自身城市经济中心功能减退、城市建设欠账沉重、旧体制和旧观念的束缚较多等问题，对外开放显得步履艰难。

　　根据十一届三中全会提出的积极发展同世界各国平等互利的经济合作的要求，上海着手改革过于僵化的对外经贸体制。1979 年 12 月，上海口岸率先在全国建立第一个地方外贸公司。1980 年成立第一批工贸公司，给部分生产企业以外贸经营权，发展中外合资经营、对外工程承包业务和劳务输出。1983 年，国务院同意上海"六五"计划后 3 年使用 10 亿美元外汇引进技术，授权 100 万元以下引进项目自行审批。上海先后试行并推广进口贸易代理制和出口贸易代理制，以提高生产企业的积极性。1986 年外贸公司推行经理负责制。1987 年开始施行承包经营责任制，以激活市场主体活力。起步之初的上海对外经济合作，主要是利用中国银行的外汇贷款进口设备，吸收外商直接投资的方式以补偿贸易居多，利用外资重点在于引进技术和关键设备。

　　1984 年被列为沿海开放城市后，在中央支持下，上海先后制定经济发展战略和城市总体规划，明确了到 20 世纪末把上海建设成为开放型、多功能、产业结构合理、科学技术先进、具有高度文明的社会主义现代化城市的发展目标。1985 年，经国务院批复同意，上海利用外资加快老企业的技术改造、开发新兴技术、建设旅游宾馆等场所和开办商业。1986 年，上海获准扩大利用外资规模，采取计划单列、自借自还的方式直接向国外集资，综合开发经营和还款。经国务院批准，上海先后着手推进闵行、虹桥经济技术开发区和漕河泾新兴技术开发区的建设，实施"九四"专项，积极引进资金、技术、人才，促进城市基础设施建设、工业技术改造和第三产业及旅游业的发展。1988 年，国务院批复同意上海加快经济向外向型经济转变的请示，扩大上海财政自主权，实行财政包干政策。市委、市政府及时制定一系列对外商投资企业的优惠政策，引导外商投资企业的发展。1988 年，上海成立由市长朱镕基亲自担任主任的市外国投资委员会，实行对外一个窗口、一个图章、一个机构，简化投资审批手续。成立中国第一个公开的外汇调剂市场，资金拆放、外汇买卖、债券发行等资本市场业务也得到发展。

这一时期，上海对外开放取得了初步成效：利用外资、引进技术取得一定进展，第三产业发展较快，基础设施投资有所增加。1990 年，第三产业在国民生产总值中的比重从 1980 年的 21% 提高到 31.9%。对外技术交流、外经工作有了新的进展，为上海加快发展外向型经济积累了经验，创造了条件。但同时存在历史局限：一是利用外资层次还处于较低水平，项目数量少、外商投资金额少、来源渠道过于单一。二是对外贸易规模扩大速度较慢，以货物贸易为主，进出口总额 1989 年才首次突破 50 亿美元大关。1990 年出口贸易为 53.17 亿美元。1979 年到 1989 年的 11 年间上海进口总值才 127.51 亿美元。三是引进技术设备项目中出口创汇项目少，外资多集中在劳动密集型产业和非生产性项目上，优化产业结构的目标未实现。在改革开放的头十年，上海在我国国民经济和社会发展中曾独领风骚的地位日益下降。上海经济发展的总体速度仅为 7.4%，低于全国平均 9% 的国民生产总值增长速度。

（二）上海对外开放的全方位推进（1991—2001）

开发开放浦东是推动我国 20 世纪 90 年代改革开放向纵深发展的国家发展战略。党的十四大提出的"一个龙头、三个中心"战略定位，使上海走向全国改革开放的前沿，为上海的城市功能、生产力布局和产业结构的战略性调整提供了空前有利的条件。

1. 集中力量把浦东开发开放这件大事办好

浦东开发开放正处于我国经济体制由计划经济体制向市场经济体制转轨时期，上海获得先行先试打破旧体制、创立新体制的契机。陆家嘴金融贸易区、外高桥保税区、金桥出口加工区开发之初，上海大胆创新，率先实现土地、资金、技术、劳动力等要素的市场化，通过企业上市和银行信贷、吸引内资、引进外资等多渠道融资战略，为重点企业、重大工程、重要项目筹措了大量资金。浦东城市形态布局、重大基础设施建设等发生根本变化，构筑了现代化城区新框架，成为投资的热土，逐渐撑起上海外贸"半壁江山"。自1990年起，上海逐步建立起包括证券、外汇、货币、期货、黄金市场等在内的金融市场体系。为加快浦东功能开发，1996年上海房地产交易中心、产权交易所、粮油交易所等要素市场迁入浦东，1997年后上海证券交易所、商品交易所、金属交易所、中国上海人才要素市场也相继迁入。要素市场逐步完善，服务范围进一步拓宽，城市对外服务能力增强，促进大市场、大流通、大外贸格局的初步形成。2001年APEC会议主会场设在浦东，浦东已被誉为"上海现代化建设的缩影""中国改革开放的象征"。

2. 积极实施"大经贸"战略

上海实施以进出口贸易为基础，商品、资金、技术、服务相互渗透、协调发展，外经贸、生产、科技、金融等部门共同参与的"大经贸"战略，全面扩大对外开放。一是外贸增长方式得到转变。推进粗放经营向集约经营转变、分散经营向规模经营转变、单一经营向多元经营转变、坐商经营向跨国经营转变，加强口岸贸易吸引全国货源，不断深化外贸体制改革，实施科技兴贸战略和市场多元化战略。逐步建立和完善外贸行业律师、会计和审计事务所及咨询服务机制。初步形成货物贸易、技术贸易和服务贸易三位一体的协调发展局面。二是利用外资快速高质量增长。上海自1992年4月1日起，进一步向区县下放外资项目审批权限，当年引进外资总额超过前12年的总和。改善投资环境，成立市外国投资工作委员会，1998年"一门式"审批办法、"一口式"收费制度在浦东试行。2001年进一步简化外资项目审批手续，清理和修订已有地方性涉外法规。到2001年，来沪投资国家和地区达95个。坚持利用外资与"三二一"产业结构发展需要密切相连原则。探索土地批租、BOT、转让基础设施专营权等多种形式，拓宽利用外资渠

道。1000 万美元以上大项目吸收合同外资所占比重持续增加，2001
年占到 7 成多。三是对外经济合作良性发展。上海主动参与国际竞争与
国际经济合作。工程承包国家与地区从泰国、新加坡、老挝和柬埔寨等
国家以及我国香港地区，发展到马来西亚、印尼、日本、越南、朝鲜、
印度等国家以及我国的澳门地区。对外劳务输出规模不断扩大，输出人
员层次从一般体力劳动者向技术型、管理型发展，输出国家与地区由过
去 6 个扩展到 1999 年 16 个。1998 年起扩大企业对外投资，地区遍
布 70 多个国家和地区，涉及行业从以贸易为主扩展到资源开发、交通
运输、旅游餐饮、咨询业等领域。

3. 全方位开放格局基本形成

这一时期，上海以浦东开发开放为龙头全面扩大对内对外开放。对
外，吸引国际跨国公司投资、扩展第三产业利用外资、拓宽多元化国际
市场，大胆试行海外投资；对内，加强与兄弟省市的经济技术合作，拆
除"围墙"敞开大门吸引国内企业来沪发展。对外开放形成全方位开放
的新格局，开放的重点从生产加工行业拓展到服务业等各个行业，开放
的空间从部分国家和地区拓展到世界各地，开放的领域从经济领域拓展
到社会生活多方面。对外贸易规模迅速扩大，于 2001 年达到 609 亿
美元，进出口贸易总额占到全国的近 1/4。对外经济贸易成为推动上海
国民经济增长、促进产业结构调整、扩大就业、增加税收的重要动力之
一。上海经济建设连续 10 多年保持两位数快速增长。

（三）加入 WTO 后上海对外开放的纵深推进（2002—2012）

2001 年 12 月，我国正式加入世贸组织。上海对外开放既面临着
在更大范围、更广领域和更高层次上参与国际经济技术合作的机遇，也
面临着更激烈的竞争、更多的风险和挑战。同时，上海新一轮城市总体
规划得到中央批准，获得"四个中心"建设新的发展定位。

1. 继续以浦东开发开放为领跑者

2005 年，国务院批准浦东在全国率先进行综合配套改革试点，开启浦东从政策创新向制度创新、从追求"硬实力"到追求"软实力"的新篇章。上海以陆家嘴金融贸易区为载体推进金融改革和创新、以张江高科技园区为载体推进科技体制创新和深化涉外经济体制改革，探索与国际规范相衔接的经济运行方式，为全国其他地区的综合改革提供示范作用。在中央大力支持下，推进完成三轮综合配套改革试点三年行动计划。以行政审批改革为切入点，建设公共服务型政府，率先成为行政效能和透明度最高、收费最低的地区之一。2005 年中国人民银行上海总部入驻浦东，上海银监局等金融监管机构落户浦东。2006 年上海信托登记中心在浦东成立。此后，上海石油交易所、金融期货交易所、航运保险中心、中国外汇交易清算所等一批要素市场和金融机构相继落户浦东。浦东还抓住世博会机遇，进一步拓展商务、会展、旅游、文化等综合功能，建设枢纽型、功能性、网络化基础设施，构筑发达的金融服务体系、现代化的交通通信网络，创造宜居宜业环境，形成服务全国的科技平台、金融平台、现代服务业平台、人才平台、总部经济平台，其辐射效应逐步在长三角、长江流域乃至全国显现。

2. 不断完善开放型经济体系

上海坚持口岸对外贸易和本地对外贸易并举，出口贸易和进口贸易并举，货物贸易和服务贸易并举，"引进来"和"走出去"并举，引进先进制造业项目和引进跨国公司地区总部、研发中心、采购机构、外资金融机构并举的"五个并举"方针，进一步完善内外联动的开放型经济体系。

一是以发展服务贸易为抓手不断推动上海外贸增长方式转变。2005 年出台《上海加速发展现代服务业实施纲要》。2006 年被批准成为全国首批 10 个服务外包基地之一。服务贸易开放扩大到金融、保险、贸易、商业、房地产、电信、中介服务以及教育、医疗等诸多领域。对外贸易增长方式从粗放型、数量型、规模型、创汇型转向效益型、质量型、创利型。二是以发展总部经济为抓手不断提高利用外资质量和水平。大力发展总部经济，2002年、2003年相继出台鼓励外国跨国公司设立地区总部的暂行规定和实施细则，加强和改善政策环境。2006年上海发布首张总部经济地图，圈定16家总部经济基地给予重点扶持。2008年上海制定政策进一步放低准入门槛，增加资助奖励办法。国际跨国公司纷纷在上海设立区域性总部和研发中心，众多国内企业集团总部也相继入驻。三是以实施"走出去"战略为抓手提升自身国际竞争力。鼓励支持企业通过兼并收购、参股等形式参与国际分工与合作。2001年出台全国第一份加快实施"走出去"战略指导文件。2004年出台进一步推进文件，次年发布三年行动方案。2008年加大简化项目核准手续力度，加大财政、税收、信贷和保险等政策支持力度。2010年尝试开展人民币境外直接投资。上海企业"走出去"层次日益提升，地区和领域遍及全球172个国家和地区，涉及工业、能源资源开发、科研、服务业、农业等诸多领域。四是以建立"大通关"制度为抓手不断增强口岸功能。2001年成立由市长任组长的"大通关"工作领导小组，建设"大通关"工程，采取"提前报检、提前报关、实物放行"的电子通关模式和"5+2天"通关工作制，提高口岸便捷化程度。航运交易所、浦东国际机场、外高桥保税区、洋山深水港等地，都组织"一门式"通关服务平台，提高通关效率和降低企业商务成本，从总体上形成良好的投资环境。越来越多外地企业愿意选择"借道"上海。

3. 基本形成高层次、宽领域、全方位的对外开放格局

这一时期，上海对外开放把"引进来"与"走出去"结合起来，进入进出并举的新阶段。对外开放势头良好，成效显著，贸易、金融、航

运等经济领域开放继续深化，加速推进制度环境、社会、文化等非经济领域的开放。对外投资迅速增长，以我为主组合利用全球技术资源的能力增强。上海成为我国金融业开放度最高的城市，增强了上海的城市国际竞争力和作为中心城市的集聚辐射功能。2011 年度"新华—道琼斯国际金融中心发展指数"公布，上海位列全球第六，实现由"领跑中国"向"影响世界"的跃升。随着资金、技术和其他要素大规模双向跨境流动，与外部经济相互依赖和共同发展的关系进一步深化。

（四）新时代打造上海全面开放新格局（2012—2021）

党的十八大以来，是上海推进创新驱动发展与经济转型升级的攻坚阶段，也是加快社会主义现代化国际大都市建设的关键时期。其间，党中央为推进我国新一轮改革开放作出建设中国（上海）自由贸易试验区的重大决策，习近平总书记在上海考察时向上海提出"加快向具有全球影响力的科技创新中心进军"的目标，党的十九大召开后，以习近平同志为核心的党中央又交给上海"三大任务、一个平台"等事关全国改革开放发展大局的国家战略任务，希望上海当好全国改革开放排头兵、创新发展先行者，在我国新一轮对外开放中发挥开路先锋作用。这都为上海推动高水平对外开放提供了基本遵循和重要指导。

1. 全力推进中国（上海）自由贸易试验区建设

上海自贸试验区是中国大陆首个自由贸易区，承载着政府职能转变、金融制度、贸易服务、外商投资和税收政策等多项改革措施的试验田使命。2013 年 9 月建设启动后，经过 2015 年扩区、2019 年挂牌临港新片区，上海自贸试验区基本确立以准入前国民待遇加负面清单管理为核心的投资管理制度、符合高标准贸易便利化规则的贸易监管制度、适应更加开放环境和有效防范风险的金融创新制度和以规范市场主体为重点的事中事后监管制度。建立了资本项目可兑换、利率市场化、金融市场开放、人民币国际化等核心领域金融改革的先行先试机制。创设自由贸易账户系统，建立资金跨境流动管理基础性制度，上海所有金融机构都可以直接加入自由贸易账户系统。证券"沪港通"实施，开创风险可控的跨境证券投资新模式，推进资本市场"点对点"双向开放；推出"黄金国际板""黄金沪港通"和人民币计价的"上海金"，扩大上海黄金市场在全球的影响力。大幅放开银行间债券市场，有序开放外汇市场，参与交易的境外机构达 55 家。境外投资者投资上海金融市场已基本打通。全国首个自贸试验区"离岸通"平台上线运行。洋山特殊综合保税区二期封关验收。开放型经济优势更加彰显，截至 2021 年底，外资企业超过 6 万家，跨国公司地区总部达到 831 家，外资研发中心达到 506 家。

2. 加快建设具有全球影响力的科技创新中心

开放是上海建设具有全球影响力的国际科创中心的应有底色。2014 年 5 月习近平总书记考察上海交予任务后，上海在 2015 年研究出台了《关于加快建设具有全球影响力的科技创新中心的意见》（"22"条），明确提出"以开放促改革，破除一切制约创新的思想障碍和制度藩篱"这一体制改革总目标。2016 年在国家授权下和相关部委办指导下，实施探索鼓励创新创业的普惠税制、改革股权托管交易中心市场制度等 10 项先行先试改革举措。深入推进"浦江之光"行动，科创板上海上市企业融资额、总市值保持全国首位。已在微电子、生物医药、集成电路、智能制造、类脑芯片、石墨烯等领域，推动首批 6 个研发与转化功能型平台建设。聚焦国家战略，在硅光子、国际人类表型基因组等领域，启动首批市级科技重大专项。集成电路"910"工程上海重大项目顺利推进，先进封装光刻机、刻蚀机等战略产品销向海外，联影等国产大型医疗器械"出海"，国产原创性新药全球同步上市，产业创新影响力越来越大。一批国家重大科学工程和创新平台落户上海。上海国内外创新资源集聚力不断增强。长三角国家技术创新中心加快建设，G60科创走廊汇聚高新技术企业 3.6 万余家、各类孵化器和众创空间 1300余家。长三角科技资源共享服务平台集聚重大科技基础设施 23 个，国家级科研基地 315 个，科学仪器 4 万余台套，共享率超 90%。上海高新技术企业从 2012 年的 4311 家快速增长到 2021 年的 2 万多家，集聚了 516 家外资研发中心，5 个国际科技组织在沪设立代表处，上海正日益成为全球极具吸引力的创新创业与投资热土之一。截至 2021年，持永久居留证外籍人才数量约占全国的 1/3，累计核发外国人工作许可证约占全国的 1/4，连续 11 年入选"外籍人才眼中最具吸引力的中国城市"。

3. 全面推进上海国际金融中心、航运中心建设

上海以扩大金融开放和服务实体经济为着力点，初步形成全球性人民币产品创新、交易、定价和清算中心。2012 年上海股权托管交易中心在浦东开业，12 月人民币远期运费协议中央对手清算业务上线。2013 年上海国际能源交易中心挂牌成立。2016 年上海保险交易所、上海票据交易所、中国信托登记公司相继成立。2018 年 3 月，中国期货市场对外开放的首个品种——中国原油期货在上海期货交易所挂牌交易，加强了中国在国际能源市场的话语权乃至定价权。上海已形成由证券市场、货币市场、外汇市场、保险市场、期货市场和金融衍生品市场等构成的全国性金融市场体系，成为全球金融体系最齐全的城市之一。期货交易所作为全球三大有色金属定价中心的地位得到巩固，黄金交易所现货交易量多年保持全球第一。功能性、总部型、国际性金融机构集聚上海。截至 2017 年，在沪经营性外资金融单位达 251 家；金融市场交易总额达 1428 万亿元，直接融资总额达 7.6 万亿元，占全国 85% 以上。外资金融机构占本市所有持牌金融机构总数的近 30%。2013 年以来，上海依托自贸试验区建设契机，积极探索具有国际竞争

力的航运发展制度和模式，加大航运领域对外开放。在全国率先放宽国际海上运输、国际船舶管理、国际海运货物装卸、国际海运集装箱站和堆场等领域的外商投资准入，取得良好效应。扩大启运港退税政策试点范围的实施，大幅度提高出口企业资金周转效率，拉动口岸腹地经济，有力支撑了上海自贸试验区服务长江经济带战略。2021 年货物进出口总额达到 4.1 万亿元，保持全球城市首位，上海港集装箱吞吐量超过4700 万标箱，连续 12 年位居世界第一。上海机场 2017 年旅客吞吐量 1.12 亿人次，全球排名第四；浦东机场货邮吞吐量连续 10 年排名全球第三。

4.打造一流营商环境推进高水平制度型开放

中国特色社会主义进入新时代，特别是 2018 年中央经济工作会议提出"制度型开放"要求后，上海抓住建设上海自贸试验区和浦东引领区等国家战略任务带来的重大机遇，把制度创新放在十分突出的位置，实行更加积极主动的开放战略，探索建立与国际通行规则相衔接的税收、金融、监管制度体系，破除制约贸易投资便利化的制度障碍；全力打造市场化、法治化、国际化的一流营商环境；创新"沪港通""深港通"机制，进而设立"沪伦通"和"债券通""理财通"等渠道，联通境内外资本市场，提升金融市场优化配置国际国内两种资源的竞争力；办好进博会，构建敞开中国市场大门、"买全球"的长效机制，提供全球共享的国际公共产品。上海对外开放正朝着优化结构、拓展深度、提高效益方向转变。

二、上海对外开放的经验启示

2018 年 7 月，上海召开进一步扩大开放推进大会，吹响打造全国新一轮全面开放新高地的集结号。2020 年 11 月，习近平总书记亲自来上海参加浦东开发开放 30 周年庆祝大会并发表重要讲话。2021 年

7月，中央出台《中共中央　国务院关于支持浦东新区高水平改革开放　打造社会主义现代化建设引领区的意见》，浦东新区被赋予改革开放新的重大任务，踏上更高水平改革开放的新征程。回望改革开放40多年来上海对外开放走过的不平凡之路，有以下几点启示：

1. 中央坚强领导和国家战略引领，是上海对外开放经受住各种困难和风险考验、不断赢得新优势的关键要素

中国的对外开放，经过先试验后推广，采取了分步骤、多层次、逐步推进的战略。上海的对外开放总体上服务和服从于国家的整体经济发展战略，反映的是国家对外开放战略及其政策的综合应变能力，并随国家战略的变化调整而变化调整。20世纪80年代，上海面临世界新技术革命的严峻挑战和国际、国内两个市场的激烈竞争，同时资金不足、资源短缺等一系列问题又制约着经济的发展。在党中央、国务院的坚强领导下，上海通过制定正确的经济发展战略为今后发展指明方向。中央及时调整财政政策，帮助上海渡过难关。在进入20世纪90年代后，开发开放浦东的国家战略更是为上海提供了特大历史机遇。从"一个龙头，三个中心"定位，到加快推进国际金融中心和国际航运中心建设两个重点，党中央、国务院要求上海在我国新一轮对外开放中发挥龙头作用，带动长江三角洲和整个长江流域地区经济的新飞跃。上海不辱使命，经济连续15年实现两位数增长。

进入新时代，我国经济发展进入新常态，世界经济进入深度调整期对我国对外开放带来诸多不利因素，需要上海在对外开放方面发挥更大更积极的作用。党中央、国务院先后将自贸区、科创中心建设，举办进博会，设立科创板并实行注册制，把长三角一体化上升为国家战略等一系列战略任务交给上海，始终从上海城市特点出发、把上海放在国家发展战略宏伟格局中来规划和提出要求，要求上海建设"五个中心"，强化"四大功能"。这对上海既是压力也是动力，为上海在百年未有之大

变局中找准定位、实现突破发展提供重大指引。上海完整、准确、全面贯彻落实党中央对上海的战略部署，自觉对标党中央对上海发展的功能定位、使命责任和原则要求等，在服从服务国家战略中发展自己，强化辐射带动作用，深化区域协同，聚焦重点领域、重点区域、重大项目、重大平台，注重贡献"长板"，强化优势对接，实现强强联合，不断取得对外开放的新业绩。历史的和最新的实践证明，上海积极实施国家战略，坚决按照中央要求来推进工作，才会不断取得对外开放的辉煌业绩。

2. 以开放促改革、促发展，是上海找准定位，赢得主动，实现经济社会跨越式发展的重要法宝

上海对外开放的每一步推进，都有体制机制的改革作为引领和保障。而对外开放的进展又倒逼着改革的深入。两者相辅相成，如鸟之双翼不可或缺。当改革与开放相配套、相呼应时，就能促进中国特色社会主义事业的顺利发展；反之，当改革与开放步子不协调时，事业就会受阻，甚至停滞不前。

改革开放之前，上海是全国的上海。上海的发展依靠全国，上海的发展服务全国。改革开放之后，上海在坚守全国的上海同时，也成为世界的上海。上海的发展实现由主要依靠国内资源和市场向依靠国内外两种资源和两个市场的转变。浦东开发之初上海就确立了"开发浦东，振兴上海，服务全国，面向世界"16字方针，坚持打好"上海牌"、"长江牌"、"中华牌"和"世界牌"。统筹国内外发展和对外开放，从国内外吸引更多的资金、物资和技术进行现代化建设，既整合世界资源发展壮大自己，又在更高程度上融入全国、服务全国，使上海的发展拓展了空间、获取了动力、得到了支持。对内对外开放联动使上海城市竞争力不断提升。

进入新时代，上海继续坚持改革和开放双轮驱动，以改革为开放创

造有利的体制基础，率先推行土地使用权有偿转让、率先开展综合配套改革试点、率先推进"证照分离"改革，打造一流营商环境等，勇当改革试验田。以开放倒逼改革，为引进外国直接投资，吸引跨国公司总部、全球金融机构等，不断破解扩大开放的瓶颈制约和制度障碍，加快探索与国际通行规则相衔接的制度体系，上海自贸试验区自设立起就提出"做苗圃不做盆景"，推出外商投资负面清单、国际贸易"单一窗口"等300项向全国可复制推广的制度创新成果。在对外基础设施建设方面，建成浦东国际机场、洋山深水港等现代化基础设施，大大提升对外交流合作的能力。

对外开放是推动改革的基本动力，是解决经济发展矛盾的基本手段。正是通过持续扩大的对外开放，使上海的党员干部能够始终对标国际最高标准、最好水平，以全球视野来谋划和推动工作。开放倒逼以市场为取向的经济体制改革不断深入，进一步推进政府、企业、市场、社会整体改革，促进社会主义市场经济体制运行机制不断完善，才焕发出上海城市发展前所未有的生机和活力，推动上海经济社会跨越式发展。

3. 解放思想，敢闯敢试，抢抓机遇，勇于担当，是上海当好改革开放排头兵的精神内核

作为计划经济的重镇，上海在对外开放之初突破传统观念思路束缚的任务更为艰巨。伴随着思想解放的洪流，上海党员干部群众树立起强烈的机遇意识和创新意识，40多年来以时不我待的创业激情担当起历史的重任，抢抓机遇，充分用好浦东开发、世博会举办、五个中心建设等一系列重大发展机遇，发挥聪明才智，以勇立潮头、敢为人先的干劲，顽强拼搏，始终成为我国改革开放排头兵、创新发展先行者。

习近平总书记指出："上海是一座光荣的城市，是一个不断见证奇迹的地方。"这座光荣之城见证了中国共产党不断创造辉煌开辟未来的奋斗百年路，并作出了自己应有的贡献，是我们党立党为公、执政为民

的成功样本，是中国改革开放取得翻天覆地变化的生动例证。在实现第二个百年目标中，上海要更加紧密地团结在以习近平同志为核心的党中央周围，牢记党靠忠诚经受考验、靠忠诚战胜困难、靠忠诚发展壮大的历史经验，做坚定维护核心权威的典范；要牢记习近平总书记的殷殷嘱托，进一步深刻认识上海应有的担当，把"四个放在"作为一切工作的基点，发扬革命精神和斗争精神，在"五位一体""四个全面"的战略格局中，勇于挑最重的担子、啃最硬的骨头，更好地向世界展示中国理念、中国精神、中国道路；要更加自觉地践行"人民城市人民建、人民城市为人民"重要理念，坚持不懈重视和改善民生，实现发展为了人民，发展依靠人民，发展成果由人民共享，让流淌在城市血脉中的红色基因赓续相传、永不变色，在新时代中国发展壮阔的新征程中奋力创造新奇迹、展现新气象！

后 记

    《上海对外开放的历程与经验》是中央党史和文献研究宣传专项引导资金资助，中共上海市委党史研究室研究人员撰写的研究改革开放新时期四十年来上海对外开放历程的著作。全书按照时间脉络系统梳理20世纪80年代、20世纪90年代、21世纪头十年、新时代不同历史阶段上海对外开放的历程和取得的突出成就，并对在浦东开发开放、引进外资、对外贸易、对外投资、园区建设以及自贸试验区建设等方面具有上海特点的实践进行经验性总结。具体撰写分工如下：绪论、第一章、第二章、结语严爱云，第三章、第四章、第五章郭继。全书成稿于2022年，感谢上海人民出版社的大力支持。

    书中如有疏漏或错误之处，敬请读者予以批评指正。

著者

2024 年 6 月

图书在版编目(CIP)数据

上海对外开放的历程与经验/严爱云,郭继著.—
上海:上海人民出版社,2024
ISBN 978 - 7 - 208 - 18907 - 2

Ⅰ.①上…　Ⅱ.①严…　②郭…　Ⅲ.①对外开放-经
济史-上海　Ⅳ.①F127.51

中国国家版本馆 CIP 数据核字(2024)第 089779 号

责任编辑　吕桂萍
封面设计　谢定莹

上海对外开放的历程与经验
严爱云　郭　继 著

出　　版　上海人民出版社
　　　　　(201101　上海市闵行区号景路 159 弄 C 座)
发　　行　上海人民出版社发行中心
印　　刷　上海商务联西印刷有限公司
开　　本　720×1000　1/16
印　　张　18.5
插　　页　2
字　　数　233,000
版　　次　2024 年 6 月第 1 版
印　　次　2024 年 6 月第 1 次印刷
ISBN 978 - 7 - 208 - 18907 - 2/D · 4321
定　　价　85.00 元